「日本哲学成立下の真実」第Ⅰ巻

西田幾多郎と瀧澤克己

――交流の真実

前田保 著

七月堂

目次

第二部　テキストにみる交流

第三部　宗教論にみる交流

第四部　交流の真実

凡例

一　本書は四巻シリーズ「日本哲学成立下の真実」の第一巻である。全巻は

第一巻　西田幾多郎と瀧澤克己…交流の真実（本書）

第二巻　西田・田邊・瀧澤…巴戦の真実

第三巻　京都学派と瀧澤…孤軍奮闘の真実

第四巻　西田と瀧澤　再説…日本哲学成立下の真実

となる予定。

一　本シリーズで「日本哲学」とは西田哲学を、「成立下」とは昭和初年以降昭和二十年までを意味する。この時期、西田と田辺は激しく対立した。これは周知のことだが、本シリーズではそこに滝沢克己を入れ、西田・田辺・滝沢三者の抗争と、滝沢の京都学派への全面対決の斗いとを日本哲学史初発の真実としてあぶりだしている。

一　田邊元、瀧澤克己などの人名はシリーズのタイトルで旧字体を使っている。しかし、本文などでは当該タイトルを指示する場合以外すべて新字体を使用する。

まえがき

西田が十年かけて座禅に打ち込み得たものを、二十年かけて『善の研究』から『無の自覚的限定』へと進む諸著作に形象化させた仏教の真髄を、滝沢はおよそ一年半読んでつかみ、バルトに拠ってそれをキリスト教の神と通底させ、西田もバルトもそれを認めたのである。これに比肩する日本思想史上の出来事があるだろうか。（三戸公[1]）

西田幾多郎は若い滝沢克己を発見し、自ら文通に及んだ。滝沢は当時学部を出たばかりの無給の副手だった。学部が九大だったこともあろう、京都学派の面々に比してその存在にほとんど光が当たらないできた[2]。とくに近代日本思想史の叙述においてはほとんど無視されてきたといって過言ではないだろう。しかし、西田哲学研究に限っても、それでいい筈はないだろう。

冒頭の引用で三戸は「西田と滝沢」、「バルトと滝沢」の関係に焦点をあて、「日本思想史」に思いを至している。しかし筆者は今そういう広い視野をもちあわせない。本書で明らかにしたのはごく限られたことにすぎない。しかしその限りでも、次のようなことはやはり驚くべきことではないだろうか。

西田と滝沢の交流は師弟関係をその本質とするが、やがてそれはそのままに、滝沢が西田に問い迫る関係に変質した。それだけではない。その問いにおいて滝沢は、西田哲学の不徹底（根本問題）を指摘するのみならず、同時にそれを克服する代案を出してみせた。その理解力を西田本人に認められた滝沢が、西田の生前すでに、本人に面と向かって、どこまでも西田の哲学に内在しつつこれを批判、超克する試みを提出したのである。それに対し西田は最晩年の宗教論でようやく応答を果たした。西田にして応答にほぼ九年を要したことになる。しかし滝沢はこの応答をよしとせず、戦後、西田哲学に対する批判を深めていった。それでも滝沢は終生西田を師と仰ぎ、西田の為に弁明し、西田晩年の概念を自らの思索に取り入れもした。だとすれば西田の応答とは何だったのか。また、滝沢の更なる追及とはいかなるものだったのか。いったいふたりの間に何が起きたのか、そう問わないではいられない。それは少なくとも田辺元による同時期の西田哲学批判に匹敵する出来事であり、逸することのできない日本哲学の一場面たるべきものである、そう筆者には思われる。

西田と滝沢の交流を追って、はからずも凄まじいドラマが見えてきた。本書はその報告にほかならない。このドラマがさしあたり日本思想史において何を意味するのか、それは本書の範囲を超える。しかしそこにはおそらく確かに、三戸が垣間見たスケールに通じる思索の出来事があったのではないか。

しかし、急ぐまい。

本書はふたりの哲学者の人間的・思想的交流を扱っている。高名な西田に比して滝沢が周知の人とは言いがたいので、二人に深い交流があったという事実を読者と共有しながら、それが実際のところどういうものであったかを明らかにするという形をとっている。

まず第一部では、滝沢に宛てた西田の全書簡を読者に提示した。それを逐一読みながら、西田と滝沢の人間的交流を探った。そしてその背後に二人の思想的な交流を浮かび上がらせた。滝沢への高い評価から始まった師弟関係が、ある時期以後、それとは違う緊張感を伴うようになることを明らかにしている。

第二部では、視点を人間的交流から思想的交流に移している。第一部を踏まえ、書簡に並行するふたりの著作に注目、この時期の思想的交流を再構成してみた。それを四つのエポックに分け、各時期に出版されたふたりの重要なテキストを提示し、その内容を紹介した。西田最後の完成論文「場所的論理と宗教的世界観」（以下、宗教論と呼ぶ）も提示したが、これは秋月龍珉の証言によったものである。秋月はこの論文こそ「滝沢の批判への西田の応答であった」と証言した人物である。この証言はわれわれの研究を強く牽引した。しかし、西田の宗教論は秋月説ではどうしても読めない。

そこで当初予定していなかった問題に踏み込まざるをえなくなった。第三部である。西田の宗教論に立ち返ってその成立を考察してみた。小坂国継の説を参照しながら、宗教論の成立過程のうちに滝沢の仕事を位置づけてみた。これによって西田の宗教論が「滝沢の批判に対する応答をも含む」ことがほぼ確定でき、もって秋月説を補強することもできたと思う。

第四部ではあらためて西田・滝沢ふたりの発言を照らし合わせ、西田の応答の内実を探ってみた。

すると二人の間の厳しい思想的対峙が浮かび上がってきた。滝沢に対する西田の高い評価からはじまったふたりの交流は、その最後において火花を散らす激しい抗争になったことが窺えた。もってこれまで秘められていたふたりの交流の真実が明るみに出されたのである。最後にその意味を考え、後代に遺贈された課題を確認してみた。

以上を通して、これまで手つかずの思想史上の問題に挑戦できたのではないかと思う。忌憚のないご批判をいただければ幸いである。

二〇一七年九月

前田　保

第一部　書簡にみる交流

西田幾多郎（一八七〇・五・一九～一九四五・六・七）と滝沢克己（一九〇九・三・八～八四・六・二六）の出会いは、ひとつの「事件」であった。四十年の年齢差、京都大学と九州大学、高名な名誉教授と無名の副手、そうした事柄にも関わらず、最初に手紙を送ったのは西田であった。住所もわからないので、大学の研究室気付で出している。二人とも最晩年に至るまで学究心は全く衰えず、盛んな執筆活動を続けるなか、ともに満七十五歳で急逝するのだが、六十三歳の西田と二十四歳の滝沢との出会いと交流は、「師弟」関係を越えた、奇跡のような出来事だった。[1]

序章　西田・滝沢交流の事実

第一節　交流の事実…全書簡の公開

西田幾多郎と滝沢克己の間には多くの書簡がやりとりされた。

西田の全集に収録されている滝沢宛て書簡から、交流の事実は難なく証明しうる。手元にある全集（一九六〇年代半ばの第二版）には、滝沢に宛てた西田の書簡が二十五通収められている。しかし、西田から滝沢に宛てられた書簡はこれに尽きない。

二〇〇三年、西田の滝沢宛て書簡のすべてが公開された。坂口博氏の整理・編集による「西田幾多郎の滝沢あて全書簡」(2)である。そこには西田全集所収の二十五通も含まれているが、多くが初公開のものである。手書きの筆を活字におこした労作である。本章ではこれを充分に踏まえさせていただく。

（注記）右執筆の時点で岩波から新版西田幾多郎全集が刊行中であったが、その書簡の部は未刊行であった。現在、全集はすべての巻が刊行されている。したがって坂口の仕事を無視して新版全集に全面的に依拠することも可能であるが、そうしなかった。滝沢研究にとって坂口の仕事は今も有意義であるからである。坂口の仕事と岩波版との相違はごくわずかであるが(3)、その部分は本書では岩波版に従っている。

坂口（以下敬称略）の解題によると、書簡は全部で六十二通。期間は一九三三年（昭和8）から四四年（昭和19）までである。「西田は来簡を保存しなかったらしく、対応する滝沢の西田あて書簡は、現在のところ1通も知られていない」とある（同「解題」）。序章での坂口からの引用はすべて同「解題」からである。以下、本文ではいちいち断らない）。残念ながらこれが実状であるようだ。「しかしながら、西田の文面からもお互いの交流の様子は、よく伝わってくる。滝沢の方の消息も、これによって新たに、いろいろと知ることができる」と坂口は書いている。

坂口の記すところからさらに次のことがわかる。

西田全集に掲載された滝沢宛て書簡は滝沢自身によって保存されていたものであり、それが岩波書店の依頼を受けた本人によって同編集部へ提供された。書簡の掲載にあたっては編集部側で取捨の選択があったという。「現在、確認できる書簡は〔滝沢〕生前の一九八〇年頃に、〔滝沢の〕許可を受けて複写された資料である」こと、その複写資料には西田全集に採録されたもののうち三通が失われていること、「他にも散逸の可能性は残るが、その数は多くないと推測」でき、前掲『思想のひろば』掲載分を「全書簡」としたことなどである（引用文中の〔 〕内は筆者。以下同様）。なお、西田書簡のオリジナルは現在滝沢家所有とのこと（筆者未見）。記述から、坂口が編集にあたって複写資料に拠ったことも伺われる。

要するに西田と滝沢の間には、西田が亡くなる前年一九四四年まで、戦前のほぼ十二年間にわたり、六十五通ほどの書簡のやりとりがあったことが確認されるのである。単純に均してほぼ年間六通であるから、かなり頻繁と言えるだろう。しかも実際は、「滝沢のドイツ留学を含むためか、一九三三年十一月から三六年二月にかけて、そのあいだの書簡は見ない」というのであるから、そのやりとりはやはり頻繁と言えるだろう。「頻度」の内実については後に詳しく見たい。

ところで、「西田の文面からもお互いの交流の様子は、よく伝わってくる。滝沢の方の消息も、これによって新たに、いろいろと知ることができる」という坂口の言葉を紹介したが、全書簡掲載の意義とそこから見えてきたことを氏はさらに次のように語っている。

「…やはりこうして一括してまとめることが必要だったと、あらためて感じる。西田と滝沢の思想史的関係だけが特異であったなどと強弁するのではない。お互いの思想交流の「背後」を知ることが、さらに「思想」を深く考えることに繋がるのではないだろうか。／…岩波書店の雑誌「思想」に発表された「一般概念と個物」に始まる交流は、論文・著書の寄贈の様子を伝え、滝沢の就職・応召や、お互いの家族の消息までが具体的に語られている。今後の滝沢―西田を語る上で、少しでも役立つことができれば幸いである」

本書のとりくみは、「お互いの思想交流の「背後」を知ることが、さらに「思想」を深く考えることに繋がるのではないだろうか」とか「今後の滝沢―西田を語る上で、少しでも役立つことができれば幸いである」といった坂口のことばに呼応しようとするものである。

なお、刊行された『新版　西田幾多郎全集』（岩波書店、二〇〇二年～〇八年）には滝沢宛て全書簡六二通が掲載されている。坂口の仕事との関連は不明だが、坂口の仕事が先駆的なものであったことは事実である。

第二節　「事件」としての出会い

第一部冒頭に掲げたのは坂口の解題の冒頭部である。坂口はそこで西田と滝沢ふたりの生涯を俯瞰しているが、ふたりの交流の特異性が見事に要約されている。ふたりの出会いと交流は「ひとつの「事件」であった」とか「「師弟」関係を越えた奇跡のような出来事だった」といった坂口のことばは近代日本思想の歴史に新たなトピックを浮かび上がらせたものとして記念すべきものになるだろう。そのトピックに秘められた思想のドラマを追跡してゆき、やがてそこに思想史上の驚くべき真実を発見するとき、「記念すべきもの」という筆者のことばは単なる大言壮語ではない現実味を帯びてくるはずである。

坂口の懇切な道案内をたよりにしながら、われわれもまず全書簡を読んでいこう。（以上、序章でのこれまでの引用はすべて坂口の解題からであることを再度記しておく）

第一章　西田の滝沢宛て全書簡

まず滝沢宛て西田の書簡をすべて掲げてみる。各書簡の後に書簡の解説をおいた。場合によってはこの部分を飛ばして、書簡全六十二通だけを通して読んでいただいてもいいであろう。とにかく一度通読していただくこと、そうしてふたりの関係の推移を大雑把につかんでいただくこと、このことを切望する。

なお、書簡は坂口の編集になるものを基礎にさせていただいた。ただし、①ここではすべての書簡に通し番号〔1〕～〔62〕を付け、後で参照しやすくした。②坂口は第四次刊行版西田全集（一九八九年版）を出典としているが、ここでは新版全集に依拠し、その巻数と書簡番号を示した。例えば、（21巻、一八〇三）とは新版全集21巻、書簡番号一八〇三番を意味する。坂口版と新版全集との校異については後者に従っている。③交流の推移を大きく把握するため、筆者の見解に沿って書簡を三つの時期に分けて掲載した。初期、中期、後期である。書簡内容から二人の関心がどこにあったかに焦点を当てて区分したものである。

初期…ふたりの蜜月から葛藤への時期。第一節で扱う。

中期…時局及び田辺元の話題が前面になる時期。第二節で扱う。

後期…戦局の逼迫を伝えるものが多くなる時期。第三節で扱う。

以上である。目安として利用されたい

第一節　初期書簡を読む（三三年～三七年まで）

一九三三（昭和8）年

〔1〕八月二十二日　福岡市九州帝大法文学部哲学研究室滝沢克己宛／
神奈川県鎌倉極楽寺村姥ヶ谷五四七より（21巻、一八〇三）

啓　未だお目にか丶つた事もないのに突然手紙をさし上げることをお許し下さいませ　私は先月来こ丶に来ていましたので今月の「思想」を見ないでいましたがこの頃京都から転送して来ましたので御論文を一読いたしました　判断的知識の所だけですが私はこれまでこれ位よく私の考をつかんでくれた人がないので大なる喜を感じました　はじめて一知己を得た様におもひました　今度「行為の世界」といふものをかきました　遠からず岩波から出版いたします　どうかまた御一読を願ひます　八月二十二日　西田幾多郎　滝沢克己様机下

〔解説〕宛先に注意されたい。大学研究室宛になっている。冒頭の一文、ふたりの交流が西田の書簡から始まったことを示す貴重なもの（挨拶1）。文面はなぜ書簡を送ったかの理由になる。「先月来こ丶に」の「こ丶に」は鎌倉のこと。鎌倉については後述。「思想」、「御論文を一読」とあるのは岩波書店刊行の雑誌『思想』、およびその八月号に掲載された滝沢の論文「一般概念と個物」のこと（滝論1）。西田は「これまでこれ位よく私の考をつかんでくれた人がない」と論文に最上級の評価を与え（評価1）、「大なる喜を感じました　はじめて一知己を得た様におもひました」と告白、劇的な出会いの瞬間を伝えている。〔以下、解説中の（　）内に「滝論1」のように書簡内容を表す略語と回数を表す数字を入れる。詳しくは87頁以下参照〕「遠からず岩波から出版」とある「行為の世界」は、この年十二月発刊の西田著『哲学の根本問題』（岩波書店）に収められた（西論1）。

〔2〕※三三（昭和8）年十月十三日　栃木県宇都宮市大工町四八一　滝沢克己宛／かまくらより〔はがき〕（21巻、一八三七）

御手紙拝見いたしました　来月はじめ御渡欧の由　御健康御大切に　私は明日帰洛いたします
十月十二日

〔解説〕※印は新版西田全集で初めて収録公開された書簡を示す。坂口がつけた記号を踏襲しているが、位置を日付けの前に変えた。以下同様である。

冒頭の一文、滝沢からの手紙への返事であることを告げている（受取1）。

「来月はじめ御渡欧」とあるのは滝沢のドイツ留学のこと（留学1）。フンボルト協会の国費留学生として滝沢はこの年（三三年）十一月から渡独。二年後の三五年九月までボンなどに滞在することになる。その間書簡がなくなる。

健康を気づかう西田（健1）。最後は西田の日程通知（日程1）。鎌倉から明日京都に帰るという。少なくとも書簡〔1〕の時点から十月まで、西田が避暑のため鎌倉に滞在したことがわかる。

一九三四（昭和9）年　なし（滝沢ドイツ滞在）

一九三五（昭和10）年　なし（十月滝沢ドイツより帰国）

一九三六（昭和11）年

〔3〕三月十一日　福岡市住吉上南新町五九九清成方滝沢克己宛／鎌倉姥ヶ谷五四七より（21巻、二一三〇七）

御手紙拝見いたしました　ちとおすぐれなき由何卒御大切に　微熱が長くとれないのは十分御保養無理なされないがよろしいと存じます　私はこの十五六日頃にも帰ろうかと思っています　今年の冬はどうも天気があしく散歩もできませぬでした　夏には又こゝに参ります

私の考はまだ未熟ですが貴兄の見られる所を基礎としてさういふものを書かれるは結構と存じます　併し私がそれを読むとなると色々むつかしくなり又責任も重くなる故どうか貴兄の見られる所としてお書き下さる様お願いたします　それが多少異なる所があってもそれで差支なく却っていろいろの見方から読者が益する所があらうと存じます　私は今少し「行為

的直観」といふ如きことをつきこんで考へています　何卒御健康御大切に　三月十一日

西田　滝沢君

〔解説〕ドイツから帰国した滝沢に宛てた最初の書簡。滝沢の帰国は十月だったから、落ち着いてから帰国を報告したものと思われる。それに対する返事の書簡（受取2）。「ちとおすぐれなき由」と健康を気づかう。「微熱が長くとれない」云々の心配は当時「結核の時代」であったことを物語る。深切な保養の進言（健康2）。

もうすぐ京都に帰ることを通告（日程2）。天候の記述（天候1）。西田は二月から三月にかけて西谷啓治、堀維孝、下村寅太郎に雪が多くて散歩もできず閉口と書き送っている（書簡番号二三〇〇、三、六）。「夏には又ここに参」るとあり、冬の避寒、夏の避暑の地として鎌倉があったことがわかる。

「私の考はまだ未熟ですが」はここでは西田の謙遜であると考えられる。

つづいて出てくる「さういふものを書かれるは結構」とは、この年の九月に出る滝沢の処女作『西田哲学の根本問題』（滝著1）のことを指すと思われる。(4) 文面から、滝沢が同書著述のある段階で西田に査読を乞うたことがうかがわれる。西田はその申し出に「私がそれを読むとなると色々むつかしくなり又責任も重くなる」との理由で断わっているのである（断わり1）。西田はこの年二月二十七日付け戸坂潤宛書簡でも「折角だが本屋の出版の廣告文をかくことはお断りします　…今後萬已むを得ざるものか心からのものでなければ書かないつもりです」と書いている。同じ趣旨の対応だと思われる。

西田は「どうか貴兄の見られる所としてお書き下さる様お願いたします」とし、「それが多少異なる所があっても」、つまり、西田の哲学とちがってしまっても「それで差支なく却っていろいろの見方から読者が益する所があらうと存じます」と、寛大に勧めている（助言1）。

「行為的直観」についての言及は、三六年七～九月『思想』所載の西田の論文「行為的直観の立場」のことである（西論2）。

〔4〕三六（昭和11）年三月二十七日　福岡市住吉上南新町五九九清成方滝沢克己宛／京都より（21巻、一二三二一）

その後お変わりも御座いませぬか　御健康はいかゞ　御論文拝読いたしました Vorverstandnis des Glaubens が Selbstbestimmung des dreieinigen Gottes といふ考は同感に存じます　昨年お送りくださいました御論文こちらに帰りていろいろ家中を探しますがどうも見当らないで困っています　何処にしまひこみましたかどうしても見つかりませぬ　これは誠に申訳ない事をいたしたと思ひお詫の言葉もありませぬ　あれは外に copy がお手許にないので御座いませうか　三月二十七日　西田　滝沢君

〔解説〕冒頭の健康伺いは前便の延長である（健3）。

「御論文拝読いたしました」というのは受取通知の意味を持とう（受取3）。その「御論文」とは独語論文 Über die Möglichkeit des Glaubens（滝沢本人による邦訳「信仰の可能性について」）である（滝論2）。留学中に書いてバルトに見せたもの。バルトの慫慂で雑誌 Evangelische Theologie（Heft.10）に掲載された。いわば「伝説」の論文で、一九三五年作。構成・内容ともに見事な論文であるが、西田がその核心でありバルトが雑誌掲載を慫慂した所以のものを見事につかんで、「同感」としていることに驚かされる（思想1）。

「昨年お送りくださいました御論文」というのはやはりドイツで書かれた当時未発表の論文 Über die Einheit der Person Jesu Christi（滝沢による邦訳「イエス・キリストのペルソナの統一について」）だと思われる（滝論3）。紛失を詫びているが、翌年六月の書簡〔11〕で「君の独語の論文」が出てきたとある。

なお、西田が「昨年お送りくださいました」と書いているので、同論文は滝沢がドイツから送ったものと思われる。二つの論文を一緒に送ったのか否か、審らかでない。

西田は紛失論文の copy があれば送ってくれと依頼している（依頼1）。

〔5〕※二六（昭和11）年九月十九日　福岡市鳥飼五丁目四五五　滝沢克己宛／鎌倉姥ヶ谷より（21巻、二三八〇）

御手紙拝見いたしました　福岡の方へお帰りの由　私は来月四五日頃帰洛いたすつもりで

御座います
御著書出来ましたらどうぞ一冊お送りくださいませ　十月一日発行といふことで御座いましたら京都の方へお送り下さいます方よろしきかと存じます　九月十九日　西田　滝沢君

〔解説〕冒頭受取通知（受取4）。「福岡の方へお帰りの由」は不明。著書の出版交渉のために上京しての帰福か（書簡〔7〕の注参照）。「私は来月四五日頃帰洛いたすつもり」は日程の確認（日程3）。「御著書出来ましたら云々」の「御著書」は『西田哲学の根本問題』（刀江書院）のこと（滝著2）。同書の実際の発行日は九月二十七日であった。西田は京都へ送るよう依頼している（依頼2）。

〔6〕三六（昭和11）年十月十五日　福岡市草ヶ江二十八の四滝沢克己宛／京都より（21巻、一二三九八）

帰ってからぽつぽつ御著書をよんでゐます　長い間私の根本思想を理解してくれたものなく自分の考へ方は到底人より理解せられないものと思ってゐましたのに心強く感じました　私の仕事は今の処私の如き根本思想からこの世界を見ればこれまでのいろいろの問題はいかになるか　私の立場からこの世界を見直すにあるので根本問題そのものを明にする点に於いて尚不徹底な所があるかも知れませぬがだんだんさういふ問題に入って行こうかと思って居るので御座います　何卒御健康御大切に　折角御研究を進められんことを切望の至りに堪へ

ませぬ　十月十五日　西田　滝沢君侍史

〔解説〕「御著書」とは書簡〔5〕に出てきた『西田哲学の根本問題』のこと（滝著3）。西田は京都へ「帰ってから」読んでいる。

本状は同書への西田の感想が綴られていて貴重。とくに「長い間私の根本思想を理解してくれたものなく自分の考へ方は到底人より理解せられないものと思ってゐましたのに心強く感じました」ということばが注目される。書簡〔1〕と同様、滝沢を高く評価している（評価2）。しかしそれ以上に注目すべきはその次の「…根本問題そのものを明にする点に於いて尚不徹底な所があるかも知れませぬが…」ということばである。これは単なる修辞や謙遜ではなく、滝沢の著書への応答発言である。西田は自分の思索の不徹底を認めているのである。「私の仕事は今の処…私の立場からこの世界を見直すにある」との文面、そして不徹底を認めた後につづく「だんだんさういふ問題に入っていこうと思って居るので御座います」とのことばは、西田のほうが課題を突きつけられているかの感があり、予想外の展開である。驚いていいであろう。（思想2）最後に健康祈念（健康4）と研究切望（勉1）がある。

〔7〕三六（昭和11）年十一月十三日　福岡市草ヶ江二八ノ四滝沢克己宛／京都より（21巻、二四一〇）

御手紙拝見いたしました　もう福岡の方へお帰りの由「饗宴」御送り下され難有拝受いたしました　来月四月から東京にて何か少しばかりにて仕事がありさうとの事　東京といふ所は中々人も多いが又長く居れば何とか仕事のできる所の様におもひます　どうか折角御勉強をつゞけてゆかれることのできます様いのります　御著書もどうかもう出版の運になりました由それはよろしう御座いました　民族　ゲマインシャフトなど御附加の事よろしからうとおもひます　テンニースのこの語は訳をいたしたいがどうもよい訳が思ひつかず暫くそのまゝにして置きました

東京ではいろいろの人にお逢ひの由　私は先づ例年冬は一月二十日より鎌倉にまゐり三月十五日頃までゐます　来春も多分そんな事にならうとおもひます　福岡の方を早くお引上げならまだ鎌倉の方に居りませう　三月末頃ならもう京都へ帰って居るかも知れませぬ　いづれ又その節　十一月十三日　西田　滝沢君　矢崎君などお変わりなきやよろしく

〔解説〕手紙への返事（受取5）。「もう福岡の方へお帰りの由」は、続く文面から東京からの帰福とわかる。

「饗宴」は刀江書院発行の宣伝誌。その十一月号に滝沢は「西田哲学について」を載せているので送ったものと思われる（滝論4）。『西田哲学の根本問題』を書き上げた滝沢が編集者の求めに応じて直後の心境をつづったものである。現在『読解の座標』（創言社、一九八七年）所収。

「来年四月から東京にて仕事がありさう」とは、東京での就職をさしていると思われる（就職1）。

滝沢はこの時点で「ドイツ向けアナウンサー」としてNHKに採用されていた。(5)「東京といふ所は」以下は当時の東京のイメージを伝えて興味ぶかい。三六年当時の東京を知るための資料として小津安二郎の初期作品を挙げておきたい。(6)就職について語る一方、西田は勉強をつづけることを希望している（勉2）。

「御著書」の出版とは滝沢の『西田哲学の根本問題』のことであろう（滝書4）。この本、西田には出版前後にあらかじめ送っておいたのか。西田は書簡〔6〕ですでに感想を書いている。「もうご出版の運」というのはしたがって妙な印象を与えるが、先に送られていた西田にとっては自然なことばだったか。テンニースのゲマインシャフトを付加することについて助言しているが、同書第一部七の末尾近くに「かかる民族が西田博士のゲマインシャフトと呼ばれるものである」の一文がある（助言2）。

「東京ではいろいろの人にお会いの由」とあるが、滝沢が三木清宅を訪問したことがわかっている。(7)つづいて西田は自分の予定を語っている。「例年冬」を鎌倉で過ごす日程がわかる（日程3）。「福岡の方を早くお引上げなら」の文言は就職が決まって東京へ出てくる可能性を指すと思われる。

「矢崎君」とは滝沢の九大での師・矢崎美盛教授。滝沢の処女論文を「思想」に載せるきっかけを作ってくれた人物。その慧眼への配慮だと思われるが、西田との直接の関係は不明。矢崎の名は書簡〔62〕にも出てくる（知人1）。滝沢が東京に出てくることになって、矢崎に最後の挨拶を送っていると考えられる。（本状に関連して矢崎美盛についての記述が新版全集21巻、藤田正勝編「人名解説」五〇頁にある。西田との関係など踏み込んだ記述はない。）

一九三七（昭和12）年

〔8〕※一月一日　福岡市草ヶ江二八ノ四　滝沢克己宛／京都より〔はがき〕（これより22巻に。二四二一）

謹賀新年　昭和十二年元旦　京都市左京区田中飛鳥井町参拾貳番地　西田幾多郎

〔解説〕西田からの年賀ハガキ（年賀1）。岩波の旧版西田全集には採録されていないが、ふたりがこのような儀礼的やりとりをする関係であったことがわかる。その意味で貴重。

〔9〕※三七（昭和12）年二月十一日　福岡市草ヶ江二八ノ四　滝沢克己宛／鎌倉姥ヶ谷五四七より（22巻、二四四一）

御手紙拝見いたしました　私は先月二十日こちらに参りました　三月十四五日頃までは必ずこちらに居るつもりですが事によればもつと二十日過ぎ頃まで居るかも知れませぬ　お書きになったものお送り下さいました由　けふは御手紙だけ京都より転送して参りましたがその内それも送り来ること、存じます　二月十一日　西田　滝沢君

〔解説〕受取通知（受取6）。

前半は西田側の日程通知であるが、ほぼ前年の書簡〔7〕で書いていた予定通りの進行であることがわかる（日程4）。

「お書きになったもの」について、「基督教と人生観」（『理想』三六年十一月）、および「職業としての学問」（『科学評論』三六年十一・十二月号）であると坂口は「推定」している（滝論5）。滝沢は京都宅へ郵送したようだ。西田は「こちら＝鎌倉」へのその「転送」を待っている。

〔10〕三七（昭和12）年三月十四日　福岡市草ヶ江二八ノ四　滝沢克己宛／かまくらより（22巻、二四五三）

承りますれば山口に定まりました由　周囲に刺激のないのは遺憾に思ひますが又　静に読書静思大に自ら養ふには適するならんと存じます　山口は四十年前旧知の地　今いかになり居るか懐旧の念に堪へず　三月十四日　西田生　滝沢君

〔解説〕「承りますれば」は滝沢からの通知への返事か（受取7）。滝沢が山口高等商業学校に就職したことを喜ぶ手紙（就職2）。NHKへの内定から急転したわけだが、事情の詳細は不明である。本状を読む限り西田が山口高商に口添えしたようには思えない(8)。

「山口は四十年前旧知の地」とあるのは、西田自身が一八九七（明治三〇）年から九九年まで、山口高校に職を得て教鞭を執っていたことを指す。「周囲に刺激のない」云々以下は経験談である。その当時西田は父との軋轢の中でやむなく妻・寿美を離縁、四高〔金沢〕の教諭職も解かれるなどトラブルが続いた直後であった。一心不乱に参禅した時期でもあった。そんなことも想起され「懐旧の念に堪へず」のことばを漏らしたのだろう(思出1)。

第二節　中期書簡を読む(三七年六月〜四二年まで)

〔11〕一九三七年六月八日　山口市下宇野令樋ノ口一一二三ノ四滝沢克己宛／京都より(22巻、二五〇六)

御手紙拝見いたしました　大変忙しく御暮しの由　もつとゆつくりした時間がおありになる様になればよいと念じております　四通りも講義をせなければならぬのでは大変とおもひます　今年はいろいろ講義を一度にお始めになつた事故大変とおもひますが二年目からは多少余裕もおできになるかと存じます　岡本君は物分りのよい人と思つてゐますのでよからうかと思つてゐます　ゆつくりした時間ができて御自分の勉強もできる様になられることをいのつてゐます　この頃の学校にて修身の教授は中々に骨の折れること丶思ひます　日本といふ立脚地に於て考ふべきは云うまでもないが世界の日本として世界にのり出す日本の立場どいふものを考へなければならぬとおもひます　君の独語の論文を誠に失礼いたしました　思

ひがけのない所から偶然に出てきました」　夏は今の所　やはり七月末頃から出かけ十月半或は事によると今年は十月の末頃までも居るかも知れませぬ　若し東京へお出かけの事もあらばお知らせください　京都へ帰つてゐます様でしたら京都でお目にかゝります　七月の「思想」に種の生成発展の問題といふものをかきました　御一覧下さい　山口には松屋？（名ヲ忘レタガ）とかいふ雑貨屋が御座いませぬか　私はその後の川に沿うたかし家に一人でゐたことが御座います　今はいかゞなりしか　六月八日　西田　滝沢君

〔解説〕受取通知（受取8）。西田が山口市に宛てた最初の書簡は新任教師の忙しさに同情する文面だった（同情1）。「四通りも講義」とあるが、これはすべて特定されている（後述）。「二年目からは云々」という慰め、励ましの助言がやさしい（助言3）。西田の親身な人柄がうかがわれる。「岡本君は物分りのよい人と思つてゐますのでよからう」は校長の岡本一郎のこと。岡本については後述（知人2）。西田はここでも「勉強」ができるようになることを祈願している（勉3）。「この頃の学校にて修身の教授は中々に骨の折れること、思ひます」とは時局がらみの発言（時局1）。西田と当時の時局とのかかわりは後に取り上げるが、背景として、前年（三六年）に日本が中国との本格的戦争（当時は支那事変といわれた宣戦布告なき侵略）に入ったことがあろう。三七年後半には国民精神総動員運動が始まり、三八年に国家総動員法が成立するという世相であった。三七国立学校の、それも修身の教員がどんな立場に立たされるか、西田は滝沢より痛切に予期しえたのではないだろうか。

西田の「世界の日本として世界にのり出す日本の立場といふものを考へなければならぬ」という文言は、当時の偏狭なナショナリズムへの牽制と読むべきである。これも後に取り上げるが、この時期の西田の立場を伝えるものとして興味深い（思想3）。滝沢の何らかの発言を受けたものか。不明。「君の独語の論文」については書簡〔4〕参照（滝論6）。夏の日程と会見の用意が伝えられている（日程5）。「種の生成発展の問題」とは同一タイトルの論文をさす（西論3）。「山口の雑貨屋・松屋」への問合わせは懐旧の念にかられた西田の胸中を伝えて興味深い（思出2）。いずれにしても滝沢は新たな社会生活に入った。

〔12〕※三七（昭12）年七月二十五日　山口市樋ノ口一一三ノ四　滝沢克己宛／京都より〔はがき〕（22巻、二五三一）

私はあすから鎌倉へまゐります　「松や」の事いろいろお知らせ下され懐かしく思ひました岡本校長にもよろしく　七月廿五日　京都　西田幾多郎

〔解説〕冒頭は日程通知（日程6）。

滝沢が「松や」を調べ、報告したことが判る。二人の間の師弟関係を示すものである（思出3）。西田の懐かしさの念が伝わってくるような文面。なお、先の「松屋」が「松や」になっているのは原文のまま。

岡本校長（後述）への挨拶（知人3）。

〔13〕三七（昭12）年九月六日　山口市樋ノ口一一二三ノ四滝沢克己宛／
鎌倉姥ヶ谷五四七より（22巻、二五五九）

御手紙拝見いたしました　お変わりもなき由　今年の夏は実に暑う御座いました　今度召集を受けられるかも知れないとの事戦争も何処まで拡大し行くか痛心の至りに堪へませぬ
私は少くも十月半頃まではこちらに居る積りです
今度行為的直観までのものを集めて「哲学論文集第二」を出すつもりにて印刷にとりかゝりてゐます　これからは少しは宗教にふれる事もできるかとも思つてゐます　併し世はもはや投筆事戎軒といふ様な時代になりました　御大切に
九月六日　西田　滝沢君

〔解説〕冒頭受取通知（受取9）。次いで健康の確認（健康5）と気候への言及（気候1）。

「今度召集を受けられるかも」（召集1）といい「戦争」というのは、書簡〔11〕の解説で触れたように支那事変のことである。この「召集」、実際はなかったと推定される。事情は不詳。滝沢は一九四一年に召集を受ける（後出）。

「痛心の至りに堪えませぬ」は戦争の拡大を身近に感じる西田の愁いを伝えている（時局2）。当時西田は首相になった教え子の近衛文麿が、陸軍の戦争拡大路線に引きずられることを懸念していた（後述）。またこの九月二十一日、息子の外彦も招集をうける。日程確認（日程7）。

「『哲学論文集第二』を出すつもり」とあるが、これはこの三七年十一月の発行となる（西著2）。同書には「論理と生命」「実践と対象認識」「種の生成発展の問題」「図式的説明」など五つの論文が収められ、四番目に「行為的直観」が置かれている。

本状で初めて「これからは少しは宗教にふれる事もできるかとも」と宗教への言及がでる（宗教1）。「併し世はもはや投筆事戎軒といふ様な時代になりました」は情況への嘆き（嘆き1）。文筆を放棄して武器を事とするような時代になったという。

〔14〕※三七（昭12）年十月五日　東京市淀橋区下落合一ノ四九〇　滝沢俊郎氏方　滝沢克己宛／鎌倉より〔はがき〕（22巻、二五八七）

御手紙拝見、私も文部省から頼まれ九日の晩一寸話しますが八日の晩一寸位なら暇が御座いますから御待いたします　十月五日　かまくら　西田幾多郎

〔解説〕受け取り通知（受取10）。会見の日程合わせのハガキである（日程8）。

「文部省から頼まれ九日の晩一寸話します」とあるのは日比谷公会堂での公開哲学講演会に関することと思われる。これは文部省設置の日本諸学振興委員会の主催であった。西田と文部省との関係

については後述するが、この件が次の書簡（〔15〕）につながる。なお、あて先の「滝沢俊郎氏」は克己の実兄で滝沢家の長男。東京帝大経済を出て名古屋の陶器会社に勤務、後に府立五中（現小石川高）から一中（現日比谷高）の教員となった人物（克己の甥・木村悦郎氏の証言による）。住所から氏の教員時代と思われる。

〔15〕三七（昭12）年十一月十九日　山口市樋ノ口一一二三滝沢克己宛／京都より（22巻、二六二九）

御手紙難有御座いました　先日日比谷の会は実に大変でした　あんな事は最初で最後でなければならない　御論文難有拝受いたしました　先日も申上げましたか知らぬが私は此夏特にドストエフスキーのものに興味をひかれました　カラマゾフなど」哲学論文集第二御求め下さいました由　この次は少し宗教的なものにふれて行きたいと思へども併しいかゞなるかしら　十一月十九日　西田　滝沢君

〔解説〕冒頭、受取通知（受取11）。

「あんな事は最初で最後でなければならない」と書かれた「先日日比谷の会」は、十月九日の講演会のこと。これは前便〔14〕解説のとおり、文部省設置の「日本諸学振興会」による哲学講演会で、西田は「学問的方法」と題する講演をし、当時の偏狭な日本主義を批判した。これはのちに『日本文化の問題』（岩波新書）に収録。会では西田の後に右翼的な人物が講演（時局3）。西田は自分の話が終わるとすぐ帰ってしまったという。会場もよくなかったようだ（後述）。

「御論文」とあるのは、坂口によれば滝沢の「悪魔」（『山口商学雑誌』三七年十月掲載）と推定される（滝論7）。

西田はカラマーゾフなどに興味を示している（文献1）。この関心は後の宗教論までつづく。あるいはそのための準備かとも思える。

『哲学論文集第二』は十一月刊行。したがって滝沢がすぐ買い求めたことがわかる（西著3）。本状にも「この次は少し宗教的なものにふれて行きたいと思へども」と宗教への言及がある（宗教2）。「併しいかゞなるかしら」の言葉どおり、宗教論は結局西田最期の年一九四五年の作となる。

一九三八年（昭和13）年

〔16〕※三月一日　山口市樋ノ口一一二三　滝沢克己宛／鎌倉より（22巻、二七〇〇）

御手紙拝見いたしました　私はまだこちらに居ります　少なくも二十日過までは居るつもりで御座います　お変わりもなき由　私共も無事に居ります　三月一日　鎌倉姥ヶ谷

五四七　西田幾多郎

〔解説〕冒頭受取通知（受取12）。本状は会見の日程合わせか（日程9）。しかし三月前後、西田の日記に滝沢の名無し。

「お変わりなき由　私共も無事に居ります」の文面は、西田・滝沢の交流が夫婦家族ぐるみのものであったことを告げている（家族1）。

〔17〕三八（昭13）年三月六日　山口市下宇野令樋ノ口一一三ノ四滝沢克己宛／神奈川県鎌倉郡極楽寺姥ヶ谷五四七より〔はがき〕（22巻、二七〇六）

御送り下さいました二論文を拝読いたしました　共に君の誠実の現れた論文とおもひます

〔解説〕受取通知（受取13）。

坂口によれば、西田が受け取った二論文とは「誠と取引」（山口高商同窓会誌『山都学苑』（二月））、および「マックス・ウェーバーの悲劇」（『山口商学雑誌』二月号）である。自分の書いたものをすぐ西田に送っていた滝沢だから、坂口の断定は妥当であろうか。「共に君の誠実の現れた論文とおもひます」ということばもそれを補うか（滝論8）。

〔18〕※三八（昭13）年三月二十二日　山口市樋ノ口一一二三　滝沢克己宛／鎌倉より〔はがき〕（22巻、二七二二）

御手紙拝見いたしました　丁度明日帰らうと思つて居る所です　夏には又こゝでお目にかゝります　三月廿二日　かまくら　西田幾多郎

〔解説〕受け取り通知（受取14）。帰洛を伝えるハガキ。「夏には又こゝでお目にかゝります」の文面から、すでに会見があったと思われるが不明。（日程10）。

〔19〕三八（昭13）年七月十一日　山口市下宇野令樋ノ口一一二三ノ四滝沢克己宛／京都より（22巻、二七八二）

御手紙拝見いたしました　暫く雨がはれました様ですが却つて蒸暑う御座います　鎌倉へは月末から出かけるつもりで御座います　十月半頃まではゐませう　その頃御逢できるかも知れませぬ　蓑田胸喜といふ男は極右の連中と結合して大学のものなどをやつつけようといふ所謂ファッショの有名な男です　この頃私などを攻撃の目的として居る様です　私の処へも送つて来ました「時」の考など何も分らぬのです　いくぶん仕事がおできになる様になら

れました由誠に喜ばしく存じます　だんだん御研究をおす、[め]行き下さいます様　日本の思想界も蓑田の如きものが跋扈する様では情けないとおもひます　私は自分が老い行くにつれ偏に若い人々の発展をのみいのり居ります

七月十一日　西田生　滝沢君

〔解説〕受け取り通知（受取15）。気候の挨拶とともに、秋、鎌倉で会う可能性を伝えている（日程11）。「蓑田胸喜といふ男」をなじることばが続く。「この頃私などを攻撃の目的として居る」とあり、この年三八年は西田が「極右の連中と結びついた」一部知識人から批判を受け始めた年である。西田は務台理作宛書簡（七月四日付）では蓑田をさして「狂犬」と呼んでいる。「私の家へも送つて来ました「時」の考など何も分らぬのです」（蓑田1）。送ってきたというのは蓑田編集の雑誌『原理日本』。「西田哲学の方法に就いて」を掲載。蓑田については後述。「いくぶん仕事がおできになる様になられました由」の詳細は不明。しかし、西田はそれを喜び、滝沢の研究を励ましている（勉強4）。「日本の思想界も」以下は西田が当時の思想界と闘っていたことをうかがわせる（嘆き2）。「私は自分が老い行くにつれ」以下の一文は若い者への期待を表白している。時局への絶望の裏返しとも思われる（期待1）。なお、西田は蓑田の「蓑」を竹冠にして書いている模様。ここでは草冠の同字を使用した。

〔20〕※三八（昭13）年九月四日　山口市樋ノ口一一二三　滝沢克己宛／
鎌倉より〔はがき〕（22巻、二八二五）

御見舞難有う御座いました　随分烈しい風雨でしたが私の方は垣が倒れるとか納屋のトタン屋根が飛ぶといふ位で先づ無事でした　併し又二三日が警戒せられてゐます　今度は来月のはじめ（二三日頃）に帰洛のつもりにして居ります　九月四日　かまくら　西田幾多郎

〔解説〕台風の見舞に対する礼状（礼状1）。記録によれば、九月一日午前二時、東京に台風が上陸。台風の目が東京を通ったのは二十一年ぶりとか。北上した台風は関東・東北に死者二百一名を出している（『昭和　二万日の記録』第5巻、講談社）。帰洛日の通知（日程12）。

〔21〕三八（昭13）年九月二十一日　山口市樋ノ口一一二三ノ四　滝沢克己宛／
かまくらより（22巻、二八四三）

御手紙拝見いたしました　又御本も本屋より送り来り拝受いたしました　とにかくこの書物が再版になるといふことは私は喜ばしく存じます　「思想」の論文およみ下さいました由

私はまだ宗教其物を突き込んでかきませぬが今の処哲学としてさういふ背景を以てこの世界を見ようとつとめて居るので御座います　今度の論文は　田辺君が私の作られたものから作る《Creata et creans》ものへといふ立場から個人的自覚といふものが出ないと云ふたのに反し　それからこそ個人的自覚が出ると云ふことを論じたものです　何となれば歴史的世界は神の創造であり人間は神の image なるが故に　人間は人間で自覚したり人格となつたりするのでない　私は来月上旬京都へ帰ります　先日は御令姉様御逝去の由　御悔申上げます

九月二十一日　西田

滝沢君

〔解説〕受け取り通知（受取16）。

冒頭の「御本」は『西田哲学の根本問題』。西田は同書の「再版」を「喜ばしく」思っている（滝著5）。

「「思想」の論文」とは「歴史的世界に於いての個物の立場」（八・九月号）のこと（西論4）。滝沢が読んだことを踏まえここでも「私はまだ宗教其物を突き込んでかきませぬが」と宗教に言及している（宗教3）。「今の処哲学としてさういふ背景を以てこの世界を見ようとつとめて居る」とは同論の「背景」であるライプニッツのモナドロジーをさす。また、「今度の論文は」以下は同論文が田辺元への反論であったことを告げている。同論文には種という言葉が頻出するが、田辺はこの時期「種の論理」を展開して西田哲学を批判していた。前年に「種の論理の意味を明にする」（『哲学研究』二五九～二六一（三七年十月～十二月））がある。西田と滝沢の間で「田辺」が話題になった最初である（田辺1）。

「作られたものから作るものへといふ立場からこそ個人的自覚が出る」とか「歴史的世界は神の創造であり人間は神の image なるが故に　人間は人間で自覚したり人格となったりするのではない」とは同論文での西田の根本思想（思想4）を開示したものであり、田辺への反批判としても注目すべきものである。

帰洛日程の通知（日程13）。

滝沢の親族の死へのお悔み（家族2）。実姉・ユタカ（豊）のことと思われる。

〔22〕※三八（昭13）年十二月二十四日　山口市樋ノ口一一二三　滝沢克己宛／京都より〔はがき〕（22巻、二八九一）

御手紙拝見いたしました　私は来月二十日過ぎまでは京都に居りますから京都でお目にかゝります　お出等の節　お出の時日お知らせ下さい　十二月廿四日　京都　西田幾多郎

〔解説〕受取通知（受取17）。京都滞在日程（日程14）。また、会見の打ち合わせ（会見3）。

一九三九（昭和14）年

〔23〕※一月十二日　東京市淀橋区下落合一ノ四九〇　滝沢俊郎様方　滝沢克己宛／

京都より〔はがき〕（22巻、二八九九）

先日の御手紙によれば十四日夕頃に御来訪とのこと承知いたしました　お待申上げます

一月十二日　京都　西田幾多郎

〔解説〕東京の実兄宅宛。受け取り通知（受取18）。会見の日時打ち合わせのハガキ（会見4）。上京目的と会見内容は不明。

〔24〕三九（昭14）年二月二十二日　山口市下宇野令樋ノ口一一二三滝沢克己宛／

かまくらより（22巻、二九三二）

御手紙及び「現代日本の哲学」「パリサイ人のパン種」拝受　難有御座いました　前者の方早速拝読簡潔によく要領が把握せられて居ると思ひます　私の考について述べられて居る所も異議ありませぬ　私と田辺君との相違についても御説の通りと思ひます 似て居る様で非常に違ふ　私は田辺君の云ふ様な立場から考へてゐないが私から云へば同君の如き立場は私の考に一面含まれると思ふのです 「草枕」の序論も面白い　然るにあの人はむや〔み〕に私の立場を無媒介無媒介として敵視して居るのが解し難い　写真も慥に落手、複写は中々はつきりしてゐますね　岡本校長に何卒よろしく「現代日本の哲学」は紙数制限のためこれだけで終りになりたるは誠に惜しいと思ひ

ます　どうももつと十分にお書き下さる様切望の至りに堪へませぬ　十分寒かつたがだんだん暖くなるだらうとおもひます　御大切に　二月二十二日　西田　滝沢君

〔解説〕受取通知（受取19）。

著書『現代日本の哲学』（滝著6）と論文「パリサイ人のパン種」（滝論9）の受領通知。著書に目をとおして感想が述べられている。

「「草枕」の序論も面白い」まで著書への共感と高い評価が寄せられている。とくに「私の考について述べられて居る所も異議ありませぬ　私と田辺君との相違についても御説の通りとおもひます」は注目すべき発言である（評価3）。西田は滝沢に同調して田辺との立場の違いを確認している。田辺への言及は本状で二通目であるが、今回も「解し難い」と田辺には批判的である（田辺2）。

「写真」については不明だが、「岡本校長に何卒よろしく」と続くので山口高商での写真を送ったものか（知人4）。

「紙数制限のためこれだけで終りになりたるは誠に惜しいと思ひます」とあるのは、戦時体制のため出版物への規制がかかった事をうかがわせる。「どうももつと十分にお書き下さる様切望の至りに堪へませぬ」とあるのは時局への嘆き・憤りともとれよう（嘆き3）。最後に時候のあいさつ（気候2）。

〔25〕※一三九（昭14）年三月十三日　山口市下宇野令樋ノ口一一二三　滝沢克己宛／

鎌倉より〔はがき〕（22巻、二九五〇）

御手紙難有御座いました　親鸞は絶対他力教の立場から自力作善の非宗教的なるを言表して居るのだからそれは誠に宗教的だが田辺君の意味はそうでなく全く誤解とおもはれます君の福音が律法を立てると云ふことがないのだ　あの人には宗教といふものの真の理解はない

三月十三日　かまくら　西田幾多郎

〔解説〕受け取り通知（受取20）。これは田辺だけを話題にしたハガキ（田辺3）。田辺については三回目の言及となる。親鸞が出てくるので田辺が前年に発表した「永平正法眼蔵の哲学」（『哲学研究』、一九三八年）での親鸞への言及が問題になったか（家永三郎『田辺元の思想史的研究』、法政大学出版局、一九七四年、一九三頁）。ここでも田辺については、「全く誤解」「君の福音が律法を立てると云ふことがないのだ」「あの人には宗教といふものの真の理解はない」と全面否定である。「福音が律法を立てる」ということばは滝沢の根本思想への共感を示す大事な発言である（思想5）。出典は恐らく『現代日本の哲学』の「四」にある「宗教の立場が道徳の立場から考えられないということは、それに於て単に道徳的善悪が忘れ去られるが故ではなくして、それによって真に積極的に道徳的・社会的善悪が立せられるがゆえでなくてはならない」だと思われる（滝沢著作集1、四〇〇〜一頁）。本状の底流には宗教論の課題が意識されていたと考えていいと思う。

〔26〕三九（昭14）年六月六日　山口市下宇野令樋ノ口一一二三ノ四滝沢克己宛／京都より（22巻、二九八六）

御手紙拝見いたしました　お変りもなき由　私共も不相変の状態にて無事消光致し居ります　ヘーゲル　マルクス　ベルクソン等御読みの御考の由　何卒それ等のもの深く御研究の程いのります　「哲学論文集」は昨春の「人間的存在」以後のものをまとめて今秋までに出すつもりにして居ります　新書の方の分はそれからのつもりで御座います　この方は昨年春京大にて話したものを少し直すだけにて私としては極めて興味もなくつまらないものです　七月末から又鎌倉へまゐります　御大切に　六月六日　西田　滝沢君

〔解説〕受け取り通知（受取21）。お互い家族の消息確認（家族3）。「ヘーゲル…」以下、研究への励まし（勉5）。「今秋までにだすつもり」という「哲学論文集」は『哲学論文集第三』のこと。この年十一月に発刊される（西著4）。同書は序のあと第一論文として「人間的存在」を収録。次いで書簡〔21〕に出た「歴史的世界に於ての個物の立場」、さらに「絶対矛盾的自己同一」など、全部で五つの論文から構成されている。

「新書の方」とは岩波新書の『日本文化の問題』（西著5）。これは前年三八年に京都大学で行った講演に手を入れたもので、四〇年三月刊である。「この方は昨年春京大にて話したものを少し直すだけにて私としてはきわめて興味もなくつまらないものです」とあるのはそういう事情を反映している。

ただ、後に述べるように右翼からの攻撃を警戒しての細心の執筆・出版であった。

最後は日程通知（日程15）。

〔27〕※三九（昭14）年八月二十日　山口市樋ノ口一一二三　滝沢克己宛／鎌倉より〔はがき〕（22巻、三〇二九）

御手紙難有御座いました　お変りもなき由　私共も無事日を送り居ります　十月十日頃御上京の由　まだ何とも申上げかねますが或はその頃まで居るかも知れませぬ　若しお目にかゝるを得ばバルトの御話も聞き度　八月二十日　西田幾多郎

〔解説〕受け取り通知（受取22）。お互い家族の無事確認（家族4）。

文面は会見日程の調節である（会見5）。

「若しお目にかゝるを得ばバルトの御話も聞き度」とあるが、〔バルトの名が出てきたのはどういう経緯か不明（バルト1）。滝沢の留学の際にバルトのもとに行くことを勧めて以来、西田がバルトにつよい関心を抱いていることがわかり貴重。

〔28〕※三九（昭14）年九月二十一日　山口市下宇野令樋ノ口一一二三ノ四滝沢克己宛／鎌倉より〔はがき〕（22巻、三〇五四）

御手紙拝見しました　来月十日頃までは居ります　九月廿一日　かまくら　西田幾多郎

〔解説〕受け取り通知（受取23）。日程通知（日程16）。

〔29〕※三九（昭14）年九月二十九日　宇都宮市大工町　滝沢克己宛／鎌倉より〔はがき〕（22巻、三〇六一）

おはがき拝見しました　五日午後今の処差支御座いませぬがまだ一つ会合の日の定まらぬものあり　若し差支起ります様なら東京の御宿の方へお知らせ致します　九月廿九日　かまくら　西田

〔解説〕受け取り通知（受取24）。会見の日時調整のはがき（会見6）。まだ日の定まらぬ「会合」については不明。

宇都宮大工町、つまり滝沢の実家宛て。詳細不明。

一九四〇（昭和15）年

〔30〕※一月二日　山口市樋ノ口一一二三　滝沢克己宛／京都より〔はがき〕（22巻、三一〇七）

御手紙難有御座いました　無事越年致しました　今年は少し早く十日頃から鎌倉へまゐります　一月二日　西田幾多郎

〔解説〕年賀状の受け取り通知（受取25）。年頭の消息（消息1）、日程通知（日程17）。

〔31〕※四〇（昭15）年七月三十日　東京市淀橋区下落合一ノ四九〇　滝沢克己宛／鎌倉より〔はがき〕（22巻、三三三六）

御手紙拝見致しました　来月はじめに二三会ひたいといふ人も御座いますが日は未定、貴兄東京へお出になつたらすぐお知らせ下さい、なるべく早い方よろしい　七月三十日　かまくら　西田

〔解説〕受け取り通知（受取26）。東京に出るという滝沢との会見調整のはがき（会見7）。宛て先に注意。

東京に出るというのはおそらく、〔37〕にある岳父・小笠原敬三の逝去（七月、盛岡）に伴う動きであろうか。

〔32〕※四〇（昭15）年九月十五日　東京市淀橋区下落合一ノ四九〇　滝沢克己宛／鎌倉より〔はがき〕（22巻、三三一七四）

御手紙拝見致しました　今の処十八日午後といふことに致し置きませう　但し何時差支起るかも知れず　その時は又お知らせする　九月十五日　かまくら　西田幾多郎

〔解説〕受け取り通知（受取27）。会見の日時調整のハガキ（会見8）。宛て先東京。七月の前便のあと、ずっと東京にいたのか不明。夏休みとはいえ考えにくい。あわただしいものを感ずる。西田の日記18日に「瀧澤来訪」とある。

〔33〕※四〇（昭15）年九月二十日　東京市淀橋区下落合一ノ四九〇　滝沢克己宛／鎌倉より〔はがき〕（22巻、三三一七六）

「日本評論」の批評御序の節御送りお願いたします　その他何か雑誌等にて批評御覧の節はお知らせ下され度　九月二十日　かまくら　西田

〔解説〕批評文送付依頼のはがき（依頼3）。本状の前提には滝沢からの知らせがあったと推察できる。おそらく会見で話題になったものと思われる。

「「日本評論」の批評」については不明。次便でも話題になる。西田は自分への批評を気にしている。宛て先東京。

〔34〕四〇（昭15）年九月二十二日　東京市淀橋区下落合一ノ四九〇　滝沢克己宛／かまくらより（22巻、三二七七）

日本評論難有御座いました　併しこの人は私の思想を理解し居られるとは思はれず　唯所謂社会科学の立場から見て居るに過ぎない　私はもつと根本的な立場から論じて居るのである　社会科学にも多くの真理は含まれて居ると思ふが今日は唯無造作にその立場を信すると云ふのでなく更に深く反省し検討して見るべきではないか　「物に行く」といふ宣長の語は無論私も宣長が私の如き意味にて云つたなどとは思はない　私はこれから日本精神はいかに進むべきかを論じたのである　御大切に　又お逢致しませう　九月二十二日　西田　滝沢君

〔解説〕「日本評論」受け取り通知（受取28）。同誌所載の批評に対する感想。「併しこの人は」というのは不明。社会科学者であることがわかる。「宣長の語」とあるから『日本文化の問題』への批評だったか。自分の意図を強調している（思想6）。「御大切に　又お逢致しませう」（健康6）から、〔32〕にある「会見」での話題から一八日の会見へと、一連のやり取りであることが判る。宛て先東京。ただ、会見の用向きは不明。

〔35〕四〇（昭15）年九月三十日　山口市下宇野令樋ノ口一一二三ノ四　滝沢克己宛／かまくらより（22巻、三三一八三）

山口の方へお帰りの由　京都で田辺博士に御逢ひの由　どうもあの人は私と同じ様なことを云はれる様であるが私にも根本的に立場が異なって居ると思ふのです　田辺君の如き立場ではどうしても合理主義主観主義の立場を脱することができないのではないでせうか　いかゞ　日本評論は御返し致しましたが若し不要（用）ならば下さらば尚結構　私の「実践哲学序論」別刷ができました　若し御用ならお上げしてもよいが既に御読みの事と存じますが

九月三十日　西田　滝沢君

〔解説〕冒頭、受け取り通知（受取29）。東京に出ていた滝沢が山口へ帰った。九月の後半を東京ですごしたことになる。夏休みがあけての山口帰還であろう。その途中京都で田辺元と会ったことがわかる。この会見については後で少し考察する。

西田は田辺への批評を添えて同意を求めている（田辺4）。ここでも田辺には批判的である。

「日本評論」返却の件。

「「実践哲学序論」別刷」とは『岩波講座　倫理学』に寄せた同名論文のこと（西論5）

〔36〕四〇（昭15）年十月六日　山口市樋ノ口　滝沢克己宛／かまくらより（22巻、三二八八）

御手紙拝見致しました　田辺君の考については私も全然同感で御座います　あの人はどうしても唯意識的自我の立場といふものを離れることができないのです　そして自分の手のとゞかない立場を神秘主義などゝ云つて片付けて居るにすぎませぬ　弁証法と云つてもあれは真に具体的な歴史的弁証法ではない　雑誌お送り下さいました由難有御座いました　世間の人がどういふ風に考へて居るかを知り置くのもよいかと存じます　こちらは天気がよくなかつたがこれから秋晴に入るかと存じます　今月末に帰ります　御大切に　十月六日
西田　滝沢君

〔解説〕受け取り通知（受取30）。田辺について滝沢の手紙に同意を示している（田辺5）。
「雑誌お送りくださいました由」の雑誌は『日本評論』。前便〔35〕で西田が滝沢に返却したもの。それを滝沢が西田に再送したのである。（この事実は、西田宛ての滝沢書簡が保存・公開されていて確認できた。『学習院大学史料館収蔵資料目録　第18号　西田幾多郎関係資料―付　全集未収録書簡』（学習院大学資料館）二一～三頁所収。またこれを転載し解説を付した『思想のひろば』19号、二二頁以下参照）
「世間の人が」以下は助言であろう（助言4）。「雑誌」への言及のあとであるから、この間話題になった『日本評論』を請けていると推測される。
天気の話題（気候3）。日程通知（日程18）。

〔37〕※四〇（昭15）年十月十六日　山口市樋ノ口　滝沢克己宛／鎌倉より〔はがき〕（22巻、三二九七）

御手紙拝見　重々の御不幸お悔み申上げ（け）ます　十月十六日　鎌倉　西田幾多郎

〔解説〕受け取り通知（受取31）。お悔み状。

「重々の御不幸」とはこの年七月の岳父・小笠原敬三の死につづき、十月に義妹・小笠原信子が亡くなったことであろう（家族5）。ともに盛岡にて。

〔38〕※四〇（昭和15）年十一月十三日　山口市樋ノ口　滝沢克己宛／京都より〔はがき〕（22巻、三三二六）

御手紙難有う御座いました　十一月十二日　西田幾多郎

〔解説〕手紙受け取り通知（受取32）。お悔み状への礼の手紙に対する返事かと思われる。

〔39〕四〇（昭15）年十二月二十三日　山口市樋ノ口　滝沢克己宛／京都より（22巻、三三四三）

御手紙拝見いたしました　君はあの論文をよく理解して下さつたことを喜ひます　ポイエシス即プラクシスと云ふことをあの様に考へないと本当に宗教と道徳との意義関係が明にならないと思ふのです　従来はポイエシスといふ事を唯主観的にのみ考へ居るのです　「現代日本哲学」接取難有御座いました　先日より痔の治療を致し一ヶ月程苦しみました　併しもうよろしい　来月十日頃より又鎌倉へ行く積りで御座います　十二月廿三日　西田　滝沢君

〔解説〕受け取り通知（受取33）。

「あの論文」とあるのは『思想』十月号所載の「ポイエシスとプラクシス」（西論6）。滝沢がよく理解したことを喜んでいる（評価4）。

ポイエシス即プラクシスの思想が「宗教と道徳の意義関係」を明らかにするものであることが語られている（思想7）。これも宗教論の課題を念頭にしたものとみられる（宗教4）。

『現代日本哲学』は三笠書房から出た滝沢の本（滝著7）。十二月二十三日刊行となっているから発刊前に送ったことになる。前年三九年の『現代日本の哲学』の増補新版である。「の」の文字一字を省いた命名で間違いやすい。

この年末、西田は痔で苦しんだ。文化勲章の授章式にも欠席した。「併しもうよろしい」（健6）。日程通知（日程19）。

一九四一（昭和16）年

〔40〕四月二十三日　山口市下宇野令樋ノ口一一二三　滝沢克己宛／京都より（22巻、三四二八）

先日は折角御尋ね下さいましたが折あしく少々風邪にて病臥致し居りお目にかゝるを得ず残念でした　又折があらばどうぞ　もうすつかり風もよくなりました　我国の学界に其の批評精神といふものがないと云ふ事全く御同感に存じます　切に若い人々の奮起を望み居る次

第で御座います　私は今度五　六両月の「思想」に「歴史的形成作用としての芸術的創作」といふものを載せました　又どうかおすきの節御一覧下さらば幸と存じます　四月廿三日

西田　滝沢君

〔解説〕滝沢が訪問したが会えなかったことが分かる（会見9）。予告なしに西田を訪問することがあったのか。書簡〔43〕にも同様なことがある。

西田は風邪だったようだ（健7）。西田日記の十四、五日に該当記事あり。「二三日来咳」、「三十八度五分」の熱が出て来診を受けたとある。

「我国の学界に其の批評精神といふものがない」云々は滝沢の手紙の文言を引き取ったものだが、不詳。共感して若い人に期待している（期待2）。

『思想』の論文に一覧を乞うている（西論7）。

〔41〕四一（昭16）年五月三日　山口市樋ノ口　滝沢克己宛／京都より（22巻、三四三一）

御論文くさぐさ難有御座いました　私は私の出立点　私の立場といふものが最大事とおもひ居るのですが理解してくれる人が少ないので御座います　それが分かってもらはねば私の云ふ事はすべて歪められてしまふと思ふのです　どうか又いろいろおかき下さる様願ひます

私もいろいろの問題にふれて行つて見ようとおもひ居ります　五月三日　西田　滝沢君

〔解説〕受け取り通知（受取34）。

「御論文くさぐさ」の論文とは『理想』所載の「西田哲学に於ける宗教の問題」（滝論10）など。

詳細不明。滝沢の論調に同調し、自分の出立点、立場を理解して欲しいと述べている（嘆き4）。

「どうか又いろいろおかき下さる様…私もいろいろの問題にふれて行って見よう…」とやや抽象的にまとめている。

〔42〕※四一（昭16）年六月三十日　山口市樋ノ口　滝沢克己宛／
京都より〔はがき〕（22巻、三四五五）

御手紙拝見　二十日過までは此処に居ります　六月三十日　京都　西田幾多郎

〔解説〕受け取り通知（受取35）。日程通知のハガキ（日程20）。

〔43〕※四一（昭和16）年七月二十四日　山口市樋ノ口　滝沢克己宛／
鎌倉より〔はがき〕（22巻、三四七二）

御手紙拝見、私は昨日こちらへ来ました、先日は折角お出下さつたのに誠に失礼いたしました、もう何処かへ出立したらしいです　御家内様御大切に　七月廿四日　鎌倉　西田幾多郎

〔解説〕受け取り通知（受取36）。日程通知（日程20）。西田の日記二十三日には列車で鎌倉に来たことが記されている。「すれ違い」への詫びのことば（会見10）。「もう何処かへ出立したらしいです」と続くのは不明。「御家内様御大切に」はとし子夫人への気遣いだが詳細は不明（家族6）。

〔44〕※四一（昭16）年八月五日　山口市樋ノ口　滝沢克己宛／鎌倉より〔はがき〕（22巻、三四八〇）

バルト研究　本日刀江書院より御送り下され難有御座いました　ゆるゆる拝読致度楽みにいたし居ります　尊兄その後何事もなきか　八月五日　かまくら　西田幾多郎

〔解説〕「バルト研究」とあるのはこの年七月刊行の『カール・バルト研究』のこと（滝著8）。刀江書院刊である。出版元から直接送った事が伺われる。受け取り通知（受取37）。読むのを「楽し

み」にしているとあるが、この後書簡での感想などは見られない。

なお、書簡〔4〕に出たドイツ語の二論文はともに滝沢自身による邦訳で同書に収められた（現在は『著作集2』に所収）。

「尊兄…」以下ねぎらいの言葉。

〔45〕※四一（昭和16）年九月二十五日　山口市樋ノ口一一二三　滝沢克己宛／鎌倉より〔はがき〕（22巻、三五〇四）

御手紙拝見、御帰宅のよし　それはよろしう御座いました　九月廿五日　鎌倉　西田幾多郎

〔解説〕受け取り通知（受取38）。「御帰宅のよし　それはよろしう御座いました」の事情は不明。

〔46〕※四一（昭16）年十二月二十七日　山口市樋ノ口　滝沢克己宛／京都市左京区田中飛鳥井町三二一より〔はがき〕（22巻、三五四七）

「哲学論文集第四」はまだ岩波の方に少し残って居るだらうと思ひますから、岩波書店の布川角左衛門に（私からの指図と云つて）問ひあわせて下さい

〔解説〕冒頭はこの年十一月に出た西田著『哲学論文集第四』のこと（西著6）。「実践哲学序論」「ポイエシスとプラクシス（実践哲学序論補説）」「歴史的形成作用としての芸術的創作」「国家理由の問題」など、この間の書簡で話題になった論文を収める。布川角左衛門は岩波書店で西田を担当した編集者（知人5）。西田が滝沢に便宜を図っている様子がわかる（助言5）。なお、西田はリウマチで十一月三日に入院、本状は退院直後のもの。なお入院中に「大東亜戦争」が始まっている。日記の方も十一月から翌年六月のリハビリ完了まで記事なし。

一九四二（昭和17）年

〔47〕※三月二日　山口市樋ノ口　滝沢克己宛／京都市左京区田中飛鳥井町三二一より〔はがき〕（これより23巻に。三五六一）

御手紙ありがたう御座いました　少しづヽ快方に向つては居りますが　まだすつかり病臥致して居ります　家内は風邪にて少し休んで居りますから失礼致します（指が動きませんの

で代筆）

〔解説〕手紙への礼（受取39）。見舞いの手紙だったと推察される。この時期、リウマチ疾患で西田は苦しんでいた。いわばその現場からの手紙。末尾の「指が動きませんので代筆」のことばが痛々しい。書簡〔46〕解説で述べたように、六月まで西田日記は記事なしである。

「家内も風邪にて」という大変な時期だったようだ（健康8）。

〔48〕四二（昭17）年六月二日　山口市樋ノ口滝沢克己宛／京都市左京区田中飛鳥井町三二一より（23巻、三六〇三）

御手紙難有御座いました　私も大分よくなりましたがまだ漸く杖によつて庭へ出る位で御座います　先日岡本校長わざわざお尋ね下されその話も御座いましたがまだ一寸旅行に出る自信がないので御座います　哲学論文集第四反復お読み下さいます由　何かと御役に立てば幸之に過ぎずと存じます　我国の教育界益低下する様になりはせないかといふ御考私も同感に存じます　愚息は比島に上陸　コレヒドルまで参加いたしましたが今尚比島に居ります　何卒岡本校長によろしく御鶴声下され度　六月二日　西田生　滝沢君　相川氏の本も私も求めましたがまだよく読んで見ませぬ

〔解説〕受け取り通知（受取40）。リウマチの状態を伝えながら、講演の依頼を断わったことを告げている。「その話」とは講演依頼のこと。「漸く杖によって庭に出る位」で「まだ一寸旅に出る自信がない」と率直（健康9）。六月後半に本格的に再開された西田日記には、自宅で「マッサージ」を受けている旨の記述頻出。

滝沢が『哲学論文集　第四』を読んでいることへの感謝（西著7）。

「我国の教育界益低下云々」に同感している（時局4）。「低下」が何をさすか、詳細不明。

「愚息」以下は長男・外彦の消息（家族7）。後述のように外彦は戦前二度召集を受けたが、本状の「比島」は一回目のそれのこと。西田が滝沢に息子のことを漏らした最初。気を許す関係であることがわかる。

岡本校長への挨拶依頼（依頼4）。「相川氏の本」については不明。新版西田全集の22巻「人名解説と索引」欄に相川春喜の名がある。しかし、本状が収められた23巻同欄にはない。

〔49〕※四二（昭17）年六月二十八日　山口市樋ノ口　滝沢克己宛／

京都市左京区田中飛鳥井町三二より〔はがき〕（23巻、三六一三）

御手紙難有御座いました　私は大分よくなりましたがまだ足は二三町しか歩むだけ　左の

指が曲がりませぬ　梅雨は恐れてゐますが今の処さしたる影響もないらしいです　いろいろ御親切に難有う御座いぼます

雲丹御恵与下され御厚情多謝　折角御研究下さる様いのります　六月廿八日　西田　滝沢君

〔解説〕受け取り通知（受取41）。リウマチの見舞いに対する礼状（健康10）。症状がまだ痛々しい。「梅雨は恐れてゐますが」とあるが、リウマチは「梅雨」時が苦しいことが背景にある。「雲丹御恵与」とあり、滝沢が見舞いの品を贈ったことが分かる（礼2）。研究への祈念（勉強6）。

〔50〕※四二（昭和17）年十月十九日　山口市樋ノ口　滝沢克己宛／京都市左京区田中飛鳥井町三二より〔はがき〕（23巻、三六六一）

御手紙拝見いたしました　私は明後廿一日に鎌倉へまゐります　来月三日午後　今の処何も差支ない様ですが　まだ大分先のこと故その前　尚一度御尋ね願ひます　東京でのお所は何処でしたかね　十月十九日

〔解説〕前便から四ヵ月後の書簡。リウマチの回復したことがうかがわれる。西田日記によれば九月末にマッサージが終了している。

冒頭は受け取り通知（受取42）。日程通知（日程21）。面会調整（会見11）。住所問い合わせなど。

〔51〕※四二（昭17）年十一月一日　東京市淀橋区下落合一ノ四九〇　滝沢克己宛／
神奈川県鎌倉市姥ヶ谷五四七より〔はがき〕（23巻、三六七三）

御端書拝見　今の所差支御座いませぬ（休のこと故他の来客があるかも知れませぬが）
十一月一日

〔解説〕受け取り通知（受取43）。面会日程調整のはがき（会見12）。
西田の日記、3日の欄に「瀧澤、島谷来訪」とある。

第三節　後期書簡を読む（四三～四五年）

一九四三（昭和18）年

〔52〕※一月四日　山口県山口市樋ノ口　滝沢克己宛／

神奈川県鎌倉市姥ヶ谷五四七より〔はがき〕（23巻、三七〇一）

御手紙難有御座いました　私もつゞいてよろしい様です　家内も無事」折角御勉強現代思想界のためにご努力の程いのります　独よがりの思想のみ多くて困ります」御令女御生れの由　家内よりもよろしく　一月四日

〔解説〕受け取り通知（受取44）。西田自身と妻の健康報告（健康11）。勉強祈念だが「現代思想界のためにご努力の程」とあり、滝沢への信頼と期待がうかがわれる（期待4）。「独りよがりの思想のみ多く」とは思想界への嘆き（嘆き5）。「御令女御生れの由」とは前年末の長女・美佐保誕生のこと。三人男子が続いた滝沢家にとって初めての女児誕生だった。「家内よりもよろしく」が家族ぐるみのつき合いを伝える（家族8）。

〔53〕※四三（昭18）一月十九日　山口市樋ノ口　滝沢克己宛／

神奈川県鎌倉市姥ヶ谷五四七より〔はがき〕（23巻、三七一一）

今月の「思想」に知識論に関する論文をかきました　来月にて完結致します　思想はそちらに行きますか　一月十九日

〔解説〕「思想」の知識論とはこの年一、二月同誌掲載の「知識の客観性について」のこと（西論8）。「来月完結致します」の予定通りだった。「思想はそちらに行きますか」は戦時体制下での流通への懸念をあらわす。「そちら」は山口。

〔54〕四三（昭18）二月八日　山口市宇野令樋ノ口　滝沢克己宛／神奈川県鎌倉市姥ヶ谷五四七より〔はがき〕（23巻、三七二一）

おはがき見ました　日本の思想家学者といふのは理解する前に先づ批難する様です　私は個人主義者で個人の救済を主とすると批難せられて居るさうです（田辺君の批難が伝播するのか知らぬが）　佐藤通次など日本精神は見るでなく聴くである　天皇随順だと暗に私を批難する様だが　私の見るといふのは佐藤のいふが如き浅薄の意味ではない

〔解説〕受け取り通知（受取45）。日本の思想界を嘆く文面（嘆き6）。自分への批難に伝聞口調でふれている。「日本の思想家学者」とあるのは不明。「田辺君の」云々は西田が気にしていた様子をうかがわせる（田辺6）。西田は「（自分が）個人主義者で個人の救済を主とする」という「田辺君の批難」を把握していた（後述）。

佐藤通次の名前が出され、その西田批判に言及される（佐藤1）。佐藤は九大教授。東京堂発行の右翼的雑誌『読書人』によって西田を批判していた。書簡〔60〕にも名前が出る。西田の口調の強さが怒りの程を示している。

〔55〕※四三（昭18）三月二三日　宇都宮市戸祭町星ヶ丘　滝沢克己宛／
神奈川県鎌倉市姥ヶ谷五四七より〔はがき〕（23巻、三七五五）

御手紙拝見、鎌倉には四月半頃まで居ります　金曜（二十六日）四時までの間は一寸人が来るかも知れませぬが　その外は今週いつでも」金曜四時過からならよろし　又四時までで
も一寸の用事ならよし　三月廿三日

〔解説〕宇都宮に宛てられたはがき。事情は次の書簡の解説参照。冒頭受け取り通知（受取46）。次いで日程（日程22）、さらに会見日時の調整（会見13）。

ただ、西田日記二十六日（金）には「瀧澤来訪」の記事なし。次便にあるようにすれ違ったか。あるいは戦時中の郵便事情もあったか（書簡〔58〕参照）

〔56〕※四三（昭18）四月四日　山口市樋ノ口　滝沢克己宛／
神奈川県鎌倉市姥ヶ谷五四七より〔はがき〕（23巻、三七六二）

おん母上様御病気いかなりましたか　もう御治りになりましたか　先日宇都宮へ出しましたハガキはつきましたか　四月四日

〔解説〕冒頭の一文。滝沢の実母・操（60）の病気を心配するハガキ（家族9）。操はこの年の五月三日に宇都宮で亡くなる。おそらく克己は病気見舞ないし付き添いのため三月から宇都宮に帰省していたのではないか。

「先日宇都宮に出したハガキ」とは前便のことか。

〔57〕※四三（昭18）五月八日　山口市樋ノ口　滝沢克己宛／神奈川県鎌倉市姥ヶ谷五四七より〔はがき〕（23巻、三七八四）

五六月に又思想に論文を出します　布川君に頼んで置きなさい　私は二十日過頃までまだこゝに居ます　五月八日

〔解説〕「五六月に又思想に論文を出」すとあるのは「自覚について」（西論9）。岩波書店の布川氏に便宜を図る指示（助言6）。日程通知（日程23）。

〔58〕※四三（昭18）七月十五日　山口市樋ノ口　滝沢克己宛／
京都市左京区田中飛鳥井町三二より〔はがき〕（23巻、三八四一）

御手紙拝見いたしました　私は先月末頃こちらにまゐりましたが　又明後日鎌倉へもどります「読書人」一読しました　今の如き時あの連中に何を云ってもだめと存じます　尊兄等若い人々此際頓着なく落ちついてしつかり御勉学の様の《(ママ)》程をいのります　七月十五日

〔解説〕受領返事（受取48）と日程通知（日程25）。

「読書人」とは東京堂発行の雑誌。「あの連中」とは同誌に集った右翼的な大学教授・知識人を指す。西田・京都学派をさかんに攻撃した（時局5）。とくにこの年七月の特集は頂点をなした（後述）。西田が一読したのはこの特集であると思われる。西田は「連中」に絶望して若い人たちに希望を託している（期待5）。

〔59〕四三（昭18）十月五日　山口市樋ノ口　滝沢克己宛／
神奈川県鎌倉市姥ヶ谷五四七より（23巻、三九一五）

お手紙拝見いたしました　大学など法文は全く閉鎖同様の様子らしいです　愚息本年五月除隊となり目下陸軍の電波研究所に努めて居ります　お元気の由何よりと存じます

「思想」に書いたものは佐藤通次など実に人の云ふことが何も分からずにゐて無暗やな事を云ふから一言云つたまでです　乱暴な議論が行はれる世の中です

「哲学論文集第五」はもう印刷の方へは廻つては居るとのことです　併し此頃の事故急にはいかゞ　とにかく布川君にさうお話し置き下さい　三戸とかいふ人のこと承知いたしました

そろそろ秋涼の候になります　何卒御大切に　十月五日　西田　滝沢君

〔解説〕受け取り通知（受取49）。「大学など…」は時局発言（時局6）。十月二日から理工系学生を除いて兵役徴集延期が停止されたことを受けたもの。ちなみに神宮外苑での雨中の「出陣学徒壮行会」（文部省主催）はこの月の二十一日だった。

「愚息…」は家族の消息（家族10）。先に述べたように外彦一回目の除隊である。

「「思想」に書いたもの」とは九月号の短文「伝統」のこと（西論10）。佐藤通次を意識して書いたと名指しで批難（佐藤2）。時局への嘆きと怒り（時局7）。

「もう印刷の方へ」という「哲学論文集第五」は、「併し此頃の事故急にはいかゞ」とあるように、翌四四年八月にやっと刊行される（西著8）。右の「伝統」も同書に収録。ここでも滝沢に便宜を図っている（助言8）。

「三戸とかいふ人」は山口高等商業学校での滝沢の教え子の三戸公（知人6）。滝沢が面会の便をはかったもの。三戸はのちの立教大学名誉教授、中京大学名誉教授、経営学。[9]

「そろそろ…」以下、時候の挨拶（気候4）。

一九四四（昭和19）年

〔60〕七月二十日　山口市熊野区樋ノ口　滝沢克己宛／神奈川県鎌倉市極楽寺姥ヶ谷五四七より（23巻、四一四九）

御手紙拝見いたしました　お変わりもなき由　先づ何よりと存じます　この辺も中々不安ですがさりとて京都の夏はとても凌ぎ難く　何処かへ転住すればよいがそれも中々面倒にて先づ万事を運に任せてぐづぐづいたし居ります

戦局もだんだん切迫して来た様です　国家存亡とあれば何事も致さねばならぬが要するに我々は学問思想の方にて国家に尽すのが自分の本分を尽し真に国家に尽す所以と存じます　何卒そのお心がけにてできない中にも御勉強　他日の用に供せられんこと切望の至りに堪へませぬ　哲学の方にても今後何とかして日本に雄大な日本哲学が発展せねばならぬと存じます　九大の哲学といふのは鹿子木　佐藤通次などに蹂躙せられ実に慨嘆の至りに堪へませぬ

何とかして尊兄などの力によって少しにても正しいよい方へと念じ居ります」　まだ出ませぬが「思想」七月号に私は「デカルト哲学について」といふものを書きました　古来の哲学に対して私の立場を明にしたものです　三月　五月の「思想」拙文もどうか御熟読下さい　論文集五は大分以前には七月中とか云つてゐましたが　その後どうなりましたかまだ出ませぬ　此頃の事故いつ出ますか　どうか布川へ御催促して置いて下さい　忘れてしまふといけ

ぬから　七月二十日　西田　滝沢君　岡本校長にも何卒よろしく

〔解説〕受け取り通知（受取50）。冒頭は安否確認の趣きあり。「この辺も中々不安…京都の夏は凌ぎ難く」以下は、戦局が切迫して安心な場所への「転住」つまり疎開を考えさせるまでになっていることを伝えている（時局8）。

「戦局もだんだん切迫…」は前年のガダルカナル撤退、山本五十六戦死、米軍アッツ島上陸とつづく敗北、この年六月の米軍機九州飛来などが背景。「国家存亡」の語は実感だった。

西田は時にあたっての心構えを説いている（助言9）。「学問思想のほうで国家に尽す」（勉強6）といわゆる職域奉公論を説き、そこから「他日の用に供せられんことを」と哲学界の未来に託す思いを伝えている。

「哲学の方にても今後何とかして日本に雄大な日本哲学が発展せねばならぬと存じます」とは西田の遺言ともいえよう。反面、「九大の哲学」への嘆き。鹿子木とは鹿子木貝信《かのこぎただのぶ》。佐藤通次（佐藤3）の名がまた出る（嘆き7）。

「何とかして尊兄などの力によって少しにても正しいよい方へと念じ居ります」とは滝沢への信頼のことば（期待6）。

「デカルト哲学について」は「思想」七月号とあるとおり（西論11）。

「三月　五月の「思想」拙文」とは三月の「論理と数理」、五月の「予定調和を手引として宗教哲学へ」。後者は五・六月合併号であった（西論12）。

「論文集第五」とは書簡〔60〕で言及の『哲学論文集第五』のこと（西著9）。そこでも触れたようにこれは八月にようやく出る。ここでも便宜を図って指示している（助言10）。追伸で岡本校長への伝言（知人7）。西田の旺盛な仕事振りが伝わってくる書簡。

〔61〕四四（昭19）年十月二十一日　山口市熊野（山口高商教授）滝沢克己宛／神奈川県鎌倉市極楽寺姥ヶ谷五四七より（23巻、四二二九）

お手紙拝見　おすぐれなき由　何卒御大切に　折角御保養早く御元気になられる様いのります　九州行きの方も十分御恢復の後に　最後の土壇場まで専門の学問をつゞけるといふ御気持　どうかそれを失はぬ様御努力の様切望の至りに堪えませぬ　戦争のすんだ後では一時学問など全く（人がなくなり）衰微の時期が来るだらうとおもひます　その節之を回復して次の時代を起すのは今までの間に一通りでき上がった人々の任とおもひます　九大の方は多少苦しくとも何とかしてお続けになる様にいのります　学問の方はどうも大学と関係を有つてゐないとむつかしいと存じます　学問は一度中断すると又始めるのが中々容易でない　なるべく続けられる様に　アランの「デカルト」はさうたいしたものでもないが一寸見方が新らしくて面白い　ヘーゲルの現象学は Baillie のものがよいが九大矢崎君（岩波の大思想文庫）のもの初の方僅少しかないがよく要領が摑まれてゐたかとおもふ　私の第五論文集布川君に

頼んで早速御求め下さい　まだいくらか本当の研究者の為にとりのけてある筈です　十月
廿一日　西田　滝沢君

〔解説〕受け取り通知（受取51）。「おすぐれなき由…折角御保養…」は不明（健康12）。「九州行きの方」とは滝沢が四月から週一回講師として九大に出講することになったこと。空爆が続くなか山口からの通勤は楽ではなかったはずである。まして体調不良の場合は。「最後の土壇場」という切迫したことばが当時を偲ばせるが、学問を続けることへの期待を表明している（勉7）。「戦争のすんだ後では…」は、学界の長老として当時の西田が戦後の学界の衰微を心配し、なんとかこれを防ぐために心を砕いていた事実を表す（時局9）。「次の時代を起すのは今までの間に一通りでき上がった人々の任とおもひます」と滝沢にも期待している（期待8）。すぐ後で「九大の方は多少苦しくとも何とかしてお続けになる様にいのります」と助言している。「学問の方はどうも大学と関係を…」とか「学問は一度中断すると…」などは実感のこもった深切なことばである（助言11）。

そんな切迫の中でも「アランの『デカルト』」、Baillie の「ヘーゲルの現象学」、「九大矢崎君のもの（岩波の大思想文庫）」など、哲学文献を挙げて感想を述べている（文献1）。なぜこんな文献が並ぶのかは不明。矢崎とは既出の矢崎美盛。ヘーゲル研究者で滝沢の処女論文を『思想』に紹介した人物。

「第五論文集」とは八月にやっと出た『哲学論文集第五』（西著10）。ここでも岩波書店の西田担当者・布川に便宜を図っている（助言12）。同書には「知識の客観性について（新たなる認識論の地盤）」と「自覚について（前論文の基礎付け）」を収録。

最後のことば「まだいくらか本当の研究者の為にとりのけてある筈です」はじつに印象深い。「本当の研究者」とは西田がよく使った言葉だが、滝沢との交流に関して言えば、第一書簡中の「一知己」と双璧をなすことばだと言えよう。

一九四五（昭和20）年

〔62〕※五月二十七日　山口市熊野　滝沢克己宛／神奈川県鎌倉市姥ヶ谷五四七より〔はがき〕（23巻、四四七九）

二十一日の御手紙拝見いたしました　私はずつと鎌倉に居るつもりです　併し此頃は郵便がどこへも又どこからも非常に遅れ又不着の事もあります　そのおつもりにて　五月廿七日

〔解説〕手紙受領の返事（受取47）とともに日程通知（日程24）。郵便遅延・不着への注意（助言7）。世情の乱れが伝わる。

さて、このはがきは坂口編集版では〔57〕の後、つまり58番目に置かれている。しかし、岩波新版全集では交流の最後に置かれている。つまり我々の書簡通し番号で言えば62番目である。ここでは岩波版にしたがったが、この違いは大きい。西田と滝沢のやり取りは坂口版のものより半年ほど長くなる。それは書簡でのふたりの交流が一年延びることを意味する。坂口版では一九四四年までとなるが、岩波版では一九四五年までとなる。西田が亡くなるのが六月だから、その直前まで二人の間には交流があったということになる。

第二章　書簡の分析

第一節　書簡の真実…師弟愛

全書簡を虚心に読めばふたりの交流の有り様はおのずから浮かんでくる。その性格も比較的容易にとらえられる。筆者はそれを一言で「師弟愛」と呼びたい。つまり、交流を設定した西田からは若い滝沢にたいする高い評価が再三にわたって表明され、激励のことばがかけられる。西田の書簡は最後まで滝沢にたいする優しさにみちている。他方、滝沢の方も西田を師として仰ぎ、自分の作品をその都度呈し、礼をつくすことで終始している。したがって、坂口に倣ってこれを「師弟愛」と言うことが許されるとおもう。

もちろん坂口は「「師弟」関係を越えた、奇跡のような出来事だった」と書いていたのだが、この「奇跡のような出来事」という点については後論のテーマにしたい。まずはここでふたりの関係が最後まで師弟関係といいうるものであったことを確認しておこう。

さて、そういう基調を把握したうえで、われわれはそれを印象批評以上のものにしていきたい。その為にまず書簡の内容に注目したい。

第二節　書簡内容の分析

坂口は「…交流は、論文・著書の寄贈の様子を伝え、滝沢の就職・応召や、お互いの家族の消息までが具体的に語られている」と書いていた。つまり、「論文・著書の寄贈」「滝沢の就職・応召」「お互いの家族の消息」が用件の主なものだという。全書簡を読まれた読者はその通りであることを確認した筈である。「論文・著書の寄贈」にはそれをめぐる感想なども含めていいであろう。要するにふたりの交流は思想的なレヴェルから家族の消息といった生活レヴェルまで、広く深いものであったことが判るのである。

しかし、われわれは書簡内容をさらにこまかく分類し、用件ごとに番号を打ってみた（解説欄）。後から統計的に処理するためである。内容を分類する際次のような手順を踏んだ。

坂口の挙げた項目（「論文・著書の寄贈」など）は、けっして網羅的なものではない。そこで、われわれの観点からさらに小項目に分けた。また、坂口が「全書簡」に付けた年表風労作（前掲『思想のひろば』十五号、二七～八頁）を考証しながら、そこで取上げられていない事項を取り入れた。結果、用件の事項が増えて煩わしくなったが、西田・滝沢の交流史を統計的数字の裏づけをもって再構成できるようになったと思う。

以下、解説欄を参照しながら二人の交流の実態を明らかにしていきたい。読者には必要に応じて同欄に立ち返りながら読み進めていただくことをお願いしておきたい。坂口が師弟関係を越えた「奇跡のような出来事」と呼び「ひとつの「事件」」であると書いた事態を、あぶり出していくことができるはずである。

1、事項説明

書簡の解説欄中（ ）内のすべての事項を掲げてみよう。下には略語の意味を付した。

西論…西田による自分の論文への言及
西著…西田による自分の著作本への言及
滝論…滝沢による自分の論文への言及
滝著…滝沢による自分の著作本への言及
評価…西田からの滝沢に対する評価
勉強…勉強・研究を続ける要望
助言…年長者西田からの助言
期待…滝沢への期待表明
依頼…文献などの依頼
宗教…「宗教」への言及
思想…西田による自分の思想についての発言
時局…時局への発言
嘆き…世情への嘆きなど
田辺…田辺元への言及
蓑田…蓑田胸喜への言及

佐藤…佐藤通次への言及
バルト…バルトへの言及
文献…文献への言及

受取…書状の受け取りと返礼
年賀…年賀状
気候…気候への言及
健康…健康を気遣うことば
留学…滝沢の留学に言及したことば
就職…就職祝いのことば
召集…召集への心配のことば
家族…相互の家族への言及
消息…相互の家族の消息
知人…西田の知人への言及
思出…西田の思い出
同情…滝沢への同情
礼状…滝沢への礼状
会見…会見日時の調整連絡

日程…日程の確認連絡

こうして事項を並べてみるとそれだけで、坂口が述べていた交流の実態が一目瞭然となる。前半に思想的なやりとりにかかわる事項、後半に生活上の交流の跡を示す事項をまとめてみたが、まことに「…交流は、論文・著書の寄贈の様子を伝え、滝沢の就職・応召や、お互いの家族の消息までが具体的に語られている」のである。

2、書簡順の事項分布

次に、書簡順に事項の分布状況を見てみる。年ごとに書簡番号と日付を記し、下に事項を抜き出した。※印は既出の通り岩波全集第四版（旧版）に掲載されていない書状を示す。

前期書簡

一九三三（昭和8）年
〔1〕八月二十二日　（挨拶1）（滝論1）（評価1）（西論1）
〔2〕※十月十二日　（受取1）（留学1）（健康1）（日程1）。
一九三四（昭和9）年　なし（滝沢ドイツ滞在）
一九三五（昭和10）年　なし（滝沢ドイツ滞在）
一九三六（昭和11）年

〔3〕三月十一日　（受取2）（健康2）（日程2）（天候1）
（滝著1）（断り1）（助言1）（西論2）
〔4〕三月二十七日　（健康3）（受取3）（滝論2）（思想1）（滝論3）（依頼1）
〔5〕※九月十九日　（受取4）（日程3）（滝著2）（依頼2）
〔6〕十月十五日　（滝著3）（評価2）（思想2）（健康4）（勉強1）
〔7〕十一月十三日　（受取5）（滝論4）（就職1）（勉強2）（滝書4）（助言2）
（日程3）（知人1）

一九三七（昭和12）年

〔8〕※一月一日　（年賀1）
〔9〕※二月十一日（封書）　（受取6）（日程4）（滝論5）
〔10〕三月十四日　（受取7）（就職2）（思出1）
〔11〕六月八日　（受取8）（同情1）（助言3）（知人2）（勉強3）（時局1）
（思想3）（滝論6）（日程5）（西論3）（思出2）
〔12〕※七月二十五日　（日程6）（思出3）（知人3）
〔13〕九月六日　（受取9）（健康5）（気候1）（召集1）（時局2）（日程7）
（西著1）（宗教1）（嘆き1）
〔14〕※十月五日　（受取10）（日程8）
〔15〕十一月十九日　（受取11）（時局3）（滝論7）（文献1）（西著2）（宗教2）

中期書簡

一九三八（昭和13）年

〔16〕※三月一日　（受取12）（日程9）（家族1）

〔17〕三月六日　（受取13）（滝論8）

〔18〕※三月二十二日　（受取14）（日程10）

〔19〕七月十一日　（受取15）（日程11）（蓑田1）（勉強4）（嘆き2）（期待1）

〔20〕※九月四日　（礼状1）（日程12）

〔21〕九月二十一日　（受取16）（滝著5）（西論4）（宗教3）（田辺1）（思想4）
（日程13）（家族2）

〔22〕※十二月二十四日　（受取17）（日程14）（会見3）

一九三九（昭和14）年

〔23〕※一月十二日　（受取18）（会見4）

〔24〕二月二十二日　（受取19）（滝著6）（滝論9）（評価3）（田辺2）（知人4）
（嘆き3）（気候2）

〔25〕※三月十三日　（受取20）（田辺3）（思想5）

〔26〕六月六日　（受取21）（家族3）（勉強5）（西著3）（西著4）（日程15）

〔27〕※八月二十日　（受取22）（家族4）（会見5）（バルト1）

〔28〕※九月二十一日　（受取23）（日程16）

〔29〕※九月二十九日　（受取24）（会見6）

一九四〇（昭和15）年

〔30〕※一月二日　（受取25）（消息1）（日程17）

〔31〕※七月三十日　（受取26）（会見7）

〔32〕※九月十五日　（受取27）（会見8）

〔33〕※九月二十日　（依頼3）

〔34〕九月二十二日　（受取28）（思想6）（健康6）

〔35〕九月三十日　（受取29）（田辺4）（西論5）

〔36〕十月六日　（受取30）（田辺5）（助言4）（気候3）（日程18）

〔37〕※十月十六日　（受取31）（家族5）

〔38〕※十一月十二日　（受取32）

〔39〕十二月二十三日　（受取33）（西論6）（評価4）（思想7）（宗教4）（滝著7）

（健康7）（日程19）

一九四一（昭和16）年

〔40〕四月二十三日　（会見9）（健康8）（期待2）（西論7）

〔41〕五月三日　（受取34）（滝論10）（嘆き4）

〔42〕※六月三十日　（受取35）（日程20）

〔43〕※七月二十四日　（受取36）（日程20）（会見10）（家族6）

〔44〕※八月五日　（滝著8）（受取37）
〔45〕※九月二十四日　（受取38）
〔46〕※十二月二十七日　（西著5）（知人5）（助言5）

一九四二（昭和17）年

〔47〕※三月二日　（受取39）（健康9）
〔48〕六月二日　（受取40）（健康10）（西著6）（時局4）（家族7）（依頼4）
〔49〕※六月二十八日　（受取41）（健康11）（礼状2）（勉強6）
〔50〕※十月十九日　（受取42）（日程21）（会見11）
〔51〕※十一月一日　（受取43）（会見12）

後期書簡

一九四三（昭和18）年

〔52〕※一月四日　（受取44）（健康12）（期待4）（嘆き5）（家族8）
〔53〕※一月十九日　（西論8）
〔54〕二月八日　（受取45）（嘆き6）（田辺6）（佐藤1）
〔55〕※三月二十三日　（受取46）（日程22）（会見13）
〔56〕※四月四日　（家族9）
〔57〕※五月八日　（西論9）（助言6）（日程23）

〔58〕※七月十五日　（受取48）（日程25）（時局5）（期待5）
〔59〕十月五日　（受取49）（時局6）（家族10）（西論10）（佐藤2）（時局7）（西著7）
（助言8）（知人6）（気候4）

一九四四（昭和19）年
〔60〕七月二十日　（受取50）（時局8）（助言9）（勉強7）（佐藤3）（嘆き7）
（期待6）（西論11）（西論12）（西著8）（助言10）（知人7）
〔61〕十月二十一日　（受取51）（健康13）（勉強8）（時局9）（期待8）（助言11）
（文献2）（西著9）（助言12）

一九四五（昭和20）年
〔62〕※五月二十七日　（受取47）（日程24）（助言7）

こう並べてみると、①年ごとの書簡数、②月単位での書簡頻度、③書簡の長短、④岩波全集の編集意図などがすぐわかる。①から④について次に述べるが、その前に、右の整理をもとに「初期」「中期」「後期」という書簡区分の根拠に触れておこう。

初期書簡群は西田から滝沢への評価が基調になっている。中期になると二人の関心は田辺に向かったことがわかる。西田は滝沢の田辺批判に同調して田辺への批判を繰り返している。後期になると田辺よりむしろ蓑田・佐藤など右翼的な思想家たちおよびかれらが跋扈する思想界に関心が向かう。それは同時に戦局の逼迫の表現でもあり、最後はついに疎開話にまで至る。つまり、大筋で見ると、書簡のテーマは当人同士の関係から田辺、右翼勢力、日本の思想界へと、外部に広がる形に推移した、と言っていいであろう。前、中、後期と分類した理由である。

3、事項分布からわかること

さて、先の①から④の項目を順に見ていこう。

① まず年ごとの書簡数を抜きだしてみると、

三三年…二通
三六年…五通
三七年…八通
三八年…七通
三九年…七通
四〇年…十通
四一年…七通
四二年…五通
四三年…八通
四四年…二通
四五年…一通

となる。単純に平均して年六通ほどのやりとりがあったことはすでに指摘した。こうして、かなりのやりとりがほぼ十年間にわたってあったといえる。なお、「ほぼ十年間に年平均六通」と言ったが、すでに触れたとおり三四年と三五年、滝沢留学中のこの二年間は除いてある。この点はまた後で触れる。

さて、右の年代順を書簡の本数順に並べ変えてみると、こうなる。

十通…四〇年
八通…三七年
　　　四三年
七通…三八年
　　　三九年
五通…三六年
　　　四一年
二通…三三年
　　　四二年
一通…四五年
　　　四四年
ゼロ…三四年
　　　三五年

三七年から一九四〇年前後の六年間が一番やりとりの多いことがわかる。ほぼ中期にあたる。それは論文著書の話題を基調に、滝沢の就職・西田の病気や滝沢の親族の逝去などに関する書状、大学・思想界の動向（とくに田辺評）などに会見日程の調整ハガキが加わったものである。この頃がもっとも交流が盛んな時期だったといえよう。

二通しかない年のうち一九三三年は西田が初めて書簡を送った年である。それは八月だったが、直後の十一月に滝沢はドイツ留学に出発した。書簡〔2〕は留学祝いのハガキであった。出発前に滝沢は西田に会っているが、会見日時調整のやりとりなどが一切残っていない。これもすでに触れた。また、一九四四年が二通（七月と十月）、四五年が一通と少ないのに気がつく。これは、書簡を読めば分かるように、戦争が逼迫して双方とも生き伸びることが問題になってきた時期であり、郵便事情も勘案すれば致し方ないものと思われる。

留学時の二年間、書簡のやりとりがないことはすでに触れた。ゼロである。西田には、たとえば直系の弟子・西谷啓治が留学した際には頻繁にドイツに文献を依頼したという事実がある。が、滝沢の場合それは考えられない。三三年、留学直前に滝沢と知りあったばかりであり、また京大の教え子でなく九大出の滝沢である。西谷とはおのずから関係のあり方が違っていた。（ただ、西田が『哲学の根本問題　正続』をドイツに送ったとの滝沢の証言（後述）があるので、この期間にまったく交流がなかったわけではないと推測される。滝沢は受取のハガキなど当然出した筈だが、西田は例によって保存しなかったものと考えられる）

② 今度は月単位での頻度を見ていくと、途中、三六年に六ヶ月の空白があるほか、三七から八

年にかけてと三九年に三ヶ月、四〇年に五ヶ月、四〇年から四一年にかけてほぼ四ヶ月、そして四三年から四四年にかけて最長八ヶ月、四四年から四五年にかけて七カ月の空白がある。最後は戦争の末期にあたり郵便事情が悪くなった世情も加わっていよう。このようにみると平均して年六通といっても間歇的というべきかもしれない。つまり「西田と滝沢の間には戦前のほぼ十年間にわたり平均年六通の書簡が間歇的にやりとりされた」のである。間歇的とはいえしかし、全体として「けっして少なくない書簡が交わされた」とは言ってよいであろう。

③　もう一度書簡順の事項分布に戻ろう。こんどは書簡の長短に注目してみたい。それは事項数の多少でほぼ判断できる。一見、圧倒的なのは〔59〕〔60〕〔61〕である。二人の間での最後に属する書簡類である。これらは一読してわかるように戦争の行く末への不安を背景にした重いものである。国内の思想界を嘆き、若い人に後を託すという西田の強い気持が表れた悲壮なものである。その他、事項数の多い、多少長い文面のものだけをひろってその主内容を見てみれば次のようになる。数字は書簡番号である。

〔1〕最初の出会いの喜びの手紙
〔3〕著書査読への断りの手紙
〔6〕『西田哲学の根本問題』への評価と感想を述べた手紙
〔7〕就職をめぐるアドバイスなど
〔11〕山口高商就職・赴任直後のアドバイスなど

〔13〕召集と戦争拡大について心痛を伝える書簡
〔14〕ファッショ・蓑田胸喜への憤慨
〔21〕著書再版を喜ぶとともに田辺元を意識した書簡
〔24〕『現代日本の哲学』刊行を期に田辺を論評
〔34〕社会科学者の西田批評への論評
〔35〕田辺への論評
〔36〕田辺への論評
〔39〕田辺への論評
〔40〕風邪で会えなかった詫び
〔48〕リウマチ完快せず山口での講演を断わった通知

以上である。やはり何か特定の用件での書簡が長くなる傾向がうかがえる。けだし当然であるが、その内容は二人の交流の推移をうかがわせて興味深い。つまり、最初は滝沢の論文著作が話題だが、やがて滝沢の就職・召集といった生活面が話題に入ってき（初期）、同時に戦争がらみで蓑田など右翼の西田批判が話題になる。その延長に田辺評が浮上する（中期）。この時期に長いものが多いが、ついで、西田の病気から先に述べた最後期の書簡群〔59〕～〔61〕における「戦争への不安、思想界への嘆き、若い人への期待」となっていくのである。

書簡での関心の推移をまとめてみたのだが、それをさらにとらえ返してみれば、それは滝沢のことから西田自身のことへ、さらに西田と思想界・戦争のことへと推移したといえようか。つまり滝沢から西田へ、さらに思想界・戦争・戦後へと移って行ったといえよう。

④　事項の少ない短い書簡はほとんどハガキ類である。じつはハガキ類は先に※マークを記したもの、つまり、岩波編集部が全集掲載から外したものとほぼ重なる。唯一の例外は〔9〕である。これだけは封書だが、岩波編集部は従来の全集から外している。ハガキ類は年賀、礼、お悔みなどの他はほとんどが会見の日時調整や日程通知である。こういう事務用件にかかわる交流を岩波編集部は系統的に外したことがうかがえる。編集当時の判断には理由があったのであろうが、外したために見えなくなったこともある。次節で触れたい。

4、事項頻度順からわかること

各事項の頻出回数を、多い順に並べてみる。するとこうなる。

受取　五一回
日程　二五回
会見　一三回
健康　一二回
助言　一二回
西論　一二回
西著　一〇回

滝論　一〇回
家族　一〇回
時局　九回
滝著　八回
勉強　七回
嘆き　七回
期待　七回
思想　七回
知人　六回
田辺　六回
評価　四回
宗教　四回
気候　四回
依頼　四回
思出　三回
就職　二回
礼状　二回
佐藤　二回

残りの項目は一回である。つまり、「留学」「断わり」「年賀」「同情」「召集」「蓑田」「バルト」「消息」「文献」である。回数で見ても、二人の交流が思想的なものから生活面まで、深く幅広く展開していることがよくわかる。

5、高頻度事項へのコメント

頻度の多い注目項目についてすこしコメントしておこう。「受取」「日程」「会見」をとりあげてみる。

①「受取」の項目が圧倒的に多い。これは意味のない項目とも思われるが、ここから滝沢の書簡数がうかがわれるのである。西田の全六十二通に対して「受取」は四十九回であり、釣り合っていないが、これはあくまで西田書簡から推定できる数であり、これ以上の数の書簡が滝沢から西田に送られたと考えてよい。西田が最初に書簡を送ったように、西田から自発したものも当然あったと思われる。右の事項回数からわれわれが言いうるのは、滝沢から西田へは少なくとも五十通以上の書簡が送られているということ、しかし、西田からの書簡のほうが多かったのではないか、ということである。

②「日程」は「受取」の次に多いのであるが、これはこの時期の二人の生活様式からくることである。「解説」欄でも述べたが、ちょうど書簡での交流の始まった時期、西田は鎌倉と京都を往復する生活に入っており、一方、滝沢は福岡在住の九大副手からドイツへ留学、帰国後上京、急転直下の山口高等商業学校赴任、山口への引越し、と目まぐるしく居住場所を変えた。山口に落ち着

いてからも西田のほうが夏冬を鎌倉で過ごすので、容易に書簡は行き違いになり得たのである。実際、書簡〔9〕では行き違いが起きている。二人の間に日程連絡は必須だったのである。

③「会見」が十三回もあるのは、従来の岩波西田全集からは伝わらなかった点である。岩波編集部は滝沢宛の書簡から会見の日時調整だけを伝えるようなハガキ類を系統的に外しているからである。これも坂口による全書簡の公開と新版全集によって判ったことである。もちろん、十三回の中にはひとつの会見について複数のやりとりもあるからそれがそのまま会見の回数を表すものではないが、それでもかなりの会見があったことは推断できるのである。さらに、すでに触れたが、滝沢は留学前に初めて西田と面会したが、そのときのことについて書簡類がない。また、通知なしに滝沢が西田を訪問したこともあったようだ。例えば書簡〔40〕〔43〕などはそれをうかがわせる。そういう会見も含めて推定すると、少なくとも十回前後、いや十回以上は会っていると断定していいであろう。（なお、山口での滝沢の教え子のひとりは、「先生が保存しておられた西田書簡を出されて、その一つを下さったことがある。さすがに第一書簡は下さらなかった」（河波早苗）と証言している。他にもそういう可能性が考えられるので、坂口が考えている以上に未発掘の滝沢宛て西田書簡があるのではないかと筆者は踏んでいる）

次に論著を取り上げる。

6、ふたりの作品

「西論」「西著」といった事項は西田の著作や論文への言及だが、これが滝沢のものより多いのは、この時期の西田の多産ぶりをうかがわせるものである。西田が定年後、しかも戦争が烈しくなってからも書き続け、論文・著作を発表しつづけたことは夙に知られていた。滝沢もこの時期、四つの名著を生み出したが、数からいって師に及ばなかった。そんな事情が背景にある。いずれにしても「西論一二回」、「西著一〇回」、「滝論一〇回」、「滝著八回」という頻度は、二人が文字通り思考のホットな交わりを続けたことを雄弁に語っていると言えよう。唯一例外は四二年である。この年には右事項は皆無である。これについては後で触れる。

⑤　両者のこの時期の著作を書簡に現れた限りでまとめると、次のようになる。なお、書簡での重複した言及があるため、事項回数と論文・著作数は一致しない。また、書簡での言及と、論文著作が実際に公刊された年はおのずから違う。右に掲げるのはあくまで書簡での言及を取り出したものである。注意されたい。

	西田の論文・著作	滝沢の論文・著作
三三年	「行為の世界」	「一般概念と個物」
三四年		『西田哲学の根本問題』
三五年		「信仰の可能性について」
三六年	「行為的直観」	

三七年　「種の生成発展の問題」
　　　　『哲学論文集第二』
三八年　「歴史的世界に於ける個物の立場」
三九年　『哲学論文集第三』
　　　　『日本文化の問題』
四〇年　「実践哲学序論」
　　　　「ポイエシスとプラクシス」
四一年　「歴史的形成作用としての芸術的創作」
　　　　『哲学論文集第四』
四二年
四三年　「知識の客観性について」
　　　　「自覚について」
　　　　『哲学論文集第五』
四四年　「デカルト哲学について」

「西田哲学に就いて」
「基督教と人生観」
「職業としての学問」
「イエス・キリストのペルソナの統一に就いて」
「M・ウェーバーの悲劇」
「誠と取引」
『現代日本の哲学』
「パリサイ人のパン種」
『現代日本哲学』
「西田哲学に於ける宗教の問題」
『カール・バルト研究』

「論理と数理」
「予定調和を手引として
　宗教哲学へ」

以上である。これはあくまで書簡に現れた著作物の一覧であること、もう一度読者の注意を喚起しておく。ここに出なかったもの、つまり書簡で言及されなかったものも当然ある。この時期の二人に関する著作物を抜き出したものには坂口の労作（前掲『ひろば』十五号、二七〜八頁）があるのでそれを参照していただきたい。（ただ、坂口の労作は滝沢による西田関連の著作だけに限っている。その観点から抜け落ちるものとして興味ぶかいのが滝沢の大著『夏目漱石』である。四三年の刊行であるが、西田には送っていないし、二人の間で話題にもなっていない。このことについては滝沢の『著作集』（法蔵館）3巻と4巻、生松敬三の解説が参考になる。氏は当時のアカデミックな哲学界の雰囲気の中で『夏目漱石』という著作の持つ意味について触れている。けだし肯綮に中ろう）

第三節　書簡にみる二人の生活史

論文・著作への言及が高い頻度を示していたことは二人の交流の本質を表現しているが、頻度四位に「健康」が入っていた。これを手引に交流の別の側面を探ってみよう。つまり書簡に現れた二人の生活史である。

1、二人の「健康」

この時期、二人の健康は決して良好に推移したわけではない。頻度が高いのはそのためである。この件では書簡で滝沢のほうが先に話題になる。滝沢は熱を出して寝込むということが見られた。書簡〔3〕〔62〕などである。前者はドイツからの帰国後である。後者は戦争の末期である。けっして体が強い方ではなかった滝沢だが、戦時中の栄養状態も手伝ったのであろうか、このように時々体調を崩している。そして、時代が「結核」の時代であったことが不安を増幅している。西田がどちらの手紙にも「保養」という言葉を使って親身に心配しているのはそうした背景からである。

一方、西田の方は晩年健康上不安定な状況に追い込まれた。書簡で見るかぎり「痔の治療」「風邪」そして「リウマチ」と病気が続いている。まず三九年の書簡〔39〕に「先日より痔の治療を致し一ヶ月程苦しみました」とある。西田の年譜（燈影舎版選集別巻一）によれば「十一月、十二月と痔の治療」とある。西田は十一月はじめから痔の出血に悩まされた末に治療を始めた。それが痛く十二月中旬まで「仰臥のまゝ」（同）いた。文化勲章授章式に出なかったことは解説欄で触れた。十七日「痔核全く剥落」（書簡一五二一）で快方に向かったという。

痔につづいて四一年四月の書簡〔40〕には風邪で寝込み、「折角御尋ね下さいましたが折あしく…お目にかかるを得ず」とある。四〇年末から翌年まで不安定だったことがうかがえる。その延長であろうか、四一年の十月頃から体調を崩し、十一月三日から年末まで五十日間入院してしまう。リウマチ疾患であった。

西田は十月のはじめから異常を感じていた。「今月はじめ頃より俄に足や手の甲むくみ関節いたみ困りました…」と友人に宛てて語り、結局、帰洛後入院。まもなく病院で真珠湾攻撃の報に接する。退院後も自宅治療（マッサージ）を受け、完治まで結局一年近くかかってしまうのである。四二年の六月にはやはり友人宛の手紙に「苦痛堪え難し、かゝる頑固なる病気は七十年嘗て知らざる所なり」（書簡一六七九）と書いた西田だが、三月から六月にかけての滝沢宛書簡〔47〕～〔49〕にも退院後のリウマチ疾患の様子が生々しく記されている。すなわち「（指が動きませんので代筆）」（〔47〕）「まだ漸く時に杖によつて庭へ出る位」「一寸旅行に出る自信がない」（〔48〕）「大分よくなりましたがまだ足は二三町歩むだけ　左の指が曲がりませぬ」（〔49〕）などとあった。しかし、十月の書簡〔50〕以後はリウマチの記述がなく、すっかり回復したことがうかがわれる。以後亡くなるまで旺盛な執筆活動をしたことはすでに述べた。

こうみてくると判るように、「健康」という項目には滝沢の健康を心配した書簡より西田のそれに言及するものの方が多い。年齢、および、西田が四五年に病没（尿毒症）していることからも、そうなることは必然だったと思われる。

2、西田の生活史

ここからは頻度にこだわらずに事項を採りあげ、この時期の二人の生活史を再構成してみる。先に西田を取り上げる。

まず、本書でのこれまでの記述で西田について次のことがわかっている。書簡をやりとりした時期が京大を定年したあと西田最晩年の十二年間にあたること、京都と鎌倉を往復する生活に入っていたこと、旺盛な執筆活動を繰り広げたこと、一九四〇年前後に体調を崩して苦しんだこと、などである。これらに肉づけをしたり、これまで触れなかったことに触れたりしながら西田の生活史を再構成しておこう。

西田の定年は一九二八（昭三）年である。その五年後の三三（昭八）年に滝沢との交流が始まるわけだが、その間重要なのは再婚である。三一（昭六）年に西田は山田琴と再婚している。これが晩年の安定した生活を支える。書簡に出てくる「家内」とは琴のことである。ちなみに滝沢の結婚は三二（昭七）年である。

三三（昭八）年に書簡〔1〕があるわけだが、それは鎌倉から出されている。じつは西田はこの年に鎌倉に家を購入しており、京都の夏冬を避けて避暑・避寒のため鎌倉に住むという生活を始めた。

三三年に西田六三歳、若い滝沢（二四歳）の留学を見つめる立場にあったが、滝沢帰国後、山口に就職が決まると懐旧の念に駆られている。書簡〔10〕～〔12〕である（三七（昭十二）年）。これについては解説で触れた。この年の書簡を読むと夏が暑かったこと、ドストエフスキーに興味を持って読んでいることなどが伝わる。

三八（昭十三）年になると「蓑田」（後述）などの名前とともに「期待」の言葉が出るようになる。たとえば同年七月の「私は自分が老い行くにつれ偏に若い人々の発展をのみいのり居ります」（〔19〕）などである。西田は老いを感じていた。その反動であろうか、「若い人」への期待が強まる。この年九月に大きな台風が日本を襲った。西田は見舞いの手紙に「礼状」を送っている（〔20〕）。

三九（昭十四）年になると「紙数制限」（〔24〕）という言葉が出る。出版が思うようにならなくなった状況が伝えられる。また滝沢との間で田辺の評価が話題となる。これは別途取り上げたい。

四〇（昭十五）年も「日本評論」での西田批判と田辺評価が書簡の話題の中心となるが、年末には西田の痔疾があった。じつはこの時、西田は講書始めのご進講役の依頼を受け、文化勲章受賞（十一月十日）という栄誉に浴していた。しかし、滝沢への書簡では一切触れていない。文化勲章授賞式には痔の治療のため欠席（既述）、ご進講は翌年一月二十三日につとめた。

四一（昭十六）年は会見のすれ違いや論文著作のやり取りで終っている。四二（昭十七）年前半はリウマチ疾患のことのみ。この時、雲丹を贈られた礼状が〔49〕である。リウマチでの加療や入院は四一年末からほぼ一年続いた。四二年十月以後はしかし、すっかり元気になったようで、翌四三（十八）年へと精力的な執筆の様子が伝わってくる。この年はまた論壇への痛憤（後述）も吹きだしている。

四四（昭十九）年は七月と十月に書簡があるが、どちらも戦局の逼迫を伝え切羽詰った文面となっている。

「家族」の項目を西田の側から見ると、夫婦の無事を伝える書簡が目立つ。〔16〕〔26〕〔27〕〔52〕である。唯一妻の風邪を伝えるのが〔47〕である。例の「指が動きません」と伝えた四二年の代筆ハガキである。看病疲れだったのであろうか。琴も風邪で伏せったことがわかる。こうした記述は滝沢（夫妻）が面会などで琴にも世話になっていたことを伝える。

西田が自身の息子の消息を伝える書簡に〔48〕と〔60〕がある。前者には「愚息は比島に上陸コレヒドルまで参加いたしましたが今尚比島に居ります」（四二（昭十七）年六月）の記述がある。後者には「愚息本年除隊となり目下陸軍の電波研究所に努めて居ります」（四三年（昭十八）十月）とある。ここで愚息とあるのは西田の長男・外彦であった。外彦は二回召集を受けた。一回目は三七（昭十二）年。名古屋の航空隊に入隊、四〇（昭十五）年の十月にようやく除隊となる。翌四一年七月、再び召集を受けフィリッピンへ出征、四二年十月に帰還した。書簡はこの二回目の出征と帰還後を告げている。

「助言」は頻度が多かった。西田のこまごまとした滝沢への気遣いが伝わってくる。〔3〕には健康に関して「微熱が長くとれないのは十分御保養無理なされないがよろしいと存じます」とある（三六（昭十一）年）。〔7〕は論文中のことば使いへの助言である。〔11〕は新任教師への同情と「二年目からは多少余裕もおできになるかと存じます」のことばが優しい。経験者の言葉として新任の滝沢には有難かったのではないか。〔36〕には雑誌受け取りかたがた「世間の人がどういふ風に考へて居るか知り置くのもよいかと存じます」と書いている。詳しい事情はわからないがこれも人生の先輩からの知恵の伝授であろう。助言の後半はほとんど、本の入手に関して岩波書店の布川に依頼せよという文面になる。戦争逼迫のため本が出ない、届かないという背景があった。便宜を図っている。

「知人」を探ると、山口高商の岡本一朗校長の名前が盛んに出る。〔11〕〔12〕〔48〕〔61〕の四回である。順に「岡本君は物分りのよい人と思つてゐますのでよからうかと思つてゐます」「岡本校長にもよろしく」「先日岡本校長わざわざお尋ね下されその話も御座いましたがまだ一寸旅行に出る自信がないので御座います…何卒岡本校長によろしく御鶴声下され度」「岡本校長にも何卒よろしく」とある。岡本校長は京都大学出身の一人物で、山口高商に有力な若い教授を集めた。滝沢の山口就職も岡本校長が当時京大教授の田辺元に相談し、その助言で決まったという（前掲『ひろば』十七号、滝沢の教え子・床並良夫氏への後年のインタビュー）。岡本にはこうした人脈を通して優れた人材を集める才覚があった。岡本と西田との詳しい経緯は、現在のところ不明である。

3、滝沢の生活史

西田書簡は滝沢の生活面の動きを伝えて雄弁である。われわれはまず「評価」を取り上げよう。

①「評価」とは西田からの滝沢への高い評価ということであったが、三三（昭八）年の第一書簡に見られるように、二人の交流は何といってもここから始まっている。いや、交流を支えたのもこの点にあった。四回の「評価」をみればその後も西田の滝沢への評価は高いことがすぐわかる。書簡〔6〕〔24〕〔39〕などである。しかし、評価の内容、つまり西田が滝沢の何を評価したのかについては第二部で触れたい。ここでは滝沢の生活に西田との交流が入り込んできたという面から扱っておきたい。

高校・大学と孤独の中で苦しみ、卒業後もひとりで西田を読み続けた青年・滝沢のもとに、書簡〔1〕が飛び込んできた。滝沢も「一知己」を得たのである。その時いわば西田と共なる人生が始った。それは西田の死によって断ち切られるが、滝沢にとっては生涯でこの十年余りの間だけが生きた西田の動向を意識しての生活となった。僥倖というべきであろう。

②「留学」。書簡〔2〕は留学祝いである。『思想』への論文掲載、西田からの書簡、その直後の留学と、一九三三（昭和八）年は滝沢の生活史のうえで特異年であった。当時滝沢は学部を出て二年目の副手（有給）であったが、前年に結婚していた。『思想』掲載の印税は三三年八月に生まれた長男の出産費用に消えたという。フンボルト協会を通してドイツへの国費留学生に決定したのだが、これは九大新聞に記事が出た。大変な実りの一年であった。

滝沢は留学直前に西田に会って初めてバルトの名を聞く。ハイデッガーでなくバルトの下での研究を勧められた。この会見は西田と滝沢が直接会った最初である。しかし、西田の日記には記録がない（この年六月以降日記が途切れている）。翌三四年から三六年まではふたりの間に書簡がない。その事情についてはすでに触れた。留学中の滝沢の動向は注目されるが、本書の範囲を越えている。ただ、ナチスが政権をとった直後にもかかわらず幸いにもボンでバルトの授業に参加できたこと、その授業が半年で停止になったこと、にもかかわらず、その後バルトがスイスに帰るまでの一年ほど、教会でバルトの説教を聴き、直接議論することができたこと、やがてそれがドイツ語での論文になって書簡〔4〕に出てくることなどを、記しておく。その論文はバルトの勧めで Evangelische Theologie（10号、三五（昭十）年）に掲載されたものだった。

③「就職」。ドイツから帰国した三六（昭十一）年、二七歳の滝沢は妻子をかかえてすぐに生活に直面した。九大の助手職についたが一年のみであったので就職活動をしなければならなかった。

ＮＨＫのドイツ向け放送アナウンサーに合格したが、やがて山口高等商業学校に決まり、こちらに講師として赴任することになる。〔10〕が就職祝いの書簡。それまでの動きが書簡〔5〕〔7〕などに映し出されている。就職活動で滝沢は東京と福岡を往復している。

山口奉職初年度の忙しさについては〔11〕があるが、「四通りの講義」とは三学年分の「修身」と「実験の原理と生活の原理」と題された講義であると思われる。最後のはゲシュタルト心理学の哲学的意義を論ずるもの。当時の「講義要目」を参照すると、滝沢はすべて違う内容の講義を用意した（『ひろば』十七号、二〇〇五年の資料参照）。しかし、講義の数もさることながら、商業科の学生に教えるにはまた違った苦労がいったと思われる（拙稿「戦時山口時代の滝沢」（『滝沢克己研究』三号、二〇〇四年）参照）。しかし、そういうことは西田との書簡のやり取りに一切出てきていない。

これまた書簡には出てこないが、山口赴任二年目の三八（昭十三）年四月、滝沢は教授になっている。また、後の四三（昭十八）年からは週一回、九州帝国大学へ哲学担当講師として出講するようになる。書簡〔62〕にある「九州行き」とはこれである。滝沢と山口高商とのかかわり（在職）は九大に転出する戦後の四七年まで、十一年間つづくことになる。

④「助言」をみてみると西田からの助言は十二回と多いが、なかでも印象深いのが就職直後の書簡〔11〕である。初年度四つの講義をもった滝沢に同情しながら、二年目は少し余裕ができるから頑張るよう促すものであった。西田の優しさが出た文面であるとともに、商業学校の修身担当教師という滝沢の立場がうかがわれて興味深い。「助言」と並んで、西田が折に触れ、勉強・研究を

続けるよう説いていることも忘れ難い事実である（「勉強」の項）。仕事が忙しい時も、戦局が悪くなった四三年も、そうだった。研究のためには大学と関わっていることの必要を説いた書簡〔62〕も懇切な助言として印象に残る。九大への出講は戦時の長距離通勤、そのうえ空襲のある時期で大変な面もあったことにはすでに触れたが、書簡での助言に応え出講は戦後まで続けられた。滝沢は師に励まされながらよくその期待に応えたというべきだろう[10]。

⑤「召集」。山口に赴任した年に召集の話が出たことが書簡〔13〕でわかる。しかし、解説でも触れたようにこのときは召集されなかった。その間の詳細は不明。これに絡んで思い出されるのが、西田の次のような言葉である。「この頃の学校にて倫理修身の教授は中々に骨の折れること、思ひます　日本といふ立脚地に於いて考へるべきは云ふまでもないが世界の日本として世界にのり出す日本の立場といふものを考へなければならぬとおもひます」（〔11〕）。この文言は就職直後の助言とともに記されたが、召集に触れた書簡〔13〕中の「戦争も何処まで拡大し行くか痛心の至りに堪へませぬ」に接続する。日中戦争の拡大のなか国内では国民精神の総動員が図られた。この事態への西田の懸念をよく反映した文言である。滝沢のこの時点での召集は中国戦線へのものであった。なお実際には滝沢は四一（昭十六）年に召集され、軽い紅緑盲のため即日帰郷となっている。こちらの方は西田の書簡に跡がない。

⑥「家族」の項を滝沢についてみていくと、慶弔ともに見られる。就職直後の「召集」もなくなり、滝沢は生活面で安定期に入る。四三（昭八）年正月の書簡〔52〕には「御令女御生れの由家内よりもよろしく」とある。解説で触れたとおり長女・美佐保の誕生への祝いである。滝沢の子

供たちについて少し補っておこう。

西田との交流がはじまる前年の三二（昭七）年、滝沢は小笠原としと結婚した。翌三三年に長男・徹を得たことはすでに触れたが、その後、次男・正紹を三七（昭十二）年十二月に、三男・佐武郎を三九（昭十四）年一月に得た。そして四二（昭十七）年に右の長女・美佐保が生れている。夫妻は四四（昭十九）年の末に次女・比佐子を得ている。戦時の人口政策に呼応してか、生活の安定とともに子供が増え滝沢家の形が定まった。しかし西田の書簡には長女の誕生が反映しているだけである。

一方「家族」の項を手引に弔事に目を向けてみると、書簡〔21〕〔37〕〔56〕があがってくる。三八（昭十三）年九月の書簡〔21〕の末尾に「先日は御令姉様御逝去の由　お悔み申上げます」とある。これは姉・ユタカの逝去であった。〔37〕には「御手紙拝見重々の御不幸お悔み申上げます」のハガキがある（四〇（昭十五）年十月）。解説で述べた通り、これは同年七月の岳父・小笠原敬三、十月の義妹・小笠原信子の逝去であろう。四三（昭十八）年四月の〔56〕には「おん母上様御病気いかなりましたか　もう御治りになりましたか」とある。滝沢の母・操は四三年五月に宇都宮で逝去している。これも解説ですでに触れた。この逝去に触れた西田の書簡はない。あらためてこの時期の滝沢家の慶弔事を並べてみるとこうなる。

三三年　長男・徹誕生、（直後に渡独、妻は盛岡の実家で夫の写真を見せながら子育てに励む）

三四年　（在ドイツ）

三五年　九月帰国

三六年　（秋ころ、就職活動）
三七年　（山口高商赴任）、次男・正紹誕生
三八年　姉・ユタカ逝去
三九年　三男・佐武郎誕生
四〇年　岳父・義妹逝去
四一年　（召集・即日帰郷）
四二年　長女・美佐保誕生
四三年　母・操逝去
四四年　次女・比佐子誕生
四五年　父・佐市逝去、西田幾多郎逝去

西田との交流の十年間あまり、滝沢の家族と親族には世代交代の波が押し寄せていた。ここで一度長くなりすぎた節をあらためよう。

第四節　書簡にみる二人の戦争体験

戦争という観点から書簡を見ていきたい。戦前派、戦中派、戦後派などということばがあるように、戦争と言っても年齢、職業等でその経験内容は大きな差がある。ほぼ四十歳という歳の差がある西田と滝沢の場合も同じである。ここではそれぞれにとっての戦争を書簡から探ってみたい。比較的容易に扱える滝沢を先に取り上げる。

1、滝沢と戦争

滝沢と戦争とのかかわりは、公的には山口高商奉職で始まったと言っていいであろう。それ以前の若き滝沢は、人生問題に悩み、ひとり哲学、神学と格闘していた。留学中、バルトがナチスに追われたときも、バルトとの議論は社会・政治問題ではなく、あくまでも実存問題であった。本人も当時の自分を「「イエス・キリストのペルソナの問題」に憑かれた一学生」[11]と形容している。「憑かれた」ということばは言い得て妙である。

滝沢は中学のときにいわゆる「人生問題」に落ち、以後その重みに耐えていく。一高時代も生きた心地がしなかったという。やがて彼は東大法科を半年で辞め、遠い九大に逃避した。哲学に解決の糸口を求めたのである。しかし、当時の新しい哲学からは手がかりの得られぬまま卒業することになった。しかし偶然接した西田の論文を機に、西田哲学にのめり込んでいった。幸いにもそこに自身の問題の解決の手がかりを得、やがて最初の論文をしたためることができた。それが雑誌に掲載され、西田からの手紙が舞いこむことになったのである。しかし、それまで彼がずっとひとりで格闘していたことを忘れてはならない。ドイツでバルトの講義を聴いたときもやはり、かれを駆っていたのはまさにその問題だったというべきだろう[12]。

そんな滝沢が帰国翌々年の三七（昭12）年、山口高商の「修身」の講師に収まった背景には、孤独な青年の多少甘い判断があったかとも思われる。滝沢の就職決定を祝う書簡で西田は、「この頃の学校にて倫理修身の教授は中々に骨の折れること、思ひます」（書簡〔11〕）と語っていたのだった。

実際、滝沢の就任初年度、日中戦争の本格化を受けて文部省が国民精神総動員運動を展開、全国の学校に『国体の本義』を配布している。国立学校の修身担当教師として滝沢が学生を運動に動員する立場におかれ、国策に対処を迫られたことは想像に難くない。「初年度に四つ」という授業に西田は同情したが、それに加えて滝沢は、商業科の学生に教えるというまったく新しい課題に挑まなければならなかった。それだけでも新任の教師には荷が重いと思われるが、その上に国策を推進する役目を与えられたことは、まことに気の毒なことであったと言うほかない。

なお、当時西田は文部省の教学刷新評議会の委員をしており、諸学振興委員会にもかかわっていた（後述）。当時の文部行政は日本主義・皇道主義によって思想統制を図ろうとしており、西田はこれに批判的であり彼なりに戦っていたが、「〔日中〕戦争遂行のための国民精神の統一」という国策の流れの中でいっときではあれ西田がその指導部の一端を担ったのは事実だった（後述）。就職祝いの書簡に西田があのように書いた背景には、西田のこんな立場が反映している。たまたまこの時期に同じ教育界に関わったふたりの、奇妙な縁を指摘しておきたい。

もちろん、滝沢には教えたいことがあった。それあっての教職の選択であった。西田、バルトから学んだ人生の真実を若い人に伝えたかったのである。滝沢は回顧の文章でもそのことを強調している(13)。それは真実であるが、反面、かれが苦労したことも事実である(14)。

滝沢の山口時代は敗戦後の昭和二二年までつづく。戦時中の滝沢の動向についてはあまり資料がないのであるが、滝沢は時流に便乗してラッパを吹くこともなかったが、さりとて正面から国策に逆らうこともなかった。三八（昭十三）年に発表された論文「誠と取引」（書簡〔17〕）では「天皇のまにまに生き死にするのが今の世でも真理である」という言葉を書き付けている。しかし、論文のタイトルに明白なように、それは右翼的な翼賛発言への牽制であった。天皇への「誠」も自然さを失えば汚い「取引」になってしまうというのがタイトルの趣旨なのである。後に見るように、昭和十年の国体明徴政府声明以後、国体に反する言論は「芟除」される運命にあった当時、これは勇気ある発言だったと言えるのだが[15]。

　こういう立論は、「日本といふ立脚地に於いて考ふべきは云ふまでもないが世界の日本として世界にのり出す日本の立場といふものを考へなければならぬとおもひます」（書簡〔11〕）という西田の基本的立場を忠実に受けているものと考えられる。滝沢は帝国憲法に規定された臣民として、外来のリベラリズムにもマルキシズムにも共感せず日本という立場を採ったが、さりとて帝国主義も国粋主義も敬遠して「世界の中での日本」のあり方を探ったといえよう。滝沢の論文には侵略を正当化したり、アジアを蔑視したりという要素がない。当時の思想界での滝沢のこうした立場がよく出ているのは「神風」（昭十四）というアフォリズム風論文である（書簡では言及がない）。共産主義だけでなく自由主義の論説さえ不可能になりつつあったこの時期（次項の年表参照）の発言としては、繰り返しになるが、勇気あるものだったと思う。

　以上、要するに、滝沢は新任の教師として学校外で旗を振るような社会的立場には置かれなかったが、自分の持ち場で精一杯自己主張をしていたといえよう。それは西田からの書簡〔61〕にある「我々は学問思想の方にて国家に尽すのが自分の本分を尽し真に国家に尽す所以と存じます」を地でいったものと思われる。

なお、バルトに学んだ滝沢が教会闘争のような抵抗運動に立たなかったのは、ドイツ（ヒットラー政権）と日本の立場の違いを認識していたからであろうか。研究の進展を待つほかない。滝沢が当時欧州の動きをどれだけ知ることができたかもこれからの研究に待つが、来日していたドイツ福音教会牧師エーゴン・ヘッセル編集の雑誌「十字架の言」（昭十三）に参加していることは注目される。ヘッセルはバルトの弟子であった。ナチの帝国教会の宣教師を拒み、バルト指導のドイツ告白教会に参加、その派遣宣教師として来日していたという。そのため宣教師としては追放され高松の高校でドイツ語の教師をしていたという。そのヘッセルに協力した滝沢がいるのも事実なのである。(16)

また、滝沢には召集を受けて即日帰郷となった後、しばらく丸坊主になっていたというようなエピソードも伝わっている（四一（昭十六）年）。この年には同僚の菊沢謙三（教授、協同組合論など）も応召、翌四二年、南方にて戦死している。(17)もちろん、召集されていれば滝沢も同じ運命にあっていたかもしれない。戦争はまさに日常であった。滝沢は若者を戦場に送り出す場面にも立ったはずである。そういう場面での発言内容などは残っていないが、おそらくあの「誠と取引」の線での発言だったはずである。その故か、滝沢の書いたもの、語ったもので残っているものには、検閲を受けて伏せ字のある文章がある。また、滝沢が憲兵に文句を言ったというような証言もある。つまり、滝沢は、基本的には西洋の帝国主義に対してアジアを守る、解放するという日本の世界史的使命を信じてはいたが、その信が純粋（つまり非覇権的）であった故に、日本の戦いが帝国主義化

することに、また国内で野蛮な「権柄づく」が横行することに、抵抗・批判を試みていた、ということになるだろう。(18)

戦局が厳しくなる中、滝沢家では子供が五人になり、食べるものの確保などに苦労したようである。「戦争がいよいよひどくなって、学生は工場へ動員に行き、学校は空になった。学校の運動場も野菜畑になった。…滝沢先生も三坪程の畑作りをされていた。…ゲートルを巻き、肥桶を担いでおられた先生を見て…。当時は空腹との戦であった。…」といった証言もある。(19) そんな中でしかし敗戦までの最後の二年ほど、滝沢は西田の論文に触発されてデカルトの研究に打ち込んだ。戦後すぐの授業はデカルト論であったという。(20)

2、西田と戦争

西田の直面した戦争はずいぶん異なる。何しろ西田は京都大学を定年、すでにして哲学界の高名な長老であった。西田自身もそのことを自覚し、日本のあり方に影響力を行使しようとした。また、西田は息子を兵役に出す父親でもあった。滝沢とは立場が違った。

しかし、滝沢宛の書簡には西田の身辺で起きた生々しい政治的な動きはほとんど出てこない。年齢や立場の違いを反映したものであろう。文化勲章やご進講についてもそうであったが、西田・滝沢の交流の一面の真実である。例外がハガキ〔14〕で、これが唯一である。そこには「私も文部省から頼まれ九日の晩一寸話しますが」とある。しかしこれも文面の本筋ではなく、日程合わせの中で出てきたものにすぎない。

以下、「時局」「召集」「蓑田」「佐藤」「家族」「田辺」「嘆き」「期待」などの項目を取り上げながら、西田に於ける戦争を見ていくが、その前に次のことを念頭にしておきたい。

○

西田および京都学派の戦前の動向についてはかなり研究が進んできており、ここでもその果実を最大限利用させていただくが、それによると　定年後の西田の時局とのかかわりはほぼ次の三点で覆える。

Ⅰ　文部省とのかかわり
Ⅱ　政界および軍部とのかかわり
Ⅲ　そして、言論界とのかかわり

である。Ⅰが昭和十四年まで、Ⅱが昭和十二年以後ほぼ昭和十八年までとなる。そして両時期にまたがってⅢがある。Ⅲは右翼的な思想家たちからの攻撃と田辺元の西田批判に分けられ、この時期の西田を悩ました。これら政・官・軍・学との関係は、滝沢宛て書簡の遠い背景となっており、右翼勢力や田辺との確執（言論関係）以外は書簡の表面には出ない。最後の一、二年は西田といえども情勢の流れに抗することはできず、一市民としてついに疎開話にまで至っている。これも滝沢宛て書簡には出ないが、「西田の戦争」は多面的だったことを覚えておきたい。

そこでまず、滝沢宛書簡とこれらⅠ～Ⅲの事項を年表風にまとめてみよう。西田に直接間接に関わるものを載せた。全体像をつかんでおきたい。なお、年表内の○数字は月をあらわす。⑩は十月である。上段〔　〕内は本書での書簡番号、項目の後の番号は解説での番号である。

年月・書簡	Ⅰ文部関係	Ⅱ政軍関係	Ⅲ言論関係
昭和十年	⑩教学刷新評議会委員		②美濃部事件
			⑧国体明徴声明
			⑪教刷設置
昭和十一年	①意見書提出		②二・二六事件
	⑨日本諸学振興委員会		⑨同会設置
昭和十二年	③国体の本義出版（文部省）		
滝沢就職			
六月〔11〕		⑥近衛内閣成立	
時局1（修身）		⑦盧溝橋事件	
九月〔13〕			
召集1			
時局2（痛心）			
嘆き1（投筆）			
	⑩公開哲学講演会（日比谷）		
十一月〔15〕			

	時局3（日比谷）			⑫矢内原事件
昭和十三年	七月〔19〕 蓑田1 嘆き2（思想界） 期待1 九月〔21〕 田辺1	文部省教学局参与 （四月からか）		②河合事件 ④国家総動員法
昭和十四年		⑪参与辞表提出 ⑫御前講義受諾	⑨海軍の高木惣吉に会う	②臣民の道放送
昭和十五年		①御講書始控え	⑦第二次近衛内閣	③津田事件・『日本文化の問題』刊

昭和十六年
（リウマチ入院）
昭和十七年
六月〔48〕
時局（教育界）
家族7（愚息）
昭和十八年
一月〔52〕
期待4
嘆き5（思想界）

---

⑪文化勲章受賞
（痔治療）
①御進講

---

⑦第三次近衛内閣
⑩東条内閣
⑫真珠湾攻撃
⑤コレヒドール島占拠
⑥ミッドウェー海戦

---

⑪昭和研究会解散
（⑪京都学派座談会）
←
①『中央公論』に掲載
⑫大日本言論報国会

二月〔54〕
嘆き6（思想界）
田辺6佐藤1
七月〔59〕
時局5（連中）
十月〔60〕
時局6（大学）
家族10（愚息）
佐藤2時局7
昭和十九年
七月〔61〕
時局8（疎開）
佐藤3嘆き7
期待6
十月〔62〕

---

③矢次一夫来訪
⑤国策研究会（大和家）

---

③『世界史的立場と日本』刊
⑦『読書人』特集
⑦『中央公論』『改造』解散

時局9（戦後）
期待

表の上段を見ると、書簡での多少とも時局に絡む発言は昭和十二・三年および十七〜十九年に集中している。昭和十二年は滝沢が就職した年であったが、また日中戦争が本格化した年でもあった。十七年はミッドウェイ海戦で当時の「大東亜戦争」が敗色へと転じた年である。どちらも戦争がらみである。この二つの山を中心にみていきたい。なお、右年表は煩を避けるため田辺の項をひとつ出すにとどめてある。田辺については別に扱いたい。

○

昭和十二年は西田が政治に影響力を及ぼしえた戦前第一回目のチャンスである。この年、教え子の近衛文麿が首相になった。直後に盧溝橋事件が起き、西田は近衛を心配して直接話し合っている。軍部にひきずられて戦争の拡大へと向かわないように努力したが、事態は危惧した方向へ展開、西田は近衛に失望する。昭和十二年の書簡〔13〕での「召集」、「戦争拡大への痛心」「投筆事戎軒」といった言葉の背景である。なお、滝沢の召集については、西田自身この時期息子を軍に出していたので、人ごとではなかったと思われる。

戦争による軍の台頭は教育界・思想界へも影響を及ぼしていた。西田は昭和十四年まで文部省とかかわりを持っていた。年表にあるとおり、教学刷新評議会、日本諸学振興委員会、文部省教学局である。いずれも文部省の思惑から、学会の大御所としての西田が引っ張り出された形であった(21)。

評議会には意見書を出すような形でしか参加せず、振興委員会の講演会については一度出て懲りた（後述）。教学局の参与も強い懇請に負けて引き受けたが一年余りで辞している。

当時「教育」でなく「教学」ということばが使われたが、西田に期待されたのは「教学刷新」、つまり、西洋的思想の悪影響を矯めたり排除したりして、「日本」を中心とする教育・学問を創出することである。西田はこうした国家の意向に対し「世界の日本」という立場で応戦した。「日本」という立場を堅持しながらそれを偏狭なものではなく、開かれたものにしようとしたのである。西田における思想戦（後述）と言っていいだろう。[22] しかし、流れは西田に不利だった。官僚と結んだ右翼的な学者・思想家の攻勢を止められなかった（後述）。さかのぼるが「このごろの学校にて修身の教授は中々に骨の折れることと思います」とある三七（昭十二）年六月の書簡〔11〕の背景である。ここには天皇機関説事件以後の国体明徴の動きや、二・二六事件など軍部の横暴に対し憤っていた西田の本音が漏れている。

同昭和十二年十一月の書簡〔15〕にある「先日日比谷の会」についても構図は同じである。「国体、日本精神の本義に基づき」諸学を振興する方策を考える委員会として三六年（昭和十一）年九月に文部省が設置した「日本諸学振興委員会」だが、解説でも触れたように、西田はこの会に依頼され、翌十三年十月に講演をしている。これが「最初で最後」と西田が怒った「日比谷の会」である。[23]

昭和十三年ではなんといっても「蓑田」が注目される。蓑田胸喜、この男こそ当時の学界思想界を暗然たらしめた策士の右翼知識人である。西田が「狂犬」（全集書簡一二四三など）と評した人物で戦後すぐに自殺して果てるが、この人物を含め当時の西田の思想戦の相手については後でまた取り上げたい。ただ、西田はすでに昭和八年の滝川事件の際、その背後に蓑田がいることをつかんでおり（同書簡九一四）、和辻など自分の弟子などにも盛んに気をつけるよう助言している。

○

後半の山に進む前に昭和十四年から十六年までについて少し補っておこう。昭和十四年は田辺への言及が目立つ。時局への言及はない。しかし、すでに述べたようにこの年文部省との関係を切った西田は、近衛を介して海軍とのつながりを深めていき、弟子たち、つまり京都学派の人々を海軍筋に結びつけている（年表九月の高木惣吉との会見）。例の「近代の超克」座談会（昭十六〜七）にいたるいわゆる京都学派の人々の動向がここから始まるのである。昭和十五年も田辺の話題が目立つ。また諸雑誌での批評にも目を配っている様子が伝わってくる。暮れには痔の手術。昭和十六年は時局関係の話題はない。西田はこの暮れにも今度はリューマチ疾患で苦しんだ。その入院中に「大東亜戦争」勃発の知らせを聞き、翌十七年半ばまで闘病が続いた。一方、西田の弟子たちは開戦直前の昭和十六年十一月に「世界史的立場と日本」の座談会をもち戦争回避を探った。これは翌十七年一月『中央公論』に発表されたが、すでに十二月に開戦がなされ、それ以後なされた座談会は「世界史の哲学」によって「如何に戦争を終結させるか」に意が用いられた。

○

さて、後半、昭和十七年から十九年であるが、この時期西田にとって一番大きかったのは「世界新秩序の原理」（昭十八）執筆にいたる経過である。滝沢への書簡には出てこないが、西田はこの件を契機に戦前第二回目の、そして最後の政治的コミットメントのチャンスを得た。戦局打開のため開かれる予定となった大東亜会議に向け、陸軍からその理念を諮問されたのである（先の年表、昭和十八年三月矢次一夫来訪）。西田はこれに応じた（五月の国策研究会）が、東条内閣には取り入れられず、帝国主義的な原理を矯めようとした西田の政治的意向は今回も挫折に終わるのである。[24]

書簡に目を転じれば、四二（昭十七）年には「我国の教育界益々低下」と言及した六月の書簡〔48〕（時局4）があるが、翌四三（昭十八）年、リューマチも癒えた西田は滝沢に向かってやはり盛んに時局的な発言をしている。同年の関連書簡には、一月の「嘆き5」（独よがりの思想のみ多くて困ります）を含む書簡〔52〕、二月の「嘆き6」（理解する前にまづ批判する）・「田辺6」（私は個人主義者で…）・「佐藤1」（私の見るというのは佐藤のいふが如き浅薄の意味ではない）を含む書簡〔54〕、「読書人」にかかわる「時局5」（あの連中に何を云ってもだめと存じます）を含む七月の書簡〔59〕、「佐藤2」（乱暴な議論が行われる世の中です）・「時局6、7」（法文など閉鎖同様の様子）を含む十月の書簡〔60〕がある。教育界、思想界、大学などの動向を嘆くもの、そして、個人名や「あの連中」といった表現、また雑誌名などを挙げての強い批判が目立つ。

この時期西田や西田の紹介で海軍に結びついて活動した京都学派の人々を、右翼的な学者・思想家たちが攻撃していた。西田も思想弾圧の標的にされ、「内閣の閣議で西田博士の著書、ならびにその思想内容を禁圧しよう[25]」という動きさえあって、周囲の者が西田を守る手を打った。先の年表中昭和十八年の「⑤国策研究会」は「十九日夜の大和家での会合」であったが、これは西田に論文（「世界新秩序の原理」）を提出させることで逮捕を免れさそうとした計略とも言われている。西田はそのことを知らされていなかったという。

〇

こうした情勢の背景にあったのは、西田及びいわゆる京都学派への反感である。四〇（昭十五）年四月に西田の『日本文化の問題』が出て四万部を売っており、四一（昭十六）年にはいわゆる京大ネイヴィ・グループ（京都学派）が対英米開戦前から座談会を催し、四二年以後それを『中央公論』などに発表して注目を集めていた。かれらは海軍の意向に応じて米英との戦争をやめさせる意図をもっており、その歴史哲学は陸軍の方針に反するものであった。それはまた、日本主義や天皇崇拝を旨とする右翼勢力の動向を、「世界」とか「世界史」というタームでけん制するものであった。これが国内における「思想戦」であり、広い意味での「意味の争奪戦」として「体制内反体制」運動であったとされるものである[26]。

西田と京都学派排撃に関連あるとされているのは「興亜院のほかに文部省官僚、それに鹿子木《かのこぎ》員信《ただのぶ》言論報国会長（九州大学教授）を取り巻く人達などであって、彼等は東京堂書店の発行する『読書人』を根城として盛んに気勢を上げていた[27]」。また西田らは、四三（昭十八）年の夏ごろ以降、御用雑誌『公論』や『読書人』などの誌上で「文部省教学局を中心とする偏狭な日本主義、皇国主義者らから激しい攻撃」（同）を受けていた。

鹿子木員信は滝沢と奇妙な縁を持っている。かれは「大亜細亜協会」、後「大日本言論報国会」の専務理事になったが、九州帝大教授で滝沢をフンボルト協会の給費生に推薦した人物であった[28]。ただし個人的なつながりはなかった。

西田らの敵はこの他、滝沢宛て書簡に出てくる蓑田胸喜、佐藤通次などであった。西田の滝沢宛て書簡ではすでに三八（昭十三）年七月の書簡〔19〕に「蓑田胸喜」が登場した。「蓑田胸喜といふ男は極右の連中と結合して大学のものなどをやっつけようといふ所謂ファッショの有名な男です」とあるとおりである。西田が「狂犬」と呼んだことはすでに二度言及したが、和辻などにも気をつけるようアドバイスを送っている。なお、西田が右書簡で「私の家へも送つて来ました「時」の考など何も分からぬのです」といっているのは蓑田を念頭にしたもの。西田は、『日本文化の問題』の出版にあたって蓑田らに攻撃の材料を与えないよう細心の注意を払った。時の問題に応えている[29]。

西田が書簡で「蓑田一派」とか「あの連中」と名指すのは他に九州帝大教授で『読書人』によった佐藤通次、また「国民精神文化研究所」の紀平正美などである。蓑田同様かれらも西田・京都学派だけでなく、帝国大学の思想的傾向全体に批判の矢を向けていたのであり、思想統制の先兵だったといえよう。西田の嘆きに思想界、大学、また九大が出てくる理由である。

佐藤通次は東京堂発行の『読書人』に拠ったと書いたが、先の年表にある四三（昭十八）年七月の『読書人』特集こそ、戦前の西田・京都学派攻撃の頂点となったものである。この攻撃が功を奏して、翌年、京都学派が依拠した『中央公論』、また『改造』[30]が解散に追い込まれた。この特集には、京都学派批判の論文として佐藤のもののほか、紀平、蓮田善明などのものがある。佐藤はそこに「見るものから聴くものへ――哲学の根本問題につき西田博士の教えを乞ふ」を書いている。西田の書簡〔54〕は二月でありこの論文への直接の言及ではないと思われるが、「佐藤通次など日本精神は見るでなく聴くである　天皇随順だと暗に私を非難する様だが　私の見るといふのは佐藤のいふが如き浅薄の意味ではない」と憤慨している。また、九月に「伝統」という短文を西田に書かしめたのが佐藤の右論文である（書簡〔60〕）。これは後に『哲学論文集　第六』に収められたこと、すでに触れた。

四四（昭十九）年になると、「九大の哲学といふのは鹿子木、佐藤通次などに蹂躙せられ実に慨嘆の至りに堪へませぬ」の文言を含む七月の書簡〔61〕、「戦争のすんだ後では学問など全く（人がなくなり）衰微の時期が来るだらう」の文面を含む十月の書簡〔62〕の二書簡がある。西田が、学問・思想界に勢力を振るう右翼的言論人およびその思想統制的言辞と最後まで戦い、すでに戦後を見越して滝沢など若い研究者に期待を寄せていたことが伝わってくる。(31)

◯

さて、最後に、「家族」「嘆き」の項目を西田と戦争という観点から見ておこう。「家族」では、なんといっても息子の出征が大きい。四二（昭十七）年六月の書簡〔48〕「愚息は比島に上陸、コレヒドルまで参加いたしましたが今尚比島に居ります」。また翌四三（昭十八）年十月の〔60〕には「愚息本年五月除隊となり目下陸軍の電波研究所に努めて居ります」とある。「愚息」こと外彦の二回の召集についてはすでに述べた。「嘆き」の項を通覧すると、書簡〔24〕には「紙数制限」の語がある。〔48〕には「我国の教育界益低下する様に」。〔58〕には「郵便が」云々。〔60〕には「大学など法文は全く閉鎖同様の様子」云々。〔61〕には「戦局もだんだん切迫」「九大の哲学といふのは鹿子木　佐藤通次などに蹂躙せられ実に慨嘆の至り」とあり、〔62〕の「最後の土壇場まで」と続き、同書簡の「戦争のすんだ後では」云々で終わる。仕事上の不便から始まりだんだん公的な部門へ、そして最後は日本国そのものの危機へと筆が伸びていくことが如実にたどれる。

しかし、流れはすでにとどめようがなく、「最後の土壇場」が迫っていた。戦局と思想界への絶望の裏返しが「期待」となる。「何とかして尊兄などの力によって（九大の哲学など）少しにても正しいよい方へと念じ居ります」ということばは痛切な祈りと読めるのである。しかし、絶望は一種の見切りへと深められ、西田は敗戦後のことを考え、若い者に希望を託すのである。

四四（昭十九）年七月の書簡〔61〕には「この辺も中々不安ですがさりとて京都の夏はとても凌ぎ難く　何処かへ転住すればよいがそれも中々面倒にて先づ万事を運に任せてぐづぐづいたし居ります」ともある。東条首相が死守するといったサイパン島が同年七月九日に落ち、すでに本土空襲も始まっていたこの時期、西田の転住つまり疎開が話題になってきたのである。結局、西田の疎開は四五（昭二十）年になっても実現せず、西田の逝去をもって話が途切れる。書簡〔61〕の右のことばの背後には、本土各地の空襲の現実があり、最後は鎌倉沖から米軍上陸といった情報もあって切迫したという。このほか、滝沢への書簡には出てこないが、裏山に防空壕をほったり、食糧事情の悪化で野菜の自家栽培を始めたりで、西田の家族も戦争の影響をもろに受けた。これが「西田と戦争」の最後の姿だった。こうした「嘆き」に反比例して若い研究者への期待が高くなる。すでに見たとおりであるが、しかし、これはまた次の節でとりあげよう。西田は騒然たる情勢の中、不安と期待のなか病気（尿毒症）で亡くなる。四五（昭和二十）年六月七日。享年七十五才だった。滝沢、この時、三十六才。西田が『思想』に発表した論文にならってデカルトを読んでいた。

第五節　書簡にみる思想的交流

書簡の分析はいよいよ核心に入る。西田と滝沢の交流は、なんといっても第一書簡にその本質をもつ。二人の交流は哲学をその核心としているのである。この観点に立つと「評価」「期待」「助言」といった項目があがる。また、そうした項目に表現される二人の関係と表裏をなすものとして「田辺」や「思想」といった項目が考えられる。そこで順にこれらを検討したい。

1、一貫した高い評価

「評価」は四通の書簡にみられる。それは三三（昭八）年から四〇（昭十五）年にまたがる。これは交流の核心であるから、煩をいとわずすべて抜き出してみる。〔　〕内は書簡番号。

〔1〕判断的知識の所だけですが私はこれまでこれ位よく私の考をつかんでくれた人がないので大なる喜を感じました　はじめて一知己を得た様におもひました（三三年）

〔6〕長い間私の根本思想を理解してくれたものなく自分の考へ方は到底人より理解せられないものと思ってゐましたのに心強く感じました（三六年）

〔24〕御手紙及び「現代日本の哲学」「パリサイ人のパン種」拝受　難有御座いました　前者の方早速拝読簡潔によく要領が把握せられて居ると思ひます　私の考について述べられて居る所も異議ありませぬ　私と田辺君との相違についても似て居る様で違ふ　お説の通りとおもひます　「草枕」の序論も面白い（三九年）

〔39〕君はあの論文をよく理解して下さつたことを喜びます　ポイエシス即プラクシスと云ふことをあの様に考へないと本当に宗教と道徳との意義関係が明にならないと思ふのです従来はポイエシスといふ事を唯主観的にのみ考へ居るのです（四〇年）

こうして抜き出してみると、最初の書簡における二人の思想的関係がその後も続いたことを容易に知ることが出来る。

それでも、滝沢への評価を正面から述べる書簡は四〇（昭十五）年の末までである。その後、西田が亡くなるまでの五年間はどうであったろう。それを補うのが「期待」や「助言」である。とくに「期待」は「評価」と並ぶくらい重要である。四〇（昭十五）年以後の「期待」を拾ってみよう。〔　〕内は書簡番号。

〔40〕我国の学界に其の批評精神といふものがないと云ふ事全く御同感に存じます　切に若い人々の奮起を望み居る次第で御座います（四一年）

〔52〕折角御勉強現代思想界のためにご努力の程いのります（四三年）

〔58〕尊兄等若い人々は此際頓着なく落ちついてしつかり御勉学の様の程をいのります（同）

〔60〕九大の哲学といふのは鹿子木　佐藤通次などに蹂躙せられ実に慨嘆の至りに堪へませぬ何とかして尊兄などの力によって少しにても正しいよい方へと念じ居ります（四四年）。

〔61〕戦争のすんだ後では一時学問など全く（人がなくなり）衰微の時期が来るだらうとおもひます　その節之を回復して次の時代を起すのは今までの間に一通りでき上がった人々の任とおもひます（同、最後の手紙）

書簡〔60〕のような名指しの生々しい表現は珍しい方であるが、四四（昭十九）年最後の手紙にいたるまで滝沢に対する期待が続いたと言っていいであろう。これに「助言」を加えてみると事態はますます明らかになる。ここでは二人の間での最後の手紙を引用すれば十分であろう。

〔62〕私の第五論文集布川君に頼んで早速御求め下さい　まだいくらか本当の研究者の為にとりのけてある筈です（四五年）

岩波書店から出版した『哲学論文集　第五』を同書店の「布川君」に頼んで求めなさいという助言である。敗戦濃厚な戦争末期に西田は「本当の研究者」へ便宜を図っているのである。その行為もさることながら、「本当の研究者」ということばは、滝沢に対する高い評価が交流のほぼ最後まで変らなかったことを雄弁に物語っている。

このように「評価」「期待」「助言」といった項目を拾い出して並べてみると、西田は一貫して滝沢に対して高い評価を与えており、ふたりの間には、交流の最初から最後まで師弟の信頼関係があったと言わざるをえないのである。

2、書簡にみる評価の核心

西田が滝沢を「一知己」と呼び「本当の研究者」として許した所以のもの、つまり哲学的な核心について、その子細は書簡よりむしろ両者の著作から直接探られるべきであろう。それは第二部で試みるが、書簡の限りでもそれをうかがわせる文言を拾うことができる。とくに「思想」として抜き出した項目、及び「田辺」の項目である。

「思想」という項目は、書簡中に漏らされた西田の哲学的・思想的発言を拾ったものである。順に抜き出してみるとこうなる。〔　〕内は書簡番号。

〔4〕 Vorverstandnis des Glaubens が Selbstbestimmung des dreieinigen Gottes といふ考は同感に存じます（三六年）

〔11〕 日本といふ立脚地に於て考ふべきは云ふまでもないが世界の日本として世界にのり出す日本の立場といふものを考へなければならぬとおもひます（三七年）

〔21〕 …歴史的世界は神の創造であり人間は神の image なるが故に人間は人間で自覚したり人格となったりするのではない（三八年）

〔25〕 君の福音が律法を立てると云ふことがないのだ（三九年）

〔34〕 社会科学にも多くの真理は含まれて居ると思ふが今日は唯無造作にその立場を信ずると云ふのでなく更に深く反省し検討して見るべきではないか（四〇年）

〔39〕 従来はポイエシスといふ事を唯主観的にのみ考へ居るのです（四〇年）

これらのうち〔4〕〔21〕〔25〕は特に注目すべきであろう。なぜならばその三つは同じことを語っており、しかもそれは滝沢のタームつまりキリスト教用語で、西田自身の根本的立場を表明しているからである。つまり、〔4〕は滝沢のドイツ語論文「信仰の可能性について」への「同感」を表明しているが、それは信仰の可能性を「神の自己限定」にみるものである。いわば信仰における神の主体性を語るものといえよう。その立場は〔21〕の文言にもはっきり現れている。「歴史的世界が神の創造」であること、「人間が神のイマゴである」が故に「人間が人間で自覚したり人格となったりするのではない」という。いわば人間中心主義の批判であり、神の主体性＝人間の客体性（被造性）を述べている。しかもここでは信仰という宗教固有の事柄でなく、ひろく「自覚」や「人格」が神の主体性に委ねられているのである。〔25〕では「君の」という言葉が挿入されている。もちろん「君の言う所の」という意味だが、それは「福音が律法を立てると云ふこと」にかかる。「福音が律法を立てる」とは福音の先行性、主体性・主語性を語るものであり、福音＝神の訪れが律法＝人間の業を立てるのであって逆ではないという滝沢の主張への賛同なのである。引用は「がないのだ」と続くが、これは田辺を念頭に言われたことばであり、この点については次の「田辺」の項でとりあげる。[32]

このように西田は、滝沢への直接の評価という文脈とは別に、滝沢のタームによって自分の思想の核心（根本）を語ることで賛同を表明している。そしてこのことの意味の大きさは、西田の田辺批判を念頭にするとき、よりくっきり見えてくる。しかし、その前に〔11〕〔34〕〔39〕に触れておこう。

〔11〕は歴史哲学の立脚地を述べたもので趣を異にする。この「日本という立脚地」「世界の日本」という文言は滝沢の山口高商赴任直後に出された書簡に出てくる。講義を四つも持って大変だが二年目は少し余裕が出るだろうと助言したあの書簡である。「日本という云々」という文言の直前には「この頃の学校にて倫理修身の教授は中々に骨の折れることゝ思ひます」がある。この文脈は興味深い。といっても滝沢のどんなことばを受けての言葉か判らないので状況から読みとるしかない。その時代背景と当時の西田の立場についてはすでに述べた。

〔34〕は社会科学への哲学の対応を教えて興味深い。後年、滝沢がマルクス主義を含めて社会科学にいわば「染まらなかった」背景の一つと考えられる。

〔39〕は西田の論文「ポイエシスとプラクシス」を踏まえ、自分の考えの趣旨をのべたもの。

3、田辺への評価

「思想」という項目でも西田が滝沢の主張に賛同していたことがわかってきたが、それが田辺を意識したものでもあったという側面をここで取り上げてみたい。それによって読者は、西田の滝沢への評価・同感が、「西田・滝沢対田辺元」という、これまで指摘されたことのない当時の思想的布置を浮かび上がらせることに気づかれよう。書簡での流れとしては、滝沢の田辺哲学批判に西田が共鳴し、これを呼び水に西田自身も書簡で田辺に対する批判をもらし始める、という形になっている。田辺への言及をたどりながら、西田・滝沢の考えの「一致」と田辺への批判の焦点を見ていきたい。

田辺に言及した書簡は全部で六通である。それをまず抜き出してみよう。

〔21〕今度の論文は　田辺君が私の作られたものから作るもの《Creata et creans》へといふ立場から個人的自覚といふものが出ないと云ふたのに反し　それからこそ個人的自覚が出ると云ふことを論じたものです　何となれば歴史的世界は神の創造であり人間は神の image なるが故に人間は人間で自覚したり人格となつたりするのではない（三八年九月二十一日付）

〔24〕私と田辺君との相違についても似て居る様で非常に違ふ　お説の通りとおもひます

〔25〕「草枕」の序論も面白い　私は田辺君の云ふ様な立場から考へていないが私から云へば同君の如き立場は私の考に一面含まれると思ふのです　然るにあの人はむやみに私の立場を無媒介無媒介として敵視して居るのが解し難い（三九年二月二十二日）

〔35〕御手紙難有御座いました　親鸞は絶対他力の立場から自力作善の非宗教的なるを言表して居るのだからそれは確に宗教的だが田辺君の意味はさうでなく全く誤解とおもはれます君の福音が律法を立てると云ふことがないのだ　あの人には宗教といふものの真の理解はない（三九年三月十三日）

〔36〕山口の方へお帰りの由　京都で田辺博士に御逢ひの由　どうもあの人は私と同じ様なことを云はれる様であるが私にも根本的に立場が異って居ると思ふのです　田辺君の如き立場ではどうしても合理主義主観主義の立場を脱することができないのではないでせうか　いかが（一九四〇年九月三十日）

〔54〕御手紙拝見致しました　田辺君の考については私も全然同感で御座います　あの人はどうしても唯意識的自我といふものを離れることができないのです　そして自分の手のとどかない立場を神秘主義などと云って片づけて居るにすぎませぬ　弁証法と云ってもあれは真に歴史的弁証法ではない（一九四〇年十月六日）
おはがき見ました　日本の思想家学者といふのは理解する前に先づ批難するようです私は個人主義者で個人の救済を主とすると批難せられて居るさうです（田辺君の批難が伝播するのか知らぬが）…（四三年の二月八日）

以上、六通であるが、まずその年号を見てみよう。三八（昭十三）年から四三（昭十八）年まで、つまり日中戦争から当時の「大東亜戦争」の時期まで、西田・滝沢の交流の後半にあたっている。三八（昭十三）年から田辺への言及が始まるのは、西田と滝沢の関心が触れ合ったからだと思われる。その経過は以下のようである。右引用の書簡〔21〕は部分的な引用であるが、もとの文面にもどってみれば、書簡が二つのことを告げていることがわかる。ひとつは西田が滝沢の著作『西田哲学の根本問題』の再版を祝っていることである。同書の再版を「喜ばしく存じます」と書いている。もうひとつは、右引用冒頭で「今度の論文は」と西田が言及しているその論文についてである。解説で述べたようにこの論文は「歴史的世界に於ての個物の立場」である。書簡で西田は滝沢が同論文を読んだことを確認するとともに、右引用の通り、論文が田辺への反論を意図したものであることを認めている。問題はこの二つのこと、つまり再版された『西田哲学の根本問題』と西田の田辺（反）批判の関係であるが、じつは『西田哲学の根本問題』第三部が両者を媒介したと思われる。滝沢はそこで、田辺哲学を西田哲学と区別し、前者への根本的な批判を展開していたのである。初版が贈呈された三六年当時には、この田辺批判は二人の間で話題にならなかった（書簡〔6〕）。後に述べるように、じつはもっと深刻なことが問題になったのである。しかし、ちょうど西田も田辺の批判に応じる必要を感じ実際に反論に出たところに、同書の再版が重なった。こうして書簡〔21〕の書かれた三八（昭十三）年から田辺批判の話題が出てくる。このようにきっかけは滝沢の田辺批判だったと考えられるのである。

なお、田辺の側から見れば、この時期、つまり、西田と滝沢の間で田辺のことが話題になった時期は、いわゆる「種の論理」の時期である。西田によって京大に招かれた田辺は、周知のように、西田定年後の三十（昭五）年に「西田先生の教えを仰ぐ」を発表して西田哲学批判を開始し、その後「種の論理」として独自の田辺哲学を形成していった。西田哲学、実存哲学など当時の最新哲学を批判していたのである。田辺のもっとも脂の乗り切った時期であった。すでに三五（昭十）年発表の「種の論理と世界図式」において、無の論理として西田哲学を名指し、「…無の論理も、種の基体が否定の媒介たることを無視するために個の対立を根拠づけることができず、これを成立せしめる否定的媒介としての種の閑却は、いわゆる非連続の連続の空虚を招来し、基体なき歴史の抽象的歴史観に陥らしめる」といった批判を投げている。西田が〔21〕で言及したのは田辺のこうした批判である。（ちなみに田辺のこの立場は四三（昭十八）年の半ば頃、「懺悔道」の立場へと転換する。西田と滝沢の間での田辺批判は、「種の論理」に向けられたものであることを念頭にしておきたい）

さて、六つの引用を読めば西田・滝沢が田辺を一致して批判していることがわかる。その一致点を拾い出してみれば、ポジティブには「歴史的世界は神の創造であり人間は神の image」であること、「そこからこそ個人的自覚が出る」こと、「福音が律法を立てる」といったことが挙げられる。

それに対し、田辺の立場は「どうしても合理主義主観主義を脱することができない」「どうしても唯意識的自我というものを離れることができない」のである。しかし、田辺のような「立場は私〔西田―筆者注〕の考えに一面含まれる」という。それなのに田辺は西田を「無媒介無媒介と敵視し」「自分の手の届かない立場を神秘主義などと云って片づけるにすぎない　あれは真の歴史的弁証法ではない」「あの人には宗教と言うものの真の理解はない」ということになる。

こう見てくると、哲学における立場の根本的違いというものに読者は導かれる。そしてまさにそれこそ『西田哲学の根本問題』第三部および『現代日本の思想』（三九年の書簡〔24〕はこの本への感想である）における滝沢の立論だった。西田と滝沢は書簡にみる限りでは、田辺に対してまったく意見を同じくしていたことが確認できる。しかも、書簡での経緯をみれば、西田が若い滝沢の田辺批判に励まされているといった趣きもある。(33) 田辺をめぐって西田と滝沢に共闘関係があったことを認めざるを得ないのである。

第六節　驚くべき真実の露呈

このように西田・滝沢の交流をその本質、つまり哲学的核心に着目して検証してみると、二人の間に強い思想的絆があった事実が浮かんでくる。それは田辺や当時の思想界、つまり、ふたりの関係の外に向かっても同じように働いていた。二人の間にはまことに密な「師弟関係」があったと言えるのである。

ところが、子細に書簡を読んでいくと、そういう基調にそぐわない文言に突き当たる。目をこすって何度読み返しても釈然としない文言なのである。

坂口も述べていたように、二人の交流のきっかけになったのは三三（昭八）年に滝沢の論文が『思想』に掲載されたことであった。「一般概念と個物」である。これを読んだ西田は面識のない滝沢に書簡を送ったのである。それは西田に書簡で「これくらいよく掴んでくれたものはない」と言わせ、「はじめて一知己を得たように思います」と書かせた。最大の賛辞である。これについては何の不明瞭なところもない。またその後も西田が滝沢を高く評価していたことはすでに見た。
ところが、ドイツから帰国した三六年以後二年間のやりとりは、先に述べたようにすこしトーンが変わってくる。それは三六年十月十五日付の西田書簡〔6〕からである。そこにこうある。

「私の仕事は今の所私の如き根本思想からこの世界をみればこれまでのいろいろの問題はいかになるか　私の立場からこの世界を見直すにあるので根本問題そのものを明にする点に於て尚不徹底な所があるかも知れませせぬがんだんさういふ問題に入って行かうと思って居るので御座ます」

これは、滝沢から寄贈された著作『西田哲学の根本問題』を読んで、それにたいする感想を述べた書簡の一節である。右引用部の前には「長い間私の根本思想を理解してくれたものなく…心強く感じました」とあった。これは「一般概念と個物」に対するのと同様の高い評価である。しかし、これにつづく文面には明らかにちがうトーンがうかがわれる。「根本問題に不徹底があるかも知れない」とは由々しい言葉である。直後の「がこれから取り組もうと思っている」というのはなにか「いいわけ」のようにも聞こえるのである。四十歳年上の大御所が「不徹底」を認めるような発言をし、それについて「だんだんさういう問題に入って行かうと思って居る」と「いいわけ」を記す。ここで一体何が起きたのであろう。どうしてこんなトーンが出来したのであろうか。俄然それが知りたくなる。しかし、その前にもうひとつ考えておきたい。

この「いいわけ」と密に関連しているのではないかと思われる文言が書簡にくりかえし出てくる。それが「宗教」という項目で捕らえておいた発言なのである。〔 〕は書簡番号。

〔13〕「これからは少しは宗教にふれる事もできるかとも思っています」(三七(昭十二)年九月)

〔15〕「この次は少し宗教的なものにふれて行きたいと思へども併しいかがなるかしら」(同年十一月)、

〔21〕「私まだ宗教其物を突き込んで書きませぬが今の処哲学としてさういふ背景を以ってこの世界を見ようとつとめて居るので御座います」(翌三八(昭十三)年九月)

とある。この他、田辺評価にからんで「宗教」が言及され(三九(昭十四)年三月)、また、四〇(昭十五)年十二月にも西田の「ポイエシスからプラクシス」に関して「宗教と道徳との意義関係」が言及されている。

こうみてくるとこの時期、つまりわれわれが中期書簡群に分類した時期、西田が「宗教を論じる」むね滝沢に再三約束していることがわかろう。しかもその口調は「やるべきことだからやるがいまはまだ手をつけていない」といった、やはり「いいわけ」のように聞こえるのである。いったいふたりの間に何があったのであろう。そして、先の「いいわけ」といま見た「宗教」に関わってなされた「いいわけ」はどう関係しているのだろうか。いや、それ以前に、こうした成り行きは大そう意外ではないだろうか。

六十五歳の大家が若い滝沢の出現を喜び励ます、これだけならきわめてわかりやすい構図だ。美しい師弟関係である。ところが手紙の交換の推移はむしろ西田のほうが思想の不徹底を認め、課題を課せられて延ばし延ばしにしている図を髣髴させるのである。簡単に言ってしまえば、若い滝沢が思想上の問題で「攻め」、老練の西田がこれを「受ける」という関係なのである。二人の思想的関係をリードしているのは実は滝沢の方なのである。これは信じられない光景である。いったいなにが起きたのか。これこそ本書のメインテーマに他ならない。

〔付論〕菅円吉宛の西田書簡を読む

まえがき

ここで、ありうる疑問反論にあらかじめ答えておきたい。それは晩年の西田が神学者・菅円吉に宛てた書簡である。そこにはこれまで筆者が論証してきたのとは正反対の評価が滝沢に対してみられる。これについて筆者の推論を提出し、読者の参考に供しておきたい。その推論を肯うか否かは読者の判断に委ねるほかないが、本書が当該書簡を素通りしての立論でないことだけは了解していただけるであろう。なお、西田と滝沢の思想的関係に興味をお持ちの向きには、管宛て西田書簡を検証する以下の部分は後で読まれたい。拙著の中ではエピソード以上の意味はもたないからである。

一　菅宛て西田書簡

第一部で西田・滝沢の人間的な交流をさぐった。戦後の哲学界を滝沢に託した西田からの最後の手紙がしめすように、二人のあいだには終始哲学するもの同志の敬意が存在していた。年上の西田に視点をあてて言えば、滝沢に対する高い評価が変わることはなかったということが許されるであろう。ところがこうした事態の把握にそぐわない書簡が存在する。それが西田の菅円吉宛て書簡である。そこには、文面をそのまま取れば滝沢に対してきわめて否定的な評価が書きつけられているのである。この書簡を西田の本心が吐露されたものと取ると、われわれのこれまでの読解は根本から崩れてしまう。そんなことがあり得るであろうか。それとも件の書簡にはなにか別の文脈があるのだろうか。いずれにしても当該書簡は西田・滝沢ふたりのあいだの本当の関係をさぐるために避けてとおれない関門である。

まずその書簡を引用してみよう。西田全集書簡二一六九、「（昭和二十年）三月三十日　東京都小石川区高田豊川町三七菅円吉宛　神奈川県鎌倉市極楽寺姥が谷五四七より　〔はがき〕」とある。

お葉書拝見いたしました　どうか私の哲学を御研究ください　第五論文集を必ずお送りいたします

唯今の所郵便局で東京への小包を受付けぬので困ります　滝沢の本などダメです　あんなもの読まなくてよい
竹内君へ本を返したいのですが横浜へも小包受付ませぬので誠に困り居ります
今書いて居る「宗教論」を君に見てもらいたいのですが何とかして印刷にしたいとおもい居ります
本も御返ししたいのだが方法なきか

この文面だけを読むと滝沢に対して決定的な否定的評価を下している、そう判断せざるをえない。それほど烈しい言葉が書き付けられている。

しかし、本書第一部をともに辿ってきてくださった読者は驚きとともにここに西田の矛盾を発見することであろう。滝沢と西田の十年以上にわたる直接の交流は、ではいったい何だったのだろうか、と。西田の真意をはかるためには西田と菅との交流をさぐってみなければならない。

二　菅と西田の交流　さきの西田書簡を読み返してみると、（1）所要を足す文言、それに付随して（2）不自由な手だてを嘆く文言がみられる。

（1）にあたるのは「第五論文集を必ず送る」とか「竹内君に本を返したい」とか「宗教論を見てもらいたい」とか、「それを何とか印刷物にしたい」「本も返したい」とかである。（2）については「東京や横浜への小包を受付けなくて困る」「何とかして印刷にしたい」とか、本を返す「方法がないか」などの文言がある。これらの文言にはいま特別な問題はないだろう。問題はそれ以外の文言である。

当該書簡には「どうか私の哲学を御研究ください」とある。

また、「滝沢の本などダメです。あんなもの読まなくてよい」ということばがある。

「どうか…」は菅が自分（西田）の哲学を研究するように薦める文言である。しかしこの文言と滝沢に触れた文言との連絡がハッキリしない。滝沢の名が急に出てきて「罵倒」される感があり、読者は驚くことになる。いきなり滝沢の名前を出して通じるような関係が萱と西田二人の間にあったことが想定される。そこで西田と萱のやりとりを少しさかのぼってみる必要が出る。

萱宛ての西田書簡は十二通が全集に収められている。四三（昭十八）年に四通、四五（昭二十）年に八通である。あいだに一年有余のブランクがある。

萱と西田の関係は萱の職を西田が心配するという手紙にはっきり表れている。四三（昭十八）年萱宛最初の手紙である。どうも萱に何かあって「学校の方から離れ」たようだ。この件は萱と西田の書簡のやり取りの期間には解決していない。

ふたりの間のやりとりは健康の気遣い、空襲への同情や雑誌が出ないことなどへの困惑などを伝えるほか、広い意味での情報の交換が主となっている。論文や書物の貸し借り、その感想である。いずれ学問上のことである。そこからは西田がキリスト教やバルト神学に興味を持っていることがうかがわれる。また自身「宗教論」を書いていることを伝えている。

ところが、四五（昭二十）年二月十八日付けの第八書簡の末尾に「君も少し私の哲学を研究してくれるとよいが」ということばが書かれる。萱の書簡がないので文脈がわからないまま唐突に出てくる。そして第九書簡（はがき）に「どうか私の哲学からの宗教的世界観を御研究下さい」（三月九日）とあり、さらに同日付手紙（第十書簡）で「私の哲学は従来の哲学と大分考え方が違いますので一通り私の考え方の大体を御了解し置き下さる方よろしいと存じます」とある。この手紙にはわざわざ「分かり苦い所は務台君とでもご相談下さい」とつけ加えている。第十一書簡は借りた本の返本の通知のはがきで、そのあとに冒頭に引いた例の書簡、第十二書簡がくるのである。

こうした流れは、この時期、萱が西田の哲学を理解しようとしていたこと、当の西田から自身の著作を研究するように慫慂されていたこと、しかし、それが難渋していていたことなどをうかがわせる。こうした関係のなかであの書簡が書かれたことになる。

三　菅への叱責　いま一度書簡を引いてみよう。

「お葉書拝見いたしました　どうか私の哲学を御研究ください　第五論文集を必ずお送りいたします　唯今の所郵便局で東京への小包を受付けぬので困ります　滝沢の本などダメです／あんなもの読まなくてよい／竹内君へ本を返したいのですが横浜へも小包受付ませぬので誠に困り居ります／今書いて居る「宗教論」を君に見てもらいたいのですが何とかして印刷にしたいとおもい居ります　本も御返ししたいのだが方法なきか」

読者は、あらためて思いをいたすのではないか、菅と西田の関係のすべてがここにあることに。ないのは職についての話題だけである。

さて、ここでも西田は「どうか私の哲学を御研究ください」と懇願し、その手だてとしてであろう「第五論文集を送る」旨を付している。菅の件の課題がまだ果たされていないことがうかがわれる。問題の発言はその後に続くのである。「滝沢の本などダメです　あんなもの読まなくてよい」と。

こうした経緯からなぜ唐突に滝沢の名前が出てきたのか見当がつく。滝沢の名は菅のほうから出されたと思われる。菅の心中を忖度すれば、西田哲学を理解したいが難しい。それで滝沢の本を参考にして西田哲学を理解しようとはかり、そのようなことを書簡に書いたのではないだろうか。これに対し、すでに再三「どうか私の哲学を御研究ください」と指導してきた西田は強く反発、菅の申し出を否定したと考えられるのである。

ここで補助線として次のような証言をはさんでおこう。滝沢が三六（昭十一）年に出した『西田哲学の根本問題』は、西田哲学理解の参考書として当時大いに歓迎されたのである。とくに神学に関わる人々にとってはそうであった。

「滝沢先生の処女出版は私が手懸けた」という刀江書院の編集担当・梅田道之氏の回想がある。「昭和十一年の九月の暑中休暇明けを狙って――夏は本が売れない――初版を出した『西田哲学の根本問題』は、その後戦争が苛烈になり刀江書院が解散するまでに隔年増刷を重ね、晦渋難解と謂われた「西田哲学」の手引書として多くの読書子に歓迎され、戦後も幾度か版を重ねたことは、私の出版冥利と鮮明な記憶に残っている。」(『野の花　空の鳥』(創言社)所収「往時茫茫」より、拙著『滝沢克己』(創言社、五八頁)より引用)。また、木下芳次の証言では「〔滝沢克己は〕すでに日本の哲学界の俊英として『西田哲学の根本問題』の著作が評判で、神学生仲間では奪い合うようにして読んだものである」(同右「心うたれたこと」)とある。木下の証言はかれが青山学院神学部の学生だった三八(昭十三)年から三九(昭十六)年のものと思われるが、梅田の証言からこうした「需要」は三九(昭十六)年以後もあったと考えられる。なお、なぜ「神学生」が出て来るかというと、滝沢の処女作『西田哲学の根本問題』がキリスト教のタームで西田を解釈したものだったからである。その種のものとしてはわが国で嚆矢をなすと思われる。これは第二部で紹介する。

こうした事情を勘案すると、菅が滝沢のこの著作によって西田を理解しようとしたのではないかと推定することにそれ程の無理はないだろう。ここで大切なのは滝沢の名前を出したのは菅であって西田ではなかったこと、さらに菅と西田とのやりとりのなかでは一度も「滝沢の本」や滝沢の評価が話題になっていないことである。「あんなもの読まなくてよい」と書いた西田書簡もその言葉のあとすぐ話題は他に移っている。西田は怒ると激しいことばをはき、後に反省するということがよくあった。これは伝記が伝えるところであり、しかも時代の人として家長的なところのあった西田の強い言葉に、われわれは必要以上に惑わされないことが必要だろう。

ここまできて改めて振り返ってみると、浮かび上がるのは菅の非礼である。西田哲学の理解に本人の書いたものではないいわば「解説書」を参考にするという態度がまず問題であろう。しかも、そのような安直な試みを西田本人に伝えて了解を取ろうとしていること、あまつさえ西田本人が再三「自分のものを読んでくれ」と指示しているにも拘らずそのような試みを打診したこと、そこに思想にたずさわる者としての菅の決定的な弱さが露呈しているといえよう。西田のあの強いことばは、菅によって出された滝沢の名前を否定しながら、そういう菅の弱さからくる非礼を強く叱責したものととれるのである。読者はここで、西田の立場になって菅のような申し出がなされた場合自分がどのような気持ちになるか、よく考えていただきたい。西田の反発、怒りの叱責もむべなるかなと納得されないだろうか。

筆者の解釈はそういうものだが、じつはそれだけでないものが西田の胸中にあったかもしれない、という思いも残る。最後にその点に触れておこう。

四　西田の微妙なゆれ

西田が書きつけた「滝沢の本などダメです　あんなもの読まなくてよい」ということばは、けっして菅の非礼に対する感情の爆発という意味を含むだけではない。そこにはたしかに、滝沢に対する評価があったのだ、たとえそれがテーマに上っていたわけではなくても、いや、そうであるだけにより率直に滝沢への評価が表出されたのだ、という解釈も成り立ちうる。可能性というだけならその可能性を無下に斥けることができない。ただもしそうだとすると、さらに複雑な問題がでてきて収拾がつかなくなる。西田は滝沢の思想のどこに不満をもっていたのか、それをどこで言表しているか、また、そんな不満を押し隠して滝沢との書簡のやりとりをしていたのか。しかも十年以上、さらにいえば、戦後の哲学界を託すような「お世辞」までそえて、等々。しまいに推理はあらぬほうに転がっていきかねない。思考のことにあれほど厳しかった西田がそんな二枚舌を使っていたということは考えにくいことなのである。滝沢宛ての六十二通の書簡に見られた滝沢への高い評価はやはり西田の本心から出たものであったと考えるべきであろう。

しかしそれでも、あの発言が滝沢に向けられたものでもあったと解釈することは、なお可能である。しかしそれは西田のこころの機微に触れる問題としてであろう。つまり、世評高い滝沢の『西田哲学の根本問題』は西田自身も評価する「解説書」であったが、それは同時に痛烈な西田批判を含んでもいたのである。それがどれほど西田にとって深いダメージだったかは、応答に要した時間を想起すれば容易に察しがつく。菅宛ての書簡が書かれた一九四五（昭二十）年の三月は、西田が最後の完成論文「場所的論理と宗教的世界観」を執筆中であった。[34]第二部以下を先取りしてしまうが、西田は滝沢の当該書での批判に応えることも含めて宗教論に取り組んだ。滝沢の西田批判はそれだけ重い課題を西田に突きつけたものだった。しかし執筆開始までに九年が経っていたのである。滝沢の本を参考に分かった気になって自分への批判を語り出すかもしれない。率直に言って、西田の心中に穏やかならざるものがあったと想像することも難しくないのである。西田のあの発言にはそういう形で、屈折した「滝沢評価」があった、と言おうとすれば言えるように思われる。（はやくから西田は自身に対する田辺からの批判や当時の日本主義者たち、さらには軍部からの批判に神経をとがらせていたのだから）

しかし、そう言って何がわかったことになるだろうか。それはちょっとした西田の心の小波ではあっても、哲学的にはあまり意味のないことだ。わたしたちはやはり西田のあの発言を分からず屋の読者への怒りの叱責ととっておけばいいのではないだろうか。そして、それとは別に銘記しておきたいのは、そしてこちらが大切だが、西田と滝沢の師弟関係というものの内実はけっして単純なものではなかったということである。師が一方的に与え、弟子が一方的に受けるというものではなかったということ、これだけは覚えておきたい。これこそ第二部以降で解明されるテーマとなる。

第二部　テキストにみる交流

第一章　二人の思想的交流

第一節　秋月龍珉の指摘

第一部での全書簡読解からわかってきたのは、滝沢への高い評価から始まった交流が、その基調を変えることなく、しかし、ある時点で変容したことである。西田の方が滝沢に対して理論的「不徹底」を認め、どうやらその克服として宗教論執筆の約束をしているらしい。以後両者は、滝沢が「攻め」、西田が「受ける」という関係になることが推測されてきた。それでも一方で、西田と滝沢との間には田辺哲学の評価をめぐっていわば精神的な共闘体制がみられるなど、深い共感が最後まで維持されることも確認された。しかし、交流はそのまま太平洋戦争末期に突入し、西田の死を迎えて断たれた。書簡にみるかぎりでは、西田が約束を果たすことはなかった。二人の共感の持続とは別に、それといわば並行する形で、やはり「滝沢が攻め西田が受ける」という関係は残ったといわざるを得ない。これは六十三歳と二十四歳という年齢の差だけでなく、当時の西田の名望に照らしてもありえないことのように思われる。事実、筆者は自分でもそうした読みに呆然とし、長年みずからを信じえないという状態が続いた。

ところが、秋月龍珉の次のような指摘に接するに及び、自分の読解もあながち誤りではないのではないかと思うようになった。先ずそれを紹介しよう。『ダンマが露わになるとき』（以下『ダンマ』と略）で秋月は次のように発言している。

私が、「西田哲学的思惟」における滝沢先生の業績というのはこのことで、それは西田先生が「歴史的現実」を「場所的弁証法的一般者の自己限定」として捉えるという表現をされていたときに、それに対して次のような鋭い指摘をされたという事実だと思うのです。

「かかる弁証法的実在の動きを〈弁証法的一般者の自己限定〉として、たんに一元的なもののごとく言い表すことは、はたして適切であるか」(『西田哲学の根本問題』昭和十一年刊)

私はかつて、これを取り上げて、西田先生晩年の「逆対応の論理」は、西田先生自身がそれにこたえられた応答と見ることができると言いました(秋月龍珉著作集第八巻『鈴木禅学と西田哲学の接点』三一書房刊)。…中略… そこから私の言う「場所的論理の中核」としての「逆対応の論理」が自覚された、というのが私の西田哲学解釈の生命線なのです(1)。

秋月の同趣旨の発言は『絶対無と場所』(青土社、一九九六年)でも繰り返されている。いや、そこではさらにはっきりと逆対応の論理は「素朴にして率直な弟子としての疑問に、師の西田自身が答えた応答であったと思う」(同書二六〇頁)と書いている。「素朴にして率直な弟子」とはもちろん滝沢のことである。

西田晩年の「逆対応の論理」が、滝沢の西田批判に対する応答だったと秋月は明言している。秋月がそのことに早くから気づき、滝沢の西田批判から出発して自身の西田解釈を練りあげていった慧眼に脱帽する。

ところで、筆者は秋月の証言に接して「やっぱりそうか」と思った。そこには筆者の疑念に答えて余りある情報が含まれていた。扇情的になるが、あえて言うならば「衝撃の事実」である。なにより、滝沢の『西田哲学の根本問題』と西田の「逆対応の論理」が結びつけられたのは、ほんとうに驚きだった。「私の疑念に答えて余りある」と書いたのはこの点である。これで、西田が言った「根本問題における不徹底」と、同じく西田書簡にくりかえし現れる「宗教論」が繋がったからである。言うまでもなく、「逆対応の論理」は西田晩年の「宗教論」において集中的に提起されたものだからだ。具体的には論文「場所的論理と宗教的世界観」である。

振り返ってみれば、「根本問題における不徹底」という西田のことばは滝沢の著作『西田哲学の根本問題』を受けて、それに対する感想を述べた書簡中に出た。したがって、西田のことばが同書での批判に接して発せられたことはまちがいない。しかし、「根本問題に於ける不徹底」の克服の試みが書簡で何度か言及された「宗教論」にあたるのか否か、両者をつなぐ明示的な表現が書簡には見られない。恐らくそうであろうとの推測はついたが、それを裏づける発言が書簡にはなかった。秋月の指摘によって筆者の推測は有力な支持を得たのである。本書の執筆自体、それによって促された。

『哲学の根本問題』執筆以後の西田が宗教論を課題にしていたこと、そしてかれの宗教論が「場所的論理と宗教的世界観」にあたること、これは確定的に言えることである。しかしいま、その宗教論が滝沢の批判との関連を有し、それに応えるものであったことが証言された。そうなると今度は、秋月の見解がどういう根拠に基づくものか気になってくる。それが真に納得させるものであれば、筆者の長年の逡巡は吹き払われることになる。

第二節　秋月説の根拠

秋月は何を根拠にして「「場所的逆対応の論理」は滝沢の発した重大な疑問にこたえる西田博士自身の応答であった」との指摘をしたのであろうか。それこそ筆者が長く探していたものだった。秋月の発言にそれを尋ねていくと、どうも氏の根拠は、書簡に依拠する筆者の推論とは違うことがわかってきた。ここで少し秋月について語ることをお許しいただきたい。

秋月は臨済禅の師家であるとともに禅学を志し、鈴木大拙、西田幾多郎の思想を受け継ぎながらみずからの見解を得て独自の禅学、秋月禅学を形成した人物である。その立場からキリスト教の八木誠一氏と対話をすすめたことは夙に知られている。

秋月は大拙の「般若即非」の論理が幾多郎の「場所的論理」に通じることを説きながら、西田のこの立場をさらに最晩年の「逆対応の論理」から解釈すべきことを提唱して一流をなした。そのようなアイデアにたどり着くまでのことを秋月は率直に語っているが、そのなかで早くから滝沢の西田哲学批判に注目していたことを告白している。秋月のテキストに語らせよう。秋月は前掲『ダンマ』で次のように述べている。

「場所的論理」は、たとえ「絶対無」の一般者のといっても、その一元的自己限定ではない、そこには厳として二元的契機という根源的大事がある、という、早いころの滝沢先生の指摘に導かれて、私は、戦後務台先生の指導のもとに「場所的論理」の焦点を「逆対応」の論理として捉えたのです。これが私の卒業論文から大学院の報告論文へとなっていって、ついに拙著『鈴木禅学と西田哲学の接点』（秋月龍珉著作集第八巻、三一書房刊）という本になったわけです。（九十頁）

ここで秋月が滝沢の指摘を「場所的論理は何らかの一元的限定ではなく、二元的契機がある」という点で理解していることがわかる。そして、この「指摘に導かれて」とはっきり語っているのが注目される。次いで「戦後務台先生の指導のもとに」というのは、具体的には務台理作の次のような指摘である。

わたし〔務台…筆者注〕は場所的論理と称するものは、この逆限定・逆対応の概念によって示されるものであり、それがこの論文（西田博士「場所的論理と宗教的世界観」）の「焦点」をなしているものと見ている。西田哲学を批判する人は少くも先生の場所的論理の思想を批判すべきであり、そのためにはこの論文における逆限定・逆対応の思想を批判すべきである。わたしは実にこの思想が西田哲学のめどをなしているものと考えている。(2)

務台は西田哲学本来の論理を「場所的論理」とし、その「焦点」を「逆限定・逆対応の概念」にみているのである。若い秋月はこの見解に惹かれて指導を仰いだことになる。

では秋月において「早いころの滝沢の指摘」と「務台の指導」はどう結びついたのだろう。

実は滝沢の西田論は、その処女作ですでに、「純粋経験」からではなく『働くものから見るものへ』以後、「場所の思想」が成立するところからなされている（後段参照）。その立場はもちろん『西田哲学の根本問題』にも一貫している。つまり滝沢は自身の処女作以来一貫して「場所の思想」成立以後の「後期西田哲学」を評価し、それ以前の「前期西田哲学」の立場は後期に克服されたという見解を取っている。この後期重視の批評的立場が務台の解釈と符合する。禅学、つまり学問の論理を求めていた秋月にとって、務台の解釈は容易に滝沢の西田論の延長上にとらえ得るものだった筈である。

ただ、秋月の言及する滝沢の『西田哲学の根本問題』は西田存命中の作であり、当然のことながらそれは西田最後の完成論文「場所的論理と宗教的世界観」、したがって「逆対応」の概念に触れるものではなかった。一方、西田は、『哲学の根本問題』以後逝去まで精力的に思索を展開し、最晩年に逆対応の思想にいたる。したがって、秋月は滝沢の西田批判に注目しながら西田最晩年の著作に取り組むなかで務台の見解に出会い、戦前の滝沢の批判と「逆対応」概念が結びついてきたのではないか。というのも、滝沢の『西田哲学の根本問題』を読むものはそこでの批判に西田がどう答えたのかという問いに容易に導かれるからである。秋月が西田の書簡を手がかりにしたかは不明であるが、しなかったとしてもその問いが務台の西田解釈と結びつくことは不思議ではないからである。ただその場合、「滝沢先生の指摘」を「逆対応」概念に結びつけること、つまり、「逆対応」概念に二元的契機を読み込むことが必須であった。これは自明のことではない。そこに秋月の発見るのである。

があったということであろう。いずれにしても、秋月はこのようにしてあの結論、つまり「西田最晩年の「逆限定・逆対応」の思想は滝沢の指摘への応答である」に至ったのではないかと推測されるのである。

秋月には戦前の滝沢の著作に対する畏敬の念があるようで、「西田先生のお弟子さんたちのうちで、いわゆる京都学派と言われる人たち、またその他のお弟子さんたちの中で滝沢先生のこのような指摘〔先の「一元性への批判的指摘」…筆者注〕に匹敵するようなことを、西田先生に向かって言った人を私は知らないのです」[(3)]ともらしている。こうした秋月の証言には、滝沢の『西田哲学の根本問題』を発行当時の神学生が争って読んだという事例に近い熱狂を感じさせるものがある。[(4)]（秋月は一九二一年生まれであり、終戦の年に二四歳。西田の宗教論（逆対応）に本格的に関心を集中させたのは戦後まもなくの一九四八（昭二三）年前後だった（三一書房刊『秋月龍珉著作集8…鈴木禅学と西田哲学の接点』五頁）。秋月の著作『鈴木禅学と西田哲学』は春秋社刊で、ずっと後の昭和四七年出版。上記著作集8はそれに昭和五二年の滝沢神学を扱った文章二つを加えて昭和五三年に刊行されている。秋月の滝沢との思想的な出会いは戦後のことだと思われる。なお、秋月はクリスチャンから禅に転じたと書いているが、そのことが滝沢の西田論を親しいものにした筈である。戦前の神学生の熱中の延長のようなところがあったのではないだろうか。）

秋月の文章にはどこにも書簡のやりとりについての言及がない。秋月は西田哲学との取り組みによる思索の深まりの中で、右の結論に至ったのであろうというのが穏当なところであると思われる。しかしその背後に、次のような禅者ならではの直観があったことは押さえておきたい。秋月はこう書いている。

そこには宗教的にホンモノの体験をふんでゆく者の、きびしい批判と一致とがある。一向合掌の外ない。(5)

これは先の引用「「場所的逆対応の論理」は滝沢の発した重大な疑問にこたえる西田博士自身の応答であった」の後に見られる一文である。「そこには」の「そこ」とは西田・滝沢のやりとりを指している。秋月は自身の禅体験をもとに、西田と滝沢との思想的交流に「宗教的にホンモノの体験をふんでゆく者の、きびしい批判と一致」をみているのである。秋月の見解の根源はここにあろう。そして、これこそ秋月の先の「発見」を導いたものと筆者は考える。

以上の考察から、秋月の証言の根拠は、自身の宗教的体験を踏まえた上で打ち込んだ西田哲学との思想的格闘にあり、それを導いたのは滝沢と務台の西田批評だった、と言えるであろう。

第三節　われわれの探求へ――思想的交流の四エポック

秋月の主張の根拠は筆者の推定の根拠とは違うことが分かってきた。秋月は禅の体験を基礎に、務台に導かれて西田と滝沢を結び付けた。一方、筆者はもっぱら西田の書簡によって、半信半疑の推定へといたった。しかし両者は結論、つまり、秋月のいう「西田最晩年の「逆限定・逆対応」の思想は滝沢の指摘への応答である」という点を共有している。ほぼ同一の結論を導く根拠が違うということは、ここではなんら対立をなさない。結論を導く根拠が二つあるということは結論の信憑性を高めこそすれ、決して損なうものではないからである。そこで、いま結論と言った事態を筆者は「事実」と認定しようと思う。つまり「西田最晩年の「逆限定・逆対応」の思想は滝沢の指摘への応答である」ということ、筆者の表現では、「西田が認めた不徹底は最晩年の宗教論で克服されようとしたのであり、西田と滝沢の思想的関係は滝沢が批判して西田がそれに応えるという形で滝沢が主導したのではないか」となるが、このことが「事実」だったということである。

しかし、秋月の見解を支えにしてこのように事実認定をすることは、筆者が氏の根拠をそのまま受け入れるということではない。むしろ、秋月の解釈には理論面でいろいろ問題を感じざるを得ない。その点は本書の第三部でまた検討を期している。そういうことであるから、右に認定した「事実」は正確には今のところ「半事実」というべきかもしれない。われわれとしてはここで西田・滝沢の思想的交流そのものに目を向けなおし、そこに「半事実」を「真の事実」つまり「真実」たらしめる証拠を探ろうと思う。ただ、「半事実」とは面妖なことばであるので、以下、「事実」として語る。何より西田・滝沢の思想的なやり取りを慎重にたどることを抜きにして二人の関係、まして思想的関係を云々することはできない。けだし当然であろう。そこで秋月からいちど離れ、あくまで我々の見地から、思想的交流に向き合いたい。

西田と滝沢ふたりの思想的交流を通覧してみると、そこには四つのエポックが考えられる。

（一）　ふたりの出会い（一九三三年）
（二）　滝沢の西田批判（三六年とそれ以後）
（三）　西田の宗教論（四五年）
（四）　西田亡き後＝戦後の滝沢の西田論（四五年以後）

これに各エポックを画した論文や著作を当ててみると次のようになる。
（一）では滝沢の「一般概念と個物」（留学前の諸論文を含む）
（二）では滝沢の『西田哲学の根本問題』（二年後の『現代日本の哲学』を含む）
（三）では西田の「場所的論理と宗教的世界観」
（四）では『日本人の精神構造』にいたる戦後滝沢の西田論

以下これら四つのエポックを順にとりあげ、二人の思想的関係を追ってみたいと思う。あらかじめ順に解説しておくと、まず次の第二章を「何が西田を喜ばせたか」と題し、右のエポック（一）を扱う。西田は一面識もない若者に書簡を送った。西田と滝沢の「出会い」の端緒であるが、何が西田をしてそうさせたのか。その思想的内実に迫りたい。

第三章は右のエポック（二）を扱うが、焦点は「何が西田に不徹底を認めさせたか」にある。『西田哲学の根本問題』などを紹介し、滝沢の西田批判を読んでいく。当の批判を明確に理解しておくことは西田の応答を正確にとらえるためにも必須の作業である。

第四章はエポック（三）を扱う。「西田は批判にどう応えたか」と題し、このテーマを追う。ここでは先に認定した「事実」にしたがって、西田の宗教論「場所的論理と宗教的世界観」を紹介する。滝沢の批判に対する西田の応答として、その内容を探りたい。

第五章ではエポック（四）を扱う。西田の宗教論に対して今度は「戦後の滝沢がどう反応したか」がテーマとなる。ふたりの関係の探求に画竜点睛を打つものとなるであろう。しかし、この時期は西田が亡くなった後の時代である。交流の一方の当事者を欠いて厳密に言えば「交流」ということにならない。そんなこともあり、滝沢の見解を紹介するにとどめる。滝沢の反応の本格的な検討は本書第四部に譲りたい。

なお、以下の叙述にあたっては書簡との関連にも目を配りたい。ふたりの論文・著作のやりとりは書簡での発言と相まって動いていくからである。このような叙述方法によって二人の関係の真実により一層迫れるはずである。とくに当面の「滝沢の西田批判と西田の宗教論との関係」について、われわれ独自の視点から秋月の証言を補い、新たに根拠づけることができるであろう。

最後に、右の四エポックは、第一部で書簡を分類した初期、中期、後期の区分とは区分原理が違うので注意されたい。後者の三期区分はあくまでふたりの「書簡」が共有する関心によってなされたものである。そこには思想以外の関心も介入した、というより、そのほうが優勢を占めた。それに対し右の四エポックはおもにふたりの「著作」での「思想的やりとり」、さらに言えば「テキストのやりとり」に基づく区分だからである。

第二章　何が西田を喜ばせたか…思想交流の第一期

第一節　西田最初の手紙

西田と滝沢の交流は西田によって始められた。雑誌『思想』（岩波書店）掲載の滝沢の処女作「一般概念と個物」を読んだ西田が、見ず知らずの若い滝沢に手紙を送った。一九三三（昭８）年のことである。もう一度引用する。

啓　未だお目にかゝつた事もないのに突然手紙をさし上げることをお許し下さいませ　私は先月来こゝに来ていましたので今月の「思想」を見ないでいましたがこの頃京都から転送して来ましたので御論文を一読いたしました　判断的知識の所だけですが私はこれまでこれ位よく私の考をつかんでくれた人がないので大なる喜を感じました　はじめて一知己を得た様におもひました　今度「行為の世界」といふものをかきました　遠からず岩波から出版いたします　どうかまた御一読を願ひます

八月二十二日　西田幾多郎　滝沢克己様机下

書簡中の一節「判断的知識の所だけですが私はこれまでこれ位よく私の考をつかんでくれた人がないので大なる喜を感じました　はじめて一知己を得た様におもひました」からは、西田の率直な

喜びが伝わってくる。と同時に、これを受け取った滝沢の喜びはいかばかりだったかと想像される。(6)

ところで右に取り出した一節中、「判断的知識の所だけですが」の部分は滝沢の論文の内容にかかわっている。それは西田哲学に於ける「判断的知識の成立」を滝沢みずからが追思惟したものだった。その報告に対して「これまでこれ位よく私の考をつかんでくれた人がない」「大なる喜を感じました」「はじめて一知己を得た様におもひました」との最大の賛辞が重ねられたのである。

当時「西田哲学」はその令名のみ高くて真に理解する人はいないという状態だった。滝沢への賛辞として右に引いた部分も、西田の側から読めば西田の孤立ぶりを告白するものである。「これまでこれ位よく私の考をつかんでくれた人がない」「はじめて一知己を得た」という言葉は西田自身がそのことを語ったものと読める。それだけに「大なる喜を感じました」という率直なことばは額面どおりに受け取っていいであろう。あらためて西田の孤独の深さとそれゆえの喜びがしのばれるのである。そして二人の年齢差を考え合わせるとき、坂口とともにまずはこの出会いを「奇跡のような出来事」と言いたくなる。

ところで、われわれはここで、哲学的内容面から西田の喜びの出所を押さえておかなければならない。滝沢の論文の何が西田をしてそのように喜ばせたのであろうか。ふたりの交流の端緒を開いた思想的内実は、はたして何だったのであろうか。

第二節　「一般概念と個物」という論文

西田哲学とは何か…論文の導入部

滝沢の「一般概念と個物」は小さい論文である。まずその冒頭をみておこう。滝沢はそこで西田哲学の何ものであるかを要約している。

西田哲学は終始一貫して行為的自己の哲学である。その息詰る思索の真の動機をなすものはいわゆる「驚き」に非ずして「行為的自己の悩み」であり、単なる理論的要求に非ずして、「行為的自己の深き自己矛盾の事実」である。そしてその到達点は、「真に自由なる個人」とこれを限定するものとしての「絶対無の場所」に外ならない。(7)

西田哲学の「終始一貫」「真の動機」「到達点」がこのようにズバリと提出される。「絶対無の場所」と「真に自由な個人」が西田哲学の到達点であり、その哲学は「終始一貫して行為的自己の哲学」だという。つまり、滝沢は西田哲学を「絶対無の場所の哲学」であると同時に「真に自由な個人」の哲学であるととらえている。「絶対無の場所の哲学」を「真に自由な個人の哲学」としてつかみ、しかも、それが知性の観想の立場ではなく、行為的自己の立場だととらえること、これが西田哲学への滝沢の基本視座である。そしてその視座を支えるのは「行為的自己の悩み」だという。――この冒頭を読んで西田はいっぺんに引き込まれたのではないか。

ところで、右引用には、「一般概念」も「個物」も「判断的知識」も出てこない。なぜ一般概念と個物、すなわち判断的知識を問題にするのか、その問題がどういうものかを、滝沢は次のように説明する。

私がここに西田哲学の最初にして最後のものたる絶対無の社会的限定を措いて、一般者の自覚的体系に於いて最低の段階をなす判断的一般者を問題となす所以は、第一に、一般概念と個物の問題が、西田哲学の発展に於いて二つの大いなる時期を画する手懸りとなったと考えるが故であり、第二に、この問題それ自身の哲学的、哲学史的重要性の故であり、そして第三に、それが比較的単純にして理解し易く、西田哲学の方向を暗示するに却って便宜なるを覚ゆるが故である(8)。

引用部前半には「西田哲学の最初にして最後のものたる絶対無の社会的限定」、「一般者の自覚的体系に於いて最低の段階をなす判断的一般者」ということばがある。これは西田の著作『一般者の自覚的体系』『無の自覚的限定』の思想をとらえたものである。滝沢が昭和八年時点での、ということは当時最新の西田哲学を論じていること、このことを読者は念頭にされたい。一般者の自覚的体系の思想は「一般概念と個物」論文の「四」（後述）でも辿られるので、そのときに触れたい。右引用は二行目から、論文のテーマを「判断的一般者」とする三つの理由を挙げていく。それは同時に滝沢自身の論文の章立てを予告するものでもある。

何が西田を喜ばせたか

導入部に続きこの小さい論文は「一」から「四」までの四つの章からなる。「一」で滝沢は「一般概念と個物」の問題をなぜとりあげるのかを説き、「二」ではこの問題の解決を西田の思想から提起している。この「二」は論文タイトル「一般概念と個物」に呼応する部分であり、論文中の白眉である。「三」は「二」の見解に対してありうる疑問をあげてこれに反論を加え、「場所の思想」の必然性を説いている。「四」は、上記をふまえて西田哲学の方向を提示している。

この論文の何が西田を喜ばせたのだろう。三つあると思う。

①「西田哲学の発展」に関する滝沢の見解
②「判断的知識の成立」に関する滝沢の見解
③「西田哲学の方向」に関する滝沢の見解

以上である。

①の「西田哲学の発展」についての見解は論文の「一」に見られ、②の「判断的知識の成立」に関する見解は「二」「三」に、③の「西田哲学の方向」についての見解は「四」に見られる。①②③いずれも「判断的知識のところ」が焦点となっている。西田が書簡で「判断的知識のところだけですが」といっていた通りである。以下、この三つを順に見ていくが、それはほぼ論文の構成を初めから辿ることになる。

なお、以下の叙述はあくまで滝沢の西田論の紹介であって、論の評価は埒外においている。つまり、それが西田本人の思想を正しく反映したものかどうかを問うものではない。その点は西田自身の滝沢への高い評価によって担保されているという前提での作業である。

第三節　「一般概念と個物」論文の思想（一）…西田哲学の発展

さて、冒頭から引き込まれた西田が目にするのが、西田哲学の発展に関する滝沢の見解である（先の①）。滝沢は西田哲学に前後期の二期を画している。前期は、『自覚に於ける直観と反省』の終わりでの「絶対自由の意志の立場」即ち「作用の作用の立場」の成立から、『働くものから見るものへ』の前編の諸論文で「作用の作用」が「表現作用」として明らかになるまで、とされている。「「表現作用」に於いて、前期の思想は一応その纏りをえたものと見ることが出来る」とする。

後期についてはそのまま引用しよう。

後期

第一期　アリストテレスの犀利なる論理的思索に促されて、「作用の作用の立場」と概念的知識との関係、従ってまた作用の作用の立場の論理的基礎付けを求め、「働くもの」に於いて漸くその曙光を認めてより、「知るもの」に於いて、「推論式的一般者」が出現し、同時に、厳密なる意味に於ける「判断的一般者」が確立する迄。即ち『働くものから見るものへ』の後編の諸論文。

第二期　「知るもの」に於いて到達せる立場を基とし、「判断的一般者」より、「推論式的一般者」

への方向をひたすらに追究して、「絶対無の場所」に至る。即ち『一般者の自覚的体系』。

第三期　絶対無の場所より翻って判断的一般者の方向を顧みられし時期、即ち『無の自覚的限定』。これによって始めて、西田哲学の体系は一応その完成に達したのである。(9)

ここで滝沢は、「判断的一般者の確立」によって後期西田哲学が出現したとし、『働くものから見るものへ』の前編と後編の間に大きな画期をみている。それが大きな画期と言われるゆえんは次のように説明される。

「作用の作用の立場」と概念的知識との関係の究明は、単に前期の終わりに於いて達せられた地盤の上に果たされることをえず、却って前期の立場の根本的欠陥を気付かしめ、ここに西田哲学の論理的構造は一大転換を余儀なくせられたのである。前期の思想に対しては、或は忖度されうべき浪漫主義の残滓は、これによって残る所なく拭い去られたということも出来よう。私が一般概念と個物の問題を以て、西田哲学に前後の二期を画する手懸りとなったと考える所以である。(10)

この一文で判るように、滝沢は純粋経験ではじまった西田哲学が「論理的構造の一大転換」を閲し、「浪漫主義の残滓」を拭い去って後期の立場が出現したとし、前期と後期をハッキリと区別する。当然、西田哲学は後期の立場において捉えられるべきであるということになる。この立場は徹底していて、滝沢の西田論はすべてかれのいう後期西田哲学に関するものである。右引用ではさらにその後期に三期を画し、『働くものから見るものへ』後編『一般者の自覚的体系』『無の自覚的限定』を割り振っている。

以上、要するに「一般概念と個物」論文における滝沢の見解は西田哲学を『働くものから見るものへ』後編を画期に前後期に分けること、後期を前期からの「一大転換」ととらえること、西田哲学の本領をこの後期にみること、この三点にあった(11)。

滝沢の論文を読んで喜びの手紙を送った西田はまず、自身の哲学の発展に関するこうした滝沢の見解を高く評価したと考えられるのである。

第四節　「一般概念と個物」論文の思想（二）…判断的知識の成立

一般概念と個物の問題

「一般概念と個物」論文の焦点はいうまでもなく「一般概念と個物」の問題をどう考えるかということである。西田が喜んだ理由はなんといってもこの問題に対する西田の思考を滝沢がよく理解したこと、このことにあるのは疑いない。先の見解②である。

われわれはすでに前節二番目の引用文において「この問題それ自身の哲学的、哲学史的重要性」という滝沢のことばに接していた。

まことに一般概念と個物の問題は、旧くして常に新しき問題である。苟くも概念的知識を云々するものは、如何なる遁辞を以ってするも、抽象的なる一般概念が如何にして具体的なる個物に関係しうるか、一般概念を超ゆると考えられる個物が、何故になお個物として概念的知識の主題たりうるのかの問題を、回避することはできない。(12)

哲学は言葉の技であり「概念的知識を云々するもの」に他ならない。その限り、それ自身がどう成り立つのかを弁証しなければならない。一般概念と個物の問題は言葉とものの問題として哲学の基礎問題なのである。

滝沢は右引用につづけて、西田哲学の抽象性・形式性を非難するものはこの基礎問題を最後の最後まで突き詰めて考えたことがあるか否か反省してみろといい、「彼にしてもし一義的なる解決を見出すならば、その時彼は計らずも博士〔西田〕とその道を共にする己を見出すであろう」と付け加えている。「一義的な解決」ということばが使われていることに注目したい。そこには西田の思索に導かれて自らが「一般概念と個物」という問題に「一義的な解決」を見出しえたという自負がうかがわれる。しばらくその次第を辿ろう。

一般概念から個物へ

滝沢は西田にしたがって概念的知識の根本的な形を「判断」とし、判断の根底にはなんらかの形で一般と特殊の関係が存在するとして「包摂判断」を手懸りにする。「赤は色である」のように、特殊なものを主語とし、一般的なものを述語として、繋辞「ある」でもって両者を結合する。こうして一つの判断が成立する。

しかし、われわれの知識は単に抽象的な一般概念によって成立するのではない。われわれは何かあるものについて「赤である」「滑らかである」と判断を下す。判断の根底には「具体的なるもの、即ち直覚的なる個物がなければならない」。しかし、知識がそれによって基礎づけられるところの個物とはなんであろう。

一般概念からこの個物に至るには類から種の方向を辿らなければならない。つまり述語概念から主語概念への方向である。先の例によれば「色」から「赤」の方向である。「この赤」に迫るために「赤」を詳しく規定していく、どんな赤かと種差を加えていく。しかし、主語となる一般概念は、どれほど種差を加えようと一般概念でありその限りまた他の述語となりうるものである。これに対して、個物はそれ自身の述語となっても他のものの述語になることは出来ない。一般概念と個物の相違は、個物が「主語となって述語とならないもの」（アリストテレス）という点にある。

しかし、「主語となって述語とならないもの」とは何か。一般概念を何処までも特殊化していけば特定の赤としての最後の種に達する。しかし、最後の種は個物ではない。それはあくまで一般概念の特殊であって、個物について語られる述語的一般である。個物は、最後の種を破ってこれを「属性」として「有つ」というところに至って初めて個物たりうる。赤い物はまた滑らかな物であることが出来る。そして、個物そのものは赤であるということの出来ないものである。この物が赤なのではなくて、この（物の）色が赤だからである。このように「抽象的一般概念を以って計り難きものをもつところに、個物のこの物としての独立な意義がある。個物は一般概念的限定を否定することによって、自己自身を肯定するのである」。ヘーゲル、アリストテレスにおいて、個物が却って真の一般と考えられた所以である。

こうして、個物とは、「『ある』という単なる繋辞としてのカテゴリーが、「有つ」という属性のカテゴリーに飛躍するところに成立する所の、主語となって述語とならないもの、即ち超越的主語として一義的に規定される」のである。

個物から場所へ

属性のカテゴリーへの飛躍において超越的主語として規定された個物はしかし、さらに次のように追求されていく。ここで滝沢は西田特有の思想を語りだす。

しかしながら個物は単にそれのみにて存在することは出来ない。個物はただ他の個物に対してのみ個物でありうる。個物の唯一性は他の無数なる個物との関係に於てのみ成立しうるのである。そして個物と個物が互いに区別せられ互いに相関係するには、恰も点と点が空間に於て始めて相関係するをうるが如く、個物がそれに於てありそれに於て相関係する場所がなければならぬ。西田哲学に於ける「場所」の根本概念は此処にその端緒をもつのである。(13)

「個物の唯一性」は他の個物との関係に於いてのみ成立する、そしてそれが可能であるためには個物が「それに於いて相関係する場所」がなければならないという。なぜか。

個物はかえって真の一般であるといったが、個物は抽象的一般（概念）を含みこれを統一するといっても、元来一般概念の特殊化の極限において超越的なものにぶつかるところに成立した。個物は一般を含むといっても、それ自身は抽象的一般であるわけではない。かえって、最後の種をさらに特殊化の方向へ進めたものであり、「特殊の特殊」といわるべきものである。一般概念の特殊として死することによって、真の特殊として生きるのである。「例えば抽象的一般の最後の種としての一定の赤が、個物の属性として此の物の赤となるということは、色の最後の種が音・味等他の様々なる最後の種と一定の関係に立つということを意味する」。そして個物がこういった統一を果たしうるのは、それが最後の種のどれともその次位を異にする特殊性を有するからである。「それゆえに、個物は最も特殊なるものとして、何等かの意味に於いて、それ自身また述語的一般に於いてあるといわざるをえない」。そうでなければ「個物としてこれを定義し、これを考えることは不可能」である。というのも、判断はどこまでも特殊を一般で包むことで成立するからである。いま、個物は「特殊の特殊」であるがゆえに、これを包む一般は「一般の一般」といわれ、また、超越的主語たる個物がそれに於いてあり、それがそのものの特殊として成立するところの述語的一般者は「述語となって主語とならないもの」「超越的述語」といわれる。しかし、それはさらに適切には、個物がそれに於いて相関係する場所として超越的述語面といわれる。これによって抽象的一般を超える具体的一般者は、漠然と「全体」として主語的に考えられることを止め、始めてその真相を明らかにしてくる。

場所、個物、一般概念…判断的知識の成立

超越的述語面にいたって一転、判断の全体的構造が詳細に規定されていく。一般概念とは超越的主語を包むことのできない述語的一般者であり、超越的述語面が個物（超越的主語）そのものをあるがままに自己の中に包むのに反して、個物の特殊性を没却することでこれを包もうとするものである。したがって、「自己の中に自己を限定する媒介を含まない一般者」であり、「具体的一般者（超越的述語面）の萎縮したものとして抽象的一般者」といわれるべきである。一面具体的なる主語を含まない述語的なものといえるが、しかしながら他面ではそれ自身、超越的述語面の主語的に限定されたものとしてこれに於いてある主語的なものともいいうる。こうして一般概念とは「主語的方向に於て個物に至らず、述語的方向において場所に至らざる、中間的のもの」といわれる。

かくして判断は、先ず場所がそれに於いてある個物を限定し、かくの如く限定せられた個物が抽象的一般者に於いて自己自身を限定することによって、成立することができる。これを個物と個物の関係より言えば、場所に於いて直接に相媒介せられた個物と個物が、抽象的一般者に於いて間接的に相媒介せられることによって、判断が成立するのである。判断作用とはかかる媒介作用を意味するに外ならない。もし抽象的一般者を判断の媒介面というならば、かかる媒介面の媒介を否定することによって成立する個物と個物とを、相互に媒介する所の超越的

述語面は、無媒介の媒介面といわれなければならないだろう。かくの如き媒介作用を内に含み、かくの如く自己を限定する具体的一般者を、西田博士は判断的一般者と名付けるのである。いわゆる超越的述語面は判断的一般者そのものを表すものである。判断はかかる一般者の自己限定に依って、成立すると言わなければならない。認識より出立すれば一般を本体とせざるを得ず、存在より出立すれば個物を本体とせざるを得ない、かのアポリアの解決の鍵は此処に潜むのである。(14)

この結論、これこそ「一義的なる解決」である。判断の成立、一般概念と個物の問題の解決の鍵は「超越的述語面」「判断的一般者」、つまり「場所」の思想の成立にあったということである。これによって西田哲学は前期の浪漫主義を離れ、厳密な学として登場したという。滝沢は「二」の最後を次のように締めくくっている。

客観的なる個物は、いわゆる一般概念を超ゆると言う意味に於て超越的・非合理的であり、場所に於てあると言う意味に於て内在的・合理的なのである。これに依って主観と客観、合理と非合理、可能と現実等もまた、その解決の端緒を得るであろう事は容易に想像せられるであろう。(15)

西田哲学が「場所の思想」に至って新たな立脚地を得、そこからすべての問題が新しい解決の糸口を得るのだ、と滝沢は言っている。

「場所」の思想

それにしても場所としての判断的一般者とはわかりにくい。これは当時から変わらなかったようで、滝沢は論文の「三」で、「場所」に対してありうる疑問・誤解をあげてこれに自答している。この「三」は「二」の記述に呼応し、補強するもので論文の中心をなす。わざわざ「三」によって「二」を補強していることからも逆に、同論文がいかに「場所」、「判断的一般者」の成立を重視し、その画期的な意義を評価していたか彷彿させる。

「場所」概念への疑問の最たるものは、「場所がなければならない」という表現をもって西田が「場所」をあたかも実在のごとく論じることである。これは思惟と存在の混同であり、「場所」などというものは空想の産物にすぎないのではないか、というものである。これに対し「判断的一般者の自己限定」は形而上学的怪物の自己運動として一つの神話にすぎないだろうか、と滝沢は反問し、「同様な疑問によって苦しめられた者の一人」として、そうした疑問の出てくる前提にあると思われるものを述べてみようという。

滝沢は疑問の出所を「概念の外延」の意義を充分考えないことにあるとしている。抽象的一般概念についてはそこに外延的関係の成立することは否定されない。「赤は色である」という判断は、「赤」が「色」の特殊として「色に於てある」ということを意味する。あるひとつの一般概念（今の場合、赤）を特殊化して行き、最後の種に至ってもなおもとの一般概念（色）に於てあると考えられるとき、外延関係が成立する。これを裏からいえば「赤は色の自己限定として成立する」ということを意味する。西田哲学に於いて「場所」とは、個物を自己の限定としてこれを包むもの、個物を自己の外延となす述語的一般者を意味するのである。

では、なぜ、個物においては外延的関係が成立しないと考えられるのであろうか。それは個物がすでに抽象的一般者によって限定しえず、したがってそれの於てある場所は抽象的一般概念の視野には絶対に入って来ない故に、個物においてはその内包的関係だけが前面にあらわれる結果である。しかし、あるものが一定の内容をもつのはそれが他との関係に於てあるからである。そして関係が成立するのは、相関係する項のほかに、それにおいて関係の成立する場所がその根底に存在するに基づくのである。厳密に内包的なるものを考えれば、「赤は色である」ということすら言えない。何故ならば「赤」は「赤」であって「色」ではないからである。「赤」は「色」という一般者の自己限定としてのみ「赤」といわれることができるのである。このように概念ということを考えるとき、すでに一般者の自己限定という意味がなければならない。そして外延の意義を特殊を包むというところに見出すとき、真に外延を有するのは、「色」のようなそれ自身また特殊として比較されることによってその外延性を失うようなものではなく、どこまでも特殊として主語的に限定できない述語的一般者、特殊の特殊を包む超越的述語面であるといわざるをえない。いわゆる一般概念の外延的関係もこれによって成立するのである。「場所の概念が不可解に思われるのは、ただそれが抽象的概念によって限定すべからざるものたるによるのである。抽象的一般概念の外延的関係を認めて、超越的述語面の外延的意義に疑いを挿むのは正に本末の顚倒である」(16)。

滝沢はこう説いて、「場所」を抽象的思惟の産物と非難する論者こそ、抽象的思惟に拘束されており、抽象的概念によって限定されないものは実在しないとする独断論者だと、批判を返すにいたる。

滝沢は、このあと、「場所」「判断的一般者の自己限定」についてこの他にありうる疑問をいくつかあげて反論している。それを抜き出せばこうなる。

（一）「場所」はアナクサゴラスの「混沌」のようなものではないか。

（二）したがってまた、「場所」は「内容」に対する空虚な「形式」、フッサールの「本質」、ハイデッガーの「存在」、コーヘンの「方法」乃至「範疇」のようなものではないか。

（三）判断的一般者の自己限定は、なお知るもの（自己）と知られるもの（個物）との関係を充分に解明するものではないのではないか、そこでの「判断」は却って対象界の自己限定にすぎず、意識作用としての判断ではないのではないか。抽象的一般者は抽象的一般概念であろうか、概念的知識といっても歴史的知識と法則的知識の区別などは、一般者の自己限定として明らかにならないのではないか。

以上の点について滝沢は反論を加えている。その要点のみ抜き出しておこう。

（一）それは、一般概念を超える個物が特殊の特殊として成立することを忘れ、単なる質料として混沌と考えるところから出る疑問である。

（二）「形式」の多義性、「本質」の非哲学性は措くとして、正しい意味で解された範疇、ハイデッガーのいわゆる「存在」も単に場所の自己限定の仕方にすぎない。場所は個物の於いてある場所として「存在者」も「存在」も共にこれに於てあるものである。「抽象的一般概念が超越的なる個物に関係するということが、即ちその背後に場所の直接なる自己限定の成立することを意味する」。そして、ここに科学に独立なる哲学の発端があり、またいわゆる存在論の可能性も基礎をおかなければならない。そうでなければ、同じく存在者を問題にしながらひとり哲学だけが、単に形式的でもなく単に法則的でもない、原理的なものを把握しうるかは、ついに了解できない。

（三）言うまでもなく意識作用としての判断は自覚的限定なくしては不可能であり、判断的一般者はそれ自身自覚的一般者ではなく、まして広義の行為的一般者でもない。しかし、西田博士に於いて一般者の自己限定とは、もと自覚的限定を意味するのであり、判断的一般者の自己限定も、自覚的一般者、狭義並びに広義に於ける行為的一般者を経て絶対無の自覚的限定に至り（主として『一般者の自覚的体系』参照）、逆に絶対無の自覚的限定より顧みられることによって（主として『無の自覚的限定』参照）、始めて真に明らかにせられるのである。それによって上述の様々な疑問も、夫々一義的なる解明を与えられるであろう。判断的一般者が単に空想の産物にすぎないかの如き疑いの影も、それによって一掃せられるであろう(17)。

この他、滝沢はさらに踏み込んで「抽象的一般者から出発する際、なぜ色・音・味等の性質的概念のみ挙げて、机とか本とかいう一般概念を挙げなかったか、また感覚的性質一般というものにまで拡げられるならば、個物もこれに包まれるのではないか」という「起こりうべき疑問[18]」にも答えている。その一々はここで取り上げないが次の一文だけ引用しておく。「西田哲学に於て一見恣意的に見ゆる抽象的一般者の選択が却って、常に「事実そのものをして語らしめようとする」この哲学の態度を語るものであることを指示する[19]」。

以上を要するに、滝沢は論文の「二」と「三」を通して、後期西田哲学の立場が「場所」の思想にあるとし、それを自己のものとして語り出しているといえよう。

第五節　「一般概念と個物」論文の思想（三）…西田哲学の性格と方向

われわれは最後に、「西田哲学の性格と帰趨」について滝沢の言うところを聞いてみよう。これは西田を喜ばせた論点としてわれわれが挙げた③にあたる。論文の「四」にあたる。

滝沢は西田哲学が有から無への方向を、形あるものから形なきものへの方向をたどると評されることを取り上げ、それがどういう意味かを語る。

前節で個物を有というなら、場所は無といわれなければならないと書いたことを受けて、無とは「限定されたものに対して限定することのできないもの、しかも、限定されたものを自己自身の限定として成立させるもの」のことであり、したがって有から無への方向とは抽象的なものから具体的なものへの方向であるという。

その観点から前節を振り返れば、抽象的一般から個物への方向をたどる際、すでに個物が抽象的一般に対して無といわれなければならない。個物は抽象的一般者をもって限定できず、かえって抽象的一般者は個物の限定としてこれに含まれるからである。しかし、個物は超越的とは言っても主語的に限定されたものとして有である。したがって、「個物の於てある場所」は有の於てある場所として厳密には無といえない。判断的一般者が「有の一般者」と呼ばれ、その超越的述語面としての場所が「有の場所」といわれるのはこのためである。しかし、抽象的一般者にとって非合理的な「個物」は「有の場所」において合理化される。こうして抽象的一般者から具体的個物への方向はどこまでも追求される。

例えば個物に於いては、なおその「属性」が抽象的一般概念によって限定せられる。従ってその背後に潜む暗きもの、非合理的なるものは、いわばなおそのままに残されている。個物は単に相反するものを含む抽象的一般（例えば黒と白とを含む色一般）に非ずとするも、なお単に相異なるもの（例えば色と味の如きもの）の統一にすぎない。そしてその統一そのものはなお直接に見られることなく、抽象的見方が充分に脱せられてはいないのである。然るにこの物のもつ「赤」なる「属性」が正に唯一なるこの物の赤として、単に抽象的なる「赤」によって限定しえざることが明らかになるとき、その赤は赤にして同時に赤ならざるものとして矛盾的統一となる。「個物」に於いてなお背景にあった暗き統一はここに至って始めて、直ちに自己自身を露呈し来る。かくして「有つ」という「属性」の範疇は、「働き」の範疇に転化し、「属性を有つ個物」は「無限なる働きの場所」となる。「矛盾」とはもと概念のことである。客観的には却って是か非是かとして一義的に限定せられる。「矛盾的統一」とは、「働き」として最も客観的なるものでなければならない。個物の非合理性はこれによって始めて完全に解消するのである。[20]

しかしながらかかる働きはなお抽象的一般の立場よりの矛盾的統一にすぎない。思惟の立場の窮まるところに見られる働きにすぎない。かかる働きの矛盾は、我々が思惟の立場を内に包み、働きそのものの内に身を投ずることによってこれを克服することが出来る。否、われわれは行為するものとして、却ってかかる働きそのものを自己の限定となすことが出来る。真に克服することのできない矛盾は、更にかかる働きの場所を超えて無限に深き場所に於いてあるものでなければならぬ。西田博士が真の弁証法を絶対無の場所に求められる所以はここにある。[21]

滝沢はこのような引照によって、西田哲学が有から無の方向を辿るとき、前の段階で存在したものは常により具体的なものの一面として止揚され、その真の機能が発揮されるのだと言う。「西田哲学において自己は物の限定を遊離するのではなくして、物の限定をその一契機となす具体的なる自己でなければならない」としている。

これを要するに、判断的一般者より絶対無の自覚的限定への方向は、抽象的なるものより具体的なるものへ、単に可能的なるものより現実的なるものへ、単にイデアールなるものよりレアールなるものへの方向であり、非合理的なるものを合理化し、偶然的なるものを必然化し、外を内となし、暗きものを明らかなるものとなす方向である。人あってもし西田哲学を目して神秘主義となすならば、その神秘主義は、神秘的なる何物も残さざる所に、始めてあらわれ来る神秘主義であるといわなければならない[22]。

論文の最終「四」において、滝沢は西田哲学のとる方向をこのように語り、そのことによって、「一般概念と個物」の問題を解決する際にキーコンセプトとなった「判断的一般者」の、西田哲学全体における位置を簡潔に示している。

こうして、小さい論文ではあったが、じつに周到に組み立てられた構成によって、西田哲学の時間的展開とその空間的な広がり、深みが素描される。「判断的知識のところだけ」ではあったが、西田はその構成のすべてに賛同をしめし、喜びを隠し切れなかった。「始めて一知己を得た」と言わないではいられなかったのである。

第六節　滝沢が西田から受け継いだもの

滝沢の処女論文の何が西田にそれほど高い評価を与えさせたのであろうか、ここであらためて問うてみたい。前節をともにされた読者はそこにきわめて特徴的な思考を見出されたことであろう。とくに「場所」の考え方である。判断的知識の成立を「場所」から説く流儀である。これを「場所の思想」と呼べば、筆者は、滝沢がこれを自家薬籠中のものにした点に西田の喜びの出所があったと考える。そのことは滝沢の反応を勘案するとき、ますます明らかとなるように思われる。

西田の喜びは直ぐに滝沢に伝わった。突然西田からの書簡を受けた滝沢は、後日その時のことを次のように記している。

本稿〔一般概念と個物〕は、西田先生の『働くものから見るものへ』、『一般者の自覚的体系』、『無の自覚的限定』などを介して、私のものの考え方に根本的な転回がもたらされて後、たどたどしいながら始めてまとめてみた私自身の考えである。昭和八年の八月、本稿が『思想』に掲載された直後、当時まだ一面識もなかった鎌倉の西田先生から、突然身に余る激励のお手紙を寄せられた日の感激を——西田先生とはその立場を異にせられるにも拘らず、これもまた私にとって全く思いがけなく、未熟な論稿をあえて『思想』に紹介して下さった九州大学矢崎先生の御厚意とともに——私はながく忘れないであろう。（一九四六・一二）

これは、日付からわかるように、『神学と哲学の間　上』（四八年一月刊）という著作に「一般概念と個物」を収録する際付された「付記」のことばである。[23]「一面識もなかった」「突然身に余る激励」「感激」「ながく忘れないであろう」などの文言に「そのときの滝沢」の驚きが吐露されている。

しかし、さらに注目すべきは「私のものの考え方に根本的な転回がもたらされて後」ということばである。

読者は覚えておられるであろうか。論文「三」で「場所」に対するありうべき疑問を列挙した中で滝沢は、それを形而上学的な怪物とみる見方と「同様な疑問に苦しめられた」と告白していた。じつは、ふつう私たちのものの見方は「場所の思想」とまったく逆なのである。一般概念から個物を見ているのである。だから場所は見えない、見えないからそれは形而上学的な怪物としか考えられない。ここには認識と存在についての私たちの観念の根本的な問題性がかかわっている。「場所の思想」を自家薬籠中のものにするとは、こうした見方が百八十度「転回」するということでなければならない。場所のほうから個物、一般概念を見る見方である。「場所の思想」は、そういう視点の転回を伴うものと思われる。そう考えるとき、右引用の滝沢の告白は、まさにそのことを告げていると考えられるのである。滝沢の西田理解の秘密が、したがって、西田哲学の秘密がそこに語られているといわざるを得ない。

ここにおいて西田と滝沢の間に、哲学するもの同士の深い友情と師弟愛が成立したと言えよう。その核心は「場所の思想」の共有である。

第七節　初期西田論とドイツ留学

さて、西田と滝沢の出会いの内実が明らかになってきた。滝沢は「場所の思想」を継いだのである。基本的にはこの継受によって二人の関係は決定されたといっていいであろう。八月の処女論文掲載に続いて、滝沢の西田論が続々『思想』に公表される。以下、論文のタイトルとその掲載年月日とを抜き出してみる。

三三（昭八）年十二月　例、個物及び個性　一
三四（昭九）年　一月　例、個物及び個性　二
　　　　　　　　三月　例、個物及び個性　三
　　　　　　　　四月　例、個物及び個性　四
三五（昭十）年　六月　例、個物及び個性　五
　　　　　　　　七月　例、個物及び個性　六（以下「「個性」論文」と略）
三六（昭十一）年一月　西田哲学に於けるノエシスとノエマの関係

以上である。西田はこれらを読んでいたはずである。

しかし、これらは実は、処女論文「一般概念と個物」と同じ三三年の九月に認められたものだった。[24]つまり三三（昭八）年二月に処女論文が執筆され、八月に『思想』に掲載されたあと一挙に執筆されたものである。『思想』編集部の慫慂があったのか否か、執筆と掲載の経緯は判っていない。しかし、足掛け三年にわたる断続的な連載が若い哲学者の登場として注目されたことは想像に難くない。西田は読んだはずだが、しかし、読んだという記録は見つからず、したがってどんな感想をもったのかも不明である。滝沢がすでにドイツに旅立っていたこともその理由の一端であろうか。

なお、『思想』には載らなかったが、三三年の九月に滝沢は、

「田辺博士に於ける行為の立場」、

「三木清氏に於ける「事実」と「存在」」、

「ハイデッガーに於けるダーザイン Dasein と哲学の使命及び限界」

の三篇も書いている。何とも爆発的な執筆というべきであろう。[25] なお、この三篇は未発表のまま戦後、一九四八年刊行の『哲学と神学の間　上』に収録され、さらにその後一九七二年に著作集第一巻に収められた。この三篇については滝沢が西田に送ったのか否か、定かではない。


これらの作品について二つのことに注意を促しておきたい。

一つは、当初の構想では、「個性」論文を前編に、「ノエシス・ノエマ」論文以後の四篇を後編にしてひとつの全体をなしていたというが、[26] そういう構想が生まれるとおり、これらの論文はすべて、一貫して西田哲学の立場から書かれている。筆者は、これらの初期論文群をまとめて「滝沢の初期西田論」と呼びたい。それはすべて西田哲学の立場、具体的には「場所」の思想に立っての立論なのである。そのことを簡単に示しておこう。

①「例、個物及び個性」から――

滝沢は「一」の「例、個物、個性の論理的構造」で、「赤は色である」といった包摂判断、「この物は赤い」という個物についての判断から分類的知識へ、さらに物理学のような法則的知識の成立までを辿って、「例、個物及び個性」の関係を「例がその背後に一般概念を予想する如く、個物、

否真に個性的なるものといえども、その背後に場所を予想することによってのみ可能にな」るとし、その論理的構造を「相互に特殊の特殊として相重なる」と規定している。

② 同じく――

滝沢は「六」の「結論」で、数、意識、行為がその根底に「絶対に死すると共に生きる我々の自覚」を予想するとし、それが如何にして可能になるか問うている。それは、欲求的自己はもとより道徳的自己としても不可能であり、それを可能にするのはただ汝即ち他人だけであるという。「汝が私の底から私を限定し、私が汝の底から汝を限定することによって、我々は絶対に個性的なる自己となる」。これが真の「他愛」である。そして他愛が成り立つためには「私と汝とを限定する何物かが存在しなければならぬ。しかも各々の個人は絶対に個性的なるが故に、これを限定する何等の一般者もありえない。もし我々の言葉を以ってかかる究極の場所を呼ぼうとするならば、最も適切に絶対無の場所といわなければならぬ。…論理的には場所の場所、真の他愛の根源…として絶対の愛…（である）。…我々はかかる愛に於いて、絶対に死するとともに絶対に生きるのである。歴史も自然も、一切のものがそこから始まるのである」といっている(27)。

こうして「一般概念と個物」では自問自答によって西田哲学の方向を示すに過ぎなかった「場所の思想」の全幅が、「例、個物、個性」論文では素描されているのである。

もう一つ。初期西田論のこうした性格を把握することが次の事実と密接に関わってくることを指摘しておきたい。滝沢の爆発的な執筆は、今見たとおり、ドイツ出発前の、ほんのわずかな時間でなされた。直後の渡独（三三年の十一月）から三六年二月の帰国まで、ドイツ滞在中の滝沢はバルト、ブルトマンの下で勉強した。しかし、実際はこの間、「哲学の本は行李の底に詰めて」もっぱらバルト神学と対決したのである。行李の底に詰められた哲学書の中には、西田が送ってくれた『哲学の根本問題』正続もあった。滝沢はドイツでキリスト教神学の問題に没頭した。[28] そんな留学からの帰国直後、三六年の四月から六月にかけて執筆されたのが『西田哲学の根本問題』であった（九月に出版）。そして、ここで初めて西田哲学に対する批判が出てくる。初期西田論とは違う西田論がここに始まる。もはや滝沢は留学前の滝沢ではなかった。本書第一部で確認したような、滝沢と西田との間の思想的確執は、留学後、『西田哲学の根本問題』出版の後なのである。このように、初期西田論の特徴をはっきり把握しておくことが『西田哲学の根本問題』の意義の把握につながっていく。このことを強調しておきたい。[29]

第三章　何が西田に不徹底を認めさせたか　…第二期『西田哲学の根本問題』の衝撃

第一節　波紋

帰ってからぽつぽつ御著書をよんでゐます　長い間私の根本思想を理解してくれたものなく自分の考へ方は到底人より理解せられないものと思ってゐましたのに心強く感じました　私の仕事は今の処私の如き根本思想からこの世界を見ればこれまでのいろいろの問題はいかになるか　私の立場からこの世界を見直すにあるので根本問題そのものを明にする点に於いて尚不徹底な所があるかも知れませぬがだんだんさういふ問題に入って行こうかと思って居るので御座います　何卒御健康御大切に　折角御研究を進められんことを切望の至りに堪へませぬ　十月十五日　西田　滝沢君侍史

西田書簡〔6〕である。西田が「京都へ帰ってから読んでいる」と書いた滝沢の著書は『西田哲学の根本問題』（三六（昭十一）年九月刊、刀江書院）である。「長い間私の根本思想を理解してくれたものなく自分の考へ方は到底人より理解せられないものと思ってゐましたのに心強く感じました」ということばは、最初の手紙（書簡〔1〕）に勝るとも劣らない評価と言っていいだろう。

しかし、次に続く「私の仕事は」以下は注目すべき発言である。西田は自分の仕事の意図を説きながら、「根本問題そのものを明にする点に於いて尚不徹底な所があるかも知れませぬが」と書いている。自分の不徹底を、しかも「根本問題そのものに於ける不徹底」を認めているのである。そして「だんだんさういふ問題に入っていこうかと思って居る」と決意を述べている。

すでに触れたように、ここには、西田が滝沢に対して評価を下すという「一般概念と個物」以来の二人の関係とは逆向きの関係が発生している。滝沢が西田に「不徹底」を認めさせ、その克服を約束させている。どう読んでもそう読めるのである。筆者はこれを滝沢の『西田哲学の根本問題』が西田の心中に引きおこした「波紋」として問題にしたい。西田が自分の著作・思想に関して極めて謙虚であるという点を考慮しても、「一知己」と許した相手からの批判は真剣に受止めざるをえなかったと推測するからである。事が事だけに、この新しい事態の出来とその帰趨を追ってみたい。

第二節　西田哲学へのオマージュ

滝沢の処女作『西田哲学の根本問題』がなぜふたりの関係に「波紋」を起したのか、俄然この問題が注目される。しかし、それを探る前に同書の基本性格を強調しておきたい。同書は初期西田論の延長にあるものといってよいと思われる。基本的には西田哲学へのオマージュとも言うべき作品である。まずそのことを、同書と初期西田論それぞれの一節を引用することで簡単に確認しておこう。

滝沢は初期西田論の掉尾を飾る論文「ハイデッガーに於けるダーザイン Dasein と哲学の使命及び限界」の末尾に、次のように書き付けていた。

かつてコーヘンがカントについて言った如く、哲学に於ける真の独創は、ただ西田哲学を通してのみ可能である。博士の思想を単に理解するに止まらず、博士の思索の最も些細なる隅々にまで浸透することによってのみ、哲学徒としての我々は真に時代の使命を果たすことが出来るであろう(30)。

一方、『西田哲学の根本問題』の第三部は西田哲学を「行為的自己の哲学」と高く評価して田辺哲学などと峻別するものであるが、そこでは最大の賛辞が重ねられている。その末尾に次がある。

　西田哲学はこの国のこの時代の言葉を以て語られたる真《まこと》の神の証言《あかし》としての悔改《メタノイヤ》の哲学である。その善きものはすべて彼処より来れるものである。その根底たる神の光の、我々の言葉に於ける反映である。無論私がかくいうのは、西田哲学が直ちに神の言葉であるというのではない。否全く反対…というのである。西田哲学の根底を窮めるということは、我々にとってただ、…主たる神と隣りびとを愛するということでなければならない。そうしてそれがまたやがて、我々が真に哲学し、厳密に科学し、各々その処に於て偽りなく生活することでなければならないのである(31)。

後者がドイツ留学直後の作品であり、その表現においてより一層キリスト教的であることを除いて、どちらも同じ熱さで西田哲学を語っていることがわかるであろう。

第三節　西田哲学への重大な疑問

前節のような基調にもかかわらず、『西田哲学の根本問題』は西田哲学に対して重大な疑問を投げかける。しかも西田哲学に向かって「弁証法の誤魔化し」といった厳しい言葉さえ投げつけている。その点で初期西田論に期を画す作品なのである。

そこでまず、「重大な疑問」「誤魔化し」の語を含む一節を三つ提示しよう。文脈は後で補う。

ここに於いて私は一つの重大な疑問を禁ずることが出来ない。創造主と被造物との間の侵すべからざる秩序を表す絶対の非連続の連続は、果して「絶対の死即生」という言葉を以て適切に言い表されることが出来るであろうか。両者を隔てるものは、確かに動きなく、形なき絶対の虚無である。そうしてそれは「神の霊水の面を覆ひたりき」（『創世記』第一章二）という如く、直ちに神に接するものとして、絶対の無即有ともいいうるであろう。創られたものはすべてかかる虚無より神の創造せるものであり、かかる虚無をほかにして被造物たる人は神というものを考えることはできない。しかしそれはかかる虚無がそれ自身として直ちに呪うべき死であるということであろうか。我々が創られたものとして時間的・空間的であるということは、それ自身としてすでに呪うべき、不幸な宿命であろうか。(32)

ここに於いて私は前の疑問と連関して、もう一つの重大な疑問に逢着せざるを得ない。即ちかくの如き意味に於いて弁証法的なる実在の動きを、「弁証法的一般者の自己限定」として単に一元的なるものの如く言い表すことは、果して適当であるか否かということである。かくてはなお、禁断の樹の実を食うことによってひらかれた眼による物の見方が、未だそこに残っているという重大な誤解を避け難いのではあるまいか(33)。

それ故に私は、この事態を絶対の死の面即生の面として、単に弁証法的一般者の自己限定の契機と考えることは許されないと思うのである。もしこれを強いて絶対の否定面即肯定面として弁証法的一般者の単なる契機と考えるならば、西田哲学のいわゆる弁証法も結局に於いて一つの誤魔化しにすぎないかの如き誤解を免れないであろう(34)。

滝沢が西田哲学の「絶対の死の面即生の面」という概念に「重大な疑問」を投げ、もって「弁証法的一般者の自己限定」という根本的な実在把握方式に攻撃を加えていること、読者は読み取られるであろう。西田哲学の実在認識そのものに対する「重大な」批判である。『西田哲学の根本問題』は全体としては周到な西田哲学の紹介の書であり、そのオマージュというべき作品であった。これは事実である。が、他方できわめて厳しい批判を含んでいたのも事実なのである。そして、冒頭に見た書簡〔6〕での西田の反応は、同書のこうした構成に正確に釣り合っている。しかし、西田がそこで「根本問題において尚不徹底がある」と書きつけざるを得なかった所以のものをさらに正確に理解するため、『西田哲学の根本問題』という著作の全体に目を向けてみよう。とくに批判が出てくる文脈に注目したい。

第四節　『西田哲学の根本問題』の構成と批判の文脈

『西田哲学の根本問題』（以下、『著作集1』に拠る）は全体が三部で構成されている。

「第一部　西田哲学の根本的諸概念」
「第二部　後期西田哲学の発展」
「第三部　西田哲学の性格とその根柢」

第一部は西田哲学の体系的把握である。これはさらに十の章に分かれており、そのうち五までが基礎概念の整理、六から九までが西田哲学の世界観的内容を展開した部分となる。十は結論にあてられている。

第二部は発展史といえる。当時までの西田哲学を前後の二期に分けている。「一般概念と個物」で提出した西田哲学の発展の時期区分を踏襲しつつ、それ以後の展開をも射程に入れ、後期西田哲学を跡づけている。

第三部は比較論である。田辺元の哲学を厳しく批判して西田哲学を高く評価している。田辺哲学と区別して西田哲学の性格と根底を浮き立たせている。（この第三部の田辺哲学批評は田辺から批判を受けていた当時の西田を喜ばせ、滝沢との間に田辺哲学に対するいわば共闘態勢のようなものが築かれた。第一部で確認したとおりである。後論のためにひと言触れておく）

こうした著作の結構を見るだけでも、同書が西田哲学論としてじつに周到に組み立てられた作品であることがわかろう。これを読んで西田が「心強く」感じたとしても宜なるかなである。

ところが、同書第一部に先の「重大な疑問」が出てくる。以下、われわれは、西田批判がどういう文脈から出てくるのかを中心に、テキストを見ていきたい。

第一部の「一」冒頭で滝沢は、「即」で結ばれた西田哲学の一連の諸概念(35)をあげ、そこから「絶対の非連続の連続」の概念を選び出す。そして、その解明から他の一連の諸概念を体系的に理解しようという。

こうして滝沢は「絶対の非連続の連続」を取りあげるが、そこですぐ、「絶対の非連続の連続」に三つの意義を区別すべきだと主張しはじめる。そして「二」から「四」までの三章にわたり、三つの意義を順に展開してみせる。その上で今度はその三意義の「連関」を説く。これが「五」である。そして西田哲学に対する「重大な疑問」はこの「五」に出てくる。この流れが重要である。

滝沢が強調した「絶対の非連続の連続の三つの意義」を徹底的に読むこと、それは西田の「非連続の連続」概念を滝沢がどう理解したかを知るためだけでなく、やがて噴出する西田哲学批判の必然性を納得するためにも必要となる。以下、長い引用を重ねるが、本書が西田と滝沢の交流に関するわが国初の研究であり、基礎情報の提供という使命も担うことを勘案し、読者にはご寛容をお願いしたい。ただ、引用に入る前に読者に次のことも念頭にしておいていただきたい。「五」で疑問を提出したあと、滝沢の叙述がそこから一転していることである。「六」以後は西田哲学の世界観的な体系叙述にはいり、以後、「十」の結論を経て第二部の「発展史」、第三部の「比較論」に展開するが、西田哲学への批判は表立っては二度と開陳されない。それどころか前節で紹介したように、第三部はオマージュとなる。この流れは意味深い。さらに視野を広げれば、滝沢が本書以後の戦前のどの著作でも、西田哲学を名指しして批判していないことにも気づかれるべきであろう。ドイツでのバルトへの批判でもそうであるのだが、滝沢のこうした「謙虚な態度」は、後代にとってはひどくわかりにくいものとなる。研究者はおのれの読みを試されるのである。

第五節　「絶対の非連続の連続の」の三意義

絶対の非連続の連続の三つの意義を見ておこう。以下、一部筆者の要約をまじえ、「　」内が原文からの引用、…部分は筆者による省略。小見出し原文のまま。数字は『著作集1』の頁番号。

〔「絶対の非連続の連続」の最も原始的なる意義〕

西田哲学においては一つの身体をもったありのままのこの私が永遠なるものに触れるといわれる。しかしそれは、永遠なる神が私になるとか、私が神になるということではない。「神が創造主であり、私がその被造物である。この関係は何処までも逆にならない。神は何処までも神であり、支配者であり、私は何処までも人間であり、神に仕うべきものである。私がこの関係を逆転しようとするとき、否、私が私自身の支配者であろうとする瞬間、すでに神の権威は死の刑罰として私の身に及ぶのである。それが西田博士のいわゆる、私が絶対に他なるものと一、現象即実在、実在即現象、現実にあるものはすべて絶対の非連続の連続としてあるということのもっとも原始的なる意味でなければならぬ(36)」〔創造論に相当―筆者、以下同様〕

〔「絶対の非連続の連続」の最も根本的なる意義〕

この身体をもつありのままの私が永遠なるものに触れてある。「我々がかかる意味に於て神の創造を認めるとき、我々はまた必然に、しかも推論によるのではなく直覚的に、その神が到る処に、常に新たに創造すると共に、創造しもせず創造せられもせざる神であり、これを譬えれば周辺なくして到る処が中心となる球の如きものであることを認めざるをえない。即ちそれが絶対の多即一・絶対の一即多として永遠の現在であり、愛と智と力と直ちに一なる絶対の神なることを承認せざるを得ないのである。神がその言葉によって語るということは直ちに物が創造せられるということであり、その物が見られるということであり、その物がその支配の下に置かれるということである。絶対の個物の相互限定即絶対無の場所的限定ということは、何よりも先ずかかる言葉をもつ神、否かかる言葉なる神があるということでなければならぬ。神がその言葉によって物を創造するということは、全く神の自由に属することであって、何等神が被造物によって制約せられるということを意味するのではない。創造する神が創造せざる神であるとはかかることを意味しなければならぬ。天地を創造したまえる神はまた七日目に休み給える神なのである(『創世記』第二章一～十二)。私がかかる神の存在に、博士が非連続の連

続といわれるものの最も根本的な意味があると考える所以である」(37)〔三位一体論に相当〕

〔「絶対の非連続の連続」の最も現実的なる意義〕

「我々が身体をもつものとして創られたるものであり、創られたるものに即して神と無の深淵を隔てつつ、しかもなお神の肖像として神と均しく、理性的・自由意志的にして共同的であるということは、単なる論理からしてはすでに不可解であり、絶対の非連続の連続といわれなければならないものではあるが、「神これを善しと見給へり」（『創世記』第一章）という如く、それ自身として何等悲しむべきことではない。問題はただ一に繋がって、我々の言葉が神の言葉の影を宿すや否や、我々の自由が神の自由に従順なるや否やに存するのである。…我々の現実の自由は常に神に背いて迷うものであり、我々の現実の理性は常に誤るものである。即ちそれは神に背いて禁断の木の実を食らうことによってひらかれたる眼である。我々はもはや、楽園に於けるが如く神を見ることが出来ない。」（二四～五）「かくして私が現実にあるということは、私が神に創られたるものとして無限の深淵を隔てて神と相対するのみならず、私が創られたるものでありながら神に背くもの、神に背くものとして死を免れないものということである。そこにこの人生の最も根本的な矛盾があるのである。人間の存在がそれ自身に於て根本的に矛盾であるということは、単に人間が無限と無との中間にあるということではなくして、その無が直ちに絶大な力であるということでなければならなぬ。我々が我々を創り、我々を愛する創造主の声を避けて樹陰にかくれ、互いの偽りを蔽うべく無果樹の葉を綴らなければならなぬということである（『創世記』第三章八～十）。…しかしそれにも拘らず、我々はなお創造者の手をはなれることは出来ない。我々の罪は直接神に対する罪であり、渦巻く暗黒の淵を隔てて我々はなお神と直接に相対するのである。それは我々にとって考うべからざることである。しかしそれはこれを認むると否とに拘らず、何人といえども絶対に避くべからざる現実である。それが失われたる子が悔い改めて帰り来ることを待つという、神の測るべからざる寛容であり、かのゴルゴダの十字架を通してのみ復活せる神の子キリストの逆理である。人はただこれを認むることによってのみ真に現実的に生きることが出来る。これを認めざるものは如何にその現実性を自負するものも、ついにかの詩篇の作者のうたう如き喜びと悲しみとを知ることは出来ない。その生活は畢竟、呪われたる絶望と虚しき誇りとの間に漂う浮草の如きものである。そうしてそれはやがて必ず来るべき永遠の死の宣告の前奏曲である。一面に於いて永遠なるものに触れ神の絶対の命令に接しながら、他面我々の自由が常にこれに背くものとして根本的に悪であり、我々の行動の一歩々々が無限に暗い衝動的なるものによって限定せられるということが、西田哲学に於ける絶対の非連続の連続ということの最も現実的なる意味でなければならぬ(38)」〔キリスト論に相当〕

滝沢は以上のように三つの意義を区別しているのだが、読者はその言葉のあまりにキリスト教的なことに驚き、これが西田哲学論かと目を疑うのではないであろうか。そして、滝沢自身が序で指摘しているように、「これは西田哲学の宗教的歪曲だ(39)」と続けたくなる方もいるのではないかと思われる。しかし、まぎれもなくこれが、「長い間自分の根本思想を理解してくれたものなく…心強く感じました[40]」と西田本人が許した西田論なのである[41]。われわれとしてはしたがって、これを一つの優れた西田論として認め、西田批判が出てくる文脈をさらに尋ねていきたい。

第六節　「絶対の死即生」の三つの意義

「絶対の非連続の連続」に三つの意義を区別したあと、第一部「五」で滝沢はそれらの連関を語る。その三つは「恰もキリスト教神学に於ける創造論と三位一体論とキリスト論の如く、相互に切り離すことを決して許されざるものである。その一もしくは二のみを知って他を知らないということは絶対に不可能である」と強調する。前節引用文の末尾に入れた「創造論」「三位一体論」「キリスト論」の語はこの記述に拠って筆者が挿入しておいたものである。

滝沢はさらに、三つの意義のうち、われわれの認識は「絶対の非連続の連続」の第三の意義を通してのみ第一、第二の意義を理解するのだという。第三の意味での現実の徹底的認識、つまり罪の告白をほかにして神の創造と性格とを理解することは全く不可能なのだという。キリスト論から創造論、三位一体論へという道があるだけなのだと言っているのである。

滝沢はこのように三つの意義の区別と連関を説いたあと、これに応じて西田哲学の諸概念の「密接に相関連する様々な意味」を明らかにすることが出来るという。そして（1）「絶対の無即有」、（2）「絶対の死即生」、（3）「弁証法的一般者」の概念をとりあげてそのことを示そうとする。そして、この（2）（3）の記述にあの「重大な疑問」が出てくる。

読者はまず、こうした文脈に注意されたい。つまり、「重大な疑問」は、「絶対の非連続の連続」という西田の基本概念がキリスト教神学の枠組みで解釈されるところに胚胎しているのである。そのことを確認しておいて、さらに件の「重大な疑問」に迫ろう。

滝沢は（1）「絶対の無即有」を先の三意義の区別にしたがって解釈してみせたあと、（2）「絶対の死即生」という概念が同じその区別によってその様々な意義をどのように明らかにするかをさぐっていく。引用でみよう。（ ）内は滝沢自身によるものである。

絶対の死即生とは、先ず第一に、現実の私が神に背くものとして、避くべからざる死の淵を隔てながら、絶対の生命なる神と相対するということである（上述の第三の意義に応ずるもの）。第二にそれは、神に背くものとして私にとっては、それ自身絶対の生なる神が死の如く恐るべきものである、否、絶対の生なる神は命ずるもの、裁くものとしていかなる罪とも相容れざるものであり、古きアダムの決定的残滅であることを意味する。それ故、絶対の生即死・絶対の死即生といわれても、それは決して神そのものが死であり得るというのではない。神は何処までも生命である。生命の唯一の泉である。ただ、神に背くものにとってそれが絶対に避けることの出来ない死の宣告を意味するというのである。而うして我々は現実に於て神に背くものなるが故に、ただかかる死を通してのみ真に生き得るというのである。かかる意味に於ける死即生なるものがまた直ちに絶対の多即一・絶対の一即多なる神、於いてあるものと場所と直ちに一なる神の絶対の愛なることはいう迄もない。第三に、そうして最後に、絶対の死即生とは、すべて創られたるものは、罪をほかにしてもなお、絶対に動きなく形なき虚無を隔てて神と相対し、絶対の生たる神よりその生命を享けるということである（上述第一の意義に当たるもの）[42]。

このように滝沢は、「絶対の非連続の連続」に区別した三つの意義に沿って、西田哲学の根本概念「絶対の死即生」を解釈していく。それがやがて西田哲学をはみ出していくのである。そしてその膨張は言説に裂け目を穿ち、その極限であの「重大な疑問」を噴出させる。日本哲学史の記念すべき瞬間に立ち会うべく、以下、滝沢の疑問をさらに完全な引用を重ねるかたちで提示してみたい。

ここで一言すれば、右引用文中には「第二の意義に当たるもの」が（　）に入れて言及されていない。先の「非連続の連続の三つの意義」から見れば第二の意義は厳密には「かかる意味に於ける死即生なるものがまた直ちに絶対の多即一・絶対の一即多なる神、於いてあるものと場所と直ちに一なる神の絶対の愛なることはいう迄もない」の部分にあたろう。その前の「第二にそれは」から始まる部分は、むしろ右引用文最初の二行、つまり絶対の非連続の連続の第三の意義に関わるものと考えられる。実はこの「第二にそれは」から始まる部分、とくに「それ故、絶対の生即死・絶対の死即生といわれても、それは決して神そのものが死であり得るというのではない。神は何処までも生命である。生命の唯一の泉である」が重要である。これがのちの「重大な疑問」に関わるからである。しかし右引用では、第三の意義を最初に簡単に規定した流れがそのまま「第二にそれは」以後に続いたため、「第一」と「第三」を明示しながら「第二」を明示的に書けなかったのであろう。「第二にそれは」の部分が不自然に長くなっている理由だと思われる。

第七節　最初の「重大な疑問」

前節の引用文のすぐあとに続く一節を引用する。一部重複するが、お許しいただきたい。

ここに於いて私は一つの重大な疑問を禁ずることが出来ない。創造主と被造物との間の侵すべからざる秩序を表す絶対の非連続の連続は、果して「絶対の死即生」という言葉を以て適切に言い表されることが出来るであろうか。両者を隔てるものは、確かに動きなく、形なき絶対の虚無である。そうしてそれは「神の霊水の面を覆ひたりき」（『創世記』第一章二）という如く、直ちに神に接するものとして、絶対の無即有ともいいうるであろう。創られたものはすべてかかる虚無より神の創造せるものであり、かかる虚無をほかにして被造物たる人は神というものを考えることはできない。しかしそれはかかる虚無がそれ自身として直ちに呪うべき死であるということであろうか。我々が創られたものとして時間的・空間的であるということは、それ自身としてすでに呪うべき、不幸な宿命であろうか。否、それが我々にとって戦慄すべき不安の根源となり、避くべからざる絶対の死となるのは、ただ我々が罪を荷うものなるが故である。人間が創られたものでありながら神に背くものなる限り、かの形なく動きなき虚無が渦巻く暗黒となり、絶大の力となる、即ち絶対の死となるのである。しかして我々が現実に於いて常に神に背くものなるが故に、それがいつも我々にとって避くべからざる絶対の死であるのである。西田博士にとってはただかかる現実が問題なるが故に、神と我々とを隔てる深淵はただ絶対の死の面と呼ばれ、それと我々の、一般に被造物の存在の消極的条件としての虚無それ自身との区別は、厳密に言い表されるに至らないのであろう。また罪を荷わざる人間、死に脅かされざる人間を考えるということは、単に荒唐無稽なる空想にすぎないとも考えられるであろう。しかしながら、罪を荷う我々の現実の自己矛盾を絶対の死即生として真に明らかにしようとする時、我々はまた必然に右の区別を明晰に言い表さなければならないのではあるまいか。…「神光と闇とを分ちたまへり」（『創世記』第一章四）という闇は、「光は暗黒《くらき》に照る、そして暗黒はこれを悟らざりき」（『ヨハネ伝』第一章五）という暗黒とは直ちに同一ではない。一つは定形なく曠空きものといえども、なお神がその創造に際して置けるものであり、他は神に背ける人間がその中に歩む死の谿である。それはもと同一のものではあるが、しかもなお何処までも区別せられなければならない[43]。

これが滝沢の提出した最初の疑問である。創造主と被造物の間の秩序は西田の「絶対の死即生」という表現では適切に表せないというのがその趣旨である。西田哲学では「神と我々とを隔てる深淵はただ絶対の死の面と呼ばれ、それと我々の、一般に被造物の存在の消極的条件としての虚無それ自身との区別は、厳密に言い表されるに至らない」。それに対して滝沢は、『創世記』第一章四の「闇」と『ヨハネ伝』第一章五の「暗黒」とは「直ちに同一ではない」という。右引用最後の一文のように、両者を厳密に区別する必要があると主張しているのである。西田の「絶対の死即生」という概念ではそのことが十分に表せない、と。

第八節　第二の「重大な疑問」

滝沢は、西田哲学の「直観弁証法」の真義を突き詰める時、必然的にまた右の区別に至らざるを得ないのではないか、としてさらに追究している。ここでわれわれは先に挙げた（3）「弁証法的一般者」に入っていく。以下、長い引用をお許し願うが、後の説明の便のため一連の文章を原文にはない（あ）～（お）と五つに、さらに途中の（う）を①～④の四つに区分けして掲げることにする。読者は区分けを無視してまず通読していただきたい。

（あ）西田哲学の直観弁証法が真に具体的なる実在の直観的論理として世の弁証法と違うのは、それが絶対の非連続の連続の直覚に基づくからである。そして絶対の非連続の連続は先の三つの意義にそって考えられるとき、単に一元的に考えることを許されないものである。つまり、その根底の神が絶対の一即多・絶対の多即一の明確な組成 Gliederung を有った神であるという意味に於いて、また、それと被造物の間に越ゆべからざる虚無の深淵があるという意味に於いて、そして第三に「最も重大なこと」（「　」は筆者）として、創られた人間が神に背き、無の深淵が人間にとって避くべからざる死の谿であるという意味に於いて、単に一元的に考えることが許されないものだというのである。

（い）ここに於いて私は前の疑問と連関して、もう一つの重大な疑問に逢着せざるを得ない。即ちかくの如き意味に於いて弁証的なる実在の動きを、「弁証法的一般者の自己限定」として単に一元的なるものの如く言い表すことは、果して適当であるか否かということである。かくてはなお、禁断の樹の実を食うことによってひらかれた眼による物の見方が、未だそこに残っているという重大な誤解を避け難いのではあるまいか。

（う）①もし「弁証法的一般者」、即ち絶対の非連続の連続の媒介者が創造して創造せざる絶対の主体として神を意味するとするならば、そこから物が生れ、物を身体としてもつ人間が生れ、その消極的条件として単なる虚無が置かれるということは出て来るであろう。②しかしただそれだけからは、その人間がいつも神を逃れて樹陰にかくれなければならない人間であり、その虚無が彼を空しき焦燥と矜持とに追いやるところの絶対の死であるということはどうしても出て来ない。両者の間には如何にしてもアダムの転落ということがなければならぬ。罪は何処までも我々自身の責任なのである。③現実の私は創られたるものでありながら罪を荷う私として、生まれながらにして永遠の生命と永遠の死との間にある。それ故に私から見れば、絶対の生なる神と絶対の死なる虚無とは、各々常に測るべからざる力を以て私の歩みを限定する。否、私が神の光によって已の罪を認めざる限り、絶対の死は私に対して結局に於いていつも決定的な力をもつ。さらに私が私を創る永遠の生命に目をみひらく時、私はまた同時に必ず私を取囲む永遠の死の淵に目覚めなければならない。かくしてそれはいつも絶対の死の面即生の面と考えられるであろう。④しかしそれは何処までも単に一なるものとして私を私の背後より限定し、私がそれに於いて生れ、それに於いて死するものと考えられてはならない。絶対の死の面と生の面とが単に同等と考えられてはならない。絶対の死の淵はただ、人間が神に背く時、自ら招くところの神の刑罰として存在するのである。

（え）人とあらゆる物との主たる神は、また絶対の死の主たるものである。人にとって避くべからざる絶対の力たる死も神にとっては単なる虚無に均しいのである。神は十字架に釘づけられ、地獄に降りたる人の子を蘇らしめ、天に挙ぐるところの神である（『使徒信経』）。死は何処までも死であり生は何処までも生である。しかし永遠の生は永遠の死に比すべくもなく強いのである。死の淵にありてなお、その恵みによって神の知に導かれたものの強さは、いつも神そのもののかかる力の反映にすぎない。

（お）それ故に私は、この事態を絶対の死の面即生の面として、単に弁証法的一般者の自己限定の契機と考えることは許されないと思うのである。もしこれを強いて絶対の否定面即肯定面として弁証法的一般者の単なる契機と考えるならば、西田哲学のいわゆる弁証法も結局に於いて一つの誤魔化しにすぎないかの如き誤解を免れないであろう。(44)

以上、引用が長くなったが、要点をみておきたい。（あ）では西田の「絶対の非連続の連続」という概念が問題にされている。滝沢は、西田の弁証法論理には「絶対の非連続の連続」の直覚があるがこれを単に一元的に考えることが出来ないと主張し、自ら導入した「三つの意義」のそれぞれにおいてそのことを指摘している。そのうちとくに、第三の意義に触れる際、滝沢がこれを「最も重大」と言っていることに注目したい。第三の意義は人間の罪に関わるものだが、先に滝沢が三つの意義の連関を説いた際にも、「われわれの認識は第三の意義を通してのみ、第一、第二の意義におけるそれを理解する」と言っていた。だからこの第三の意義は、たしかに三番目ではあるが「最も重大なこと」なのである。「絶対の非連続の連続」の弁証法を一元的なものとして表現することは出来ないという批判は、結局、罪の認識に帰着していく。この認識が西田と共有できれば、第一・第二の意義はおのずから共有できるはずなのである。（い）の後、滝沢の批判が罪の問題に収斂していくのはそういう背景からである。

（い）では、「絶対の非連続の連続」と表現される実在を「弁証法的一般者の自己限定」といった一元的な表現では捉えられないといっている。「絶対の非連続の連続」の三つの意義にそってその一元的でない所以のものを認めるならば、その総体を「弁証法的一般者の自己限定」と一元的に表現することは出来ない、というのはごく自然な主張といえよう。したがってここでは、むしろ「絶対の非連続の連続」と「実在」との関連について触れておこう。「絶対の非連続の連続」が創造者と被造物との関係にかかわることは三つの意義の説明から容易に知られたところである。そこには前提としてこの世界が神の創造物であるという了解がある。西田、滝沢にとって、存在する物は被造物という性格をもつのである。その上で（あ）では組成をもつという創造者の性格、被造物と創造者の関係、そして、最後に罪が問題になっていた。創造者と被造物との関係といえば、確かに読者は、世界の存在、つまり実在に関する根本的な考え方が問題になっていると考えよう。しかし常識的には、人間の罪などという主観的なものが実在に関わるといえるのか疑問であるともいえよう。実在といえば客観的で具体的なもの、つまり自然や物の世界の方がふさわしいのではないか、と。しかし、滝沢の初期西田論、とくに「個性」論文でも触れたように、西田哲学においてはまったく逆なのである。真に客観的なもの・具体的なものは主観の根底にあるのであり、人間の自己認識（自覚）の深まりの方向に真の実在が見られる。したがって、罪の問題についての攻防は、単に主観的な心理の問題や単に宗教体験の把握の問題などではないのである。それは同時にまさに実在とその把握に関わる哲学上の根本問題に他ならない。そのことを念頭に滝沢が（い）で、「禁断の樹の実を食べた目による物の見方」と書いているのを読むとき、それが西田哲学の核心へのどれほど厳しい批判であるか、読者は理解するはずである。そしてその厳しさはやがて（お）で浮上する。

（う）の行文はそれ自体四つの部分に分けられる。そして①から順に叙述は肯定否定の弁証法的過程をたどる。つまり、①で西田の立場を提出して肯定し、②ではその不充分な所以を提出する。③では不充分にとどまる所以を肯定的に対自化し、最後に④でその不充分な所以を提出している。②から④へと批判は弁証法的に深められているのである。結局滝沢が言いたいのは、西田の「弁証法的一般者の自己限定」の思想には「アダムの堕罪」がないということである。その帰結として、神と被造物との間の消極的条件たる虚無と、人間の罪によって人間が直面する絶対の死との区別ができず、絶対の生の面である神がただちに絶対の死の面であるかのような誤解を与えてしまう。それに対し滝沢は、「絶対の死の面と生の面とが単に同等と考えられてはならない。絶対の死の淵はただ、人間が神に背く時、自ら招くところの神の刑罰として存在するのである」と強調するのである。

（え）滝沢が絶対の死の淵を神の刑罰として語るとき、かれは、罪を強調して救いへと導く通俗的なキリスト教の論理に頼っているのであろうか。否である。（え）の行文中「人にとって避くべからざる絶対の力たる死も神にとっては単なる虚無に均しいのである」、また「永遠の生は永遠の死に比すべくもなく強いのである」という文言がそのことを雄弁に物語る。人を信仰に誘うまでもなくすでに罪は殲滅されている。「永遠の死に比すべくもなく強い永遠の生」、人間の罪を捕えきれない西田哲学はまた、こうした神の賛歌も知らないというべきだという。

こうしてわれわれは最後の（お）を難なく理解するであろう。弁証法的一般者の自己限定とは神の創造と読みかえられる。そこには様々な契機が含まれている。われわれが取り上げなかった「絶対の無即有」というのもそれである。「絶対の死即生」もそうである。滝沢は「絶対の死即生」の批判をとおして、弁証法的一般者の自己限定という思想を、つまり西田哲学の立場そのものの批判に進んでいる。一言で言えば、西田哲学は罪の問題をそのあるがままに捉えていない。西田が実在を弁証法的一般者の自己限定という一元的な仕方で捉えて満足しうるかぎり、人間的自己の深い自己矛盾をいくら強調しても、そう言わざるを得ないというのである。

西田哲学は罪の問題を知らない。そうと知らずにその哲学が実在を捕えたと称するなら、それは一つの形而上学に過ぎない。「誤魔化し」というのはそういうことである。しかし、この「誤魔化し」ということばには深い根がある。深い根をもってこの言葉は使われているのである。

じつは『西田哲学の根本問題』で滝沢は「誤魔化し」ということばを次のように使っている。[45]「西田博士はすべての哲学、否すべての人間が知らず識らず犯しているこの誤魔化しをわざわざ誇ってみせるのではない」と。滝沢は高橋里美の弁証法理解を念頭にしているのだが、ここでは高橋と西田の思惟の性格ではなく「誤魔化し」ということばの使い方、とくにそれを形容することばに着目したい。滝沢は「すべての哲学、否すべての人間が知らず識らず犯している」と形容している。「すべての哲学」という言い方は同書第三部での滝沢の考え方、つまり、哲学の立場には根本的には二つしかないという考え方（後述）を参照すれば、それが単なる大言壮語でないことがわかる。「すべての人間が知らず識らず犯している」というのは、この「誤魔化し」が人間の罪によるものであることを告げていよう。同書全体で滝沢は、高橋里美や田辺元の哲学的立場と西田のそれを根本的に区別して西田に加勢しているのであるが、その西田に放った「誤魔化し」という批判は、実在把握の根底から、かくも深い射程を持ったことばなのである。つまり、罪を捉え得ない哲学はそれ自体罪の産物（誤魔化し）だというのである。誤魔化そうとして誤魔化す誤魔化しなど高が知れている。もっと怖いのは誤魔化しなく見ようとして見ることができないということなのである。西田が自己の深い自己矛盾を語るなら、こうした深刻な現実を解明しうるのでなければならないはずであろう。これが滝沢の「重大な疑問」なのであった。

第九節　意図の忖度と解決提示

「西田哲学の弁証法も一つの誤魔化しにすぎないいかの誤解を免れないであろう」と書きつけた滝沢は、しかし、西田哲学の意図を忖度することもできた。滝沢は次のように言う。

西田博士がそれにも拘らずこれを弁証法的一般者の自己限定の契機として言い表されるのは、博士が、右の如き意味に於いて絶対の義、絶対の力、永遠の生命なる神を説くことが、外に超越的なるものを考え、再び古き形而上学に陥ることをひたすら恐れられるからであろう。私も

その危険を知らないのではない。〔一行目の「これ」は絶対の死即生をさす…筆者注〕(46)

西田の恐れは十分わかる。しかしそれでも、と滝沢は続ける。

しかし西田博士が屡々蘇生を期待して蘇るのではなくして絶対の死から蘇るのであるといい、単なる矛盾にすぎない偽りの絶対の否定即肯定を斥け、誤った二元論を排撃される真の意図（「世界の自己同一と連続」参照）に何処までも従うならば、私は如何にしても上述の如く考えなければならないのではないかと思う。西田博士がかつてノエシスがノエマを包むといわれた真の意味もここになければならない。

そして西田の真の意図に従う自分の策の方が西田哲学より優れたものではないか、と反問する。

かかる意味に於いて絶対の生なる神を認めるということは、決して外に超越的なる絶対者を置くことではなく、また絶対の光と絶対の暗黒との誤った二元論に陥ることでもない。絶対の非連続の連続の三つの意義の明確なる区別と連関とは恐らくかくの如き誤解の危険を防ぐに足るであろう。少なくも単に弁証法的一般者の契機として絶対の死の面即生の面を説き、西田哲学が恰も絶対の生たる神と暗黒の死の淵とを、従ってまた神と神がその創造に際して置く単なる虚無とを、従って更に、単に無なる淵と絶対の死の谿とを混同するかの如き誤解を招くに比すれば、幾分か勝るものというべきではあるまいか。(47)……

懇切な言である。そしてわれわれは、このような懇切な文言こそ西田本人にはもっとも強い衝撃を与えたのではないかと推測する。滝沢は「再び古い形而上学に陥ることをひたすら恐れる」西田の表現の意図をじゅうぶん忖度できたし、その上で「重大な疑問」を発し、批判を展開した。しかし、それだけではなく、あの「非連続の連続の三つの意義の区別と連関」は西田哲学への「誤解の危険を防ぐ」べく、周到に配置され、叙述されていたのである。そのことを右の引用は伝えている。つまり、滝沢は疑問を投げるだけでなく、疑問を解消する道、ありていに言えば西田哲学の「不徹底」を克服する道をすでに提案しているのである。

『西田哲学の根本問題』は西田論であると同時に西田の不徹底（根本的問題性）を克服する滝沢自身の自己主張でもあったのではないか。「幾分か勝る」との最後のことばが衝撃的である。この控えめなことばが同書の極めて野心的な作品であることを告げていることをわれわれは聴きとらなければならないのではないだろうか。滝沢はここで西田を超えようとしたのである。(48)後に『西田哲学の根本問題』が物された背景を滝沢の証言で振り返るが、そのとき、同書における滝沢のそうした意図をはっきりと知ることになるであろう。

こうして、西田哲学の内側から、完璧な体裁をもつ委曲を尽した批判が、西田の前に現れた。西田みずから「始めての一知己」と呼んだ、その当の滝沢から飛び出した、これはあまりに直截にし違った対応を西田はみせた。

少なくとも田辺からの批判に対するのとは全く違った対応を西田はみせた。第一部での書簡の検討によってわれわれはそのことを知っている。

第十節 『西田哲学の根本問題』 六以下

さて、滝沢は「五」で西田批判を書きつけたあと、「六」以下で西田哲学の根本的諸概念を体系的に叙述していく。「絶対の非連続の連続の三つの意義の区別と連関」の提案から西田哲学の一連の諸概念の記述に戻っているのである。それは西田哲学の体系的把握であった。そこには自然から人間、文化から歴史の問題まで、弁証法的な上向の道がたどられている。文字通り西田哲学の世界観の叙述である。そして、そのような叙述のあと、第一部の最終章「十」が結論に当てられている。非連続の連続の弁証法的世界は「絶対の非連続の連続即ち相対的非連続の連続ならびに周辺的非連続の連続」として言い表され、ひるがえって最後に人間存在の根本的自己矛盾が「われわれがアダムの子であるという一事にある」と語られる。

第二部は西田哲学の発展、第三部は西田哲学の性格を論じている。これについてはすでに本書で触れたことで尽きている。つまり、西田批判は出ていない。われわれとしては必要に応じて参照するにとどめる。

このように『西田哲学の根本問題』を読むものは同書の比較的始めの部分で西田哲学への批判に接するが、その後は表立った批判を見ない。それどころか、第三部に到ると西田哲学へのオマージュに立ち会うことになる。したがってややもすれば同書での批判の重大性が薄れるかもしれない。

多少の批判はあっても結局滝沢は西田哲学に追随しているのだ、と。しかし、さすがに西田本人は滝沢の批判を受け止めた。自身へのオマージュを超えて滝沢の疑問の重大性に反応した。それがあの手紙（書簡〔6〕）の後半の文面、つまり根本問題における自分の不徹底を承認する文言になったのである。

第十一節　批判の要約と書簡との対応

ここでいったん書簡に戻ろう。

西田は滝沢の処女論文を読んで「始めて一知己を得た」と喜びの手紙を送った。しかし、滝沢は三年間の留学後に出版した著書で西田哲学に「重大な疑問」を投げつけた。われわれはすでに、西田がこの批判に対し「根本問題における不徹底」があることを認めたことを知っている（書簡〔6〕）。他方、その後西田は書簡で再三「宗教の問題」に取り組むことを約束していた。しかし、書簡を読むかぎりこの二つ、つまり「不徹底の承認の問題」と「宗教の問題に取り組む約束」とを直ちに結びつけることはできなかった。なんらかの予断をもってエイヤッと飛ばないかぎり、両者は相近くにありながらいつまでも繋がらなかった。

しかし、書簡を離れて滝沢のテキストに内在し、滝沢の批判を子細に検討した今となっては、この問題に答えを与えることが出来るように思われる。やはり右二つの問題は繋がっていたと言わざるを得ない。つまり「根本問題における不徹底」とは取りも直さず「宗教の問題」（での不徹底）だった、と。本節ではこの観点からいま一度滝沢の批判を検討してみよう。

滝沢の第一の疑問は「絶対の死即生」という西田の概念についてであった。「創造主と被造物との間の侵すべからざる秩序を表す絶対の非連続の連続は、果して「絶対の死即生」という言葉を以て適切に言い表されることが出来るであろうか」というのである。ここで滝沢に不満なのは、西田においては「神と我々とを隔てる深淵はただ絶対の死の面と呼ばれ、それと我々の、一般に被造物の存在の消極的条件としての虚無それ自身との区別は、厳密に言い表されるに至らない」という点である。この不満は聖書のことばを引いて次のようにも表現されていた。

「神光と闇とを分ちたまへり」（『創世記』第一章四）という闇は、「光は暗黒に照る、そして暗黒はこれを悟らざりき」（『ヨハネ伝』第一章五）という暗黒とは直ちに同一ではない。一つは定形なく曠空きものといえども、なお神がその創造に際して置けるものであり、他は神に背ける人間がその中に歩む死の谿である。それはもと同一のものではあるが、しかもなお何処までも区別せられなければならない。

ここでは用語が変わっている。聖書創世記の訳語に従って「絶対の死の面」が「暗黒」に、「虚無（それ自身）」が「闇」になっている。しかし、語られていることは同じである。つまり、神と人との間の動的な関係と構造である。創世記に拠れば、神が光と分かった闇は被造物の消極的条件だという。それは人間の有限性を告げるものという意味で消極的ではあるが、それ自体呪うべきものではない。人間は時間的・空間的に有限であるからこそ人間的に生きられる。そして光はなお暗黒に照るのである。真に呪うべきは「光を悟らざりき暗黒」なのだという。滝沢はこの暗黒と、消極的ではあれ被造物の存在条件である闇とを区別しろという。西田の「絶対の死即生」という表現ではこの秩序、区別がとらえられない、というのが第一の疑問なのである。

滝沢は西田哲学の「直観弁証法」の真義を突き詰めることで第二の問題、「もう一つの重大な疑問」の提出にいたる。第一の疑問では背景にあった「罪の問題」、動性の問題（戦後の滝沢が「神と人との構造・動力学」と言った動力学）が第二の疑問に到って前面に出てくる。

繰り返しをいとわず復唱しておけば、西田の直観弁証法が真に具体的なる実在の直観的論理として世の弁証法と違うのは、それが絶対の非連続の連続の直覚に基づくからである。そして絶対の非連続の連続が先の三つの意義にそって考えられるとき、実在は単に一元的に考えることを許されないものとなる。つまり、その根底の神が明確な組成 Gliederung を有った神であるという意味に於いて、また、それと被造物の間に超ゆべからざる虚無の深淵があるという意味に於いて、そして第三に「最も重大なこと」として、創られた人間が神に背き、無の深淵が人間にとって避くべからざる死の谷であるという意味に於いて単に一元的に考えることが許されないものだ、というのである。そして「かくの如き意味に於いて弁証法的なる実在の動きを、「弁証法的一般者の自己限定」として単に一元的なるものの如く言い表すことは、果して適当であるか否か」と「もう一つの重大な疑問に逢着」したのである。

滝沢はここで何が言いたいのか。滝沢は「絶対の非連続の連続」の三つの意義の区別と連関を立てれば「弁証法的なる実在の動きを「弁証法的一般者の自己限定」」として一元的に表すことはできなくなると言っているが、それは、三つの意義の区別と連関の把握じたいがそのうちの「最も重大なこと」、つまり第三番目から始まらなければならなかったからである。何故なら認識の順序としてそれが第一のものだったからである。罪の痛切な自覚抜きに神と人との逆にすべからざる秩序（絶対の非連続の連続の第一の意義）も **Gliederung** をもった神（第二の意義）も把握しようがない。「二元性」への批判が「罪」の問題に収斂していく理由である。結局、滝沢が言いたいことは、人間存在の「消極的条件としての単なる虚無」としての創世記の「闇」と西田の「絶対の死」としての創世記の「暗黒」と、この「両者の間には如何にしてもアダムの転落ということがなければならぬ」という言葉に集約されるだろう。「罪は何処までも我々自身の責任なのである」。こうした機微を含む実在の動きを弁証法的一般者の自己限定と一元的にとらえることはできない。西田哲学が直観弁証法として真の実在の論理を僭称するならば、いくら弁証法的と言っても一元的にはつかみえないものとして人間の罪の現実を認めなければならない。そうでなければ西田哲学も一つの誤魔化し、現実を誤魔化すものとなる他ないであろうというのである。まさに西田哲学の誇る弁証法の論理が「罪」の問題によって試されている。こうして読者は、西田が認めた「不徹底」が人間の罪という「宗教の問題」に深くかかわることを確認することが出来るのである。滝沢の提案がその不徹底を払しょくするべく出されたことは既に述べた。

ところで、滝沢は第一部の「十」で記号を使って自身の主張を要約している。注48で引用した部分を含むが、煩をいとわずまた引いておく。

西田哲学の根本的諸概念を明らかにするには、何よりも先ず、…非連続の連続の三つの意義を明らかにしなければならぬ。即ち神（M）はこの世界（Mx）と絶対の虚無（Mo）を隔てて相対し、相接する。かくしてMxに於てある人間が神に背けるものなるを以て、Moは単にMとMxとを隔てる非可逆的な秩序であるのみならず、現実に於ては常に人間にとって絶大な力であり、この世界の絶対の死を意味するもの（-Mo）である。この場合我々は特にMoと-Moとを混同しない様に注意しなければならない。この区別を怠る時、それはまた必然にMとMoおよび-Moとの混同に導き、絶対の非連続の連続の意義は失われざるを得ないであろう。(49)…

ここでの記号を用いて言えば、滝沢が西田に主張したのは「Moと-Moとを混同するな」ということに尽きる。その混同はそれ自体罪の産物なのである。

第十二節　結び…本章のまとめ

滝沢の『西田哲学の根本問題』は留学後の著作であり、バルト神学との接触後の作品であった。そのことは同書の性格を決定づけていた。つまり同書はキリスト教のタームによる西田論なのである。その意味では日本で最初の西田論ともいわれる。にもかかわらず西田は同書での滝沢の理解に力づけられた。それは何よりまず「絶対の非連続の連続」の概念において「西田哲学の根本問題」を滝沢が正しく理解したからにほかならない。その問題を滝沢は「神と人との関係の問題」と言表した。西田が仏教の表現を多用するのに対し、この時点での滝沢がもっぱらキリスト教的表現を採っているといった表現の差異をこえて、そこには共鳴するものが確かにあったのである。

しかし、共有されたまさにその根本問題にふたりの齟齬が発覚する。それを「不徹底」と批難したのはなんと若い滝沢だったのである。問題を共有する「同志」（西田は滝沢を「ほんとうの研究者」（書簡〔62〕）と呼んだ）から飛び出した批判に西田も書簡で「根本問題において不徹底があるかも知れないが」と応じざるを得なかった。そしてその「不徹底」は右でみたように「絶対の生即死」の問題に関わり、つまるところ罪と救いの問題に関わっていた。端的にいえば宗教の問題なのである。しかも、それは西田哲学の根本問題の只中で、その表現（弁証法の論理）そのもの、したがって実在把握の根幹に関わる問題であることが指摘されたのである。さすがの西田も滝沢の批判に気軽に応えることができなかったと思われる。こうして『西田哲学の根本問題』に接した三六（昭十一）年以後、「宗教の問題を突き込んで考える」ことが西田の喫緊の要事になった。後に詳しく検討するが、秋月龍珉がいうように、滝沢の批判への西田の応答が九年後、最晩年の宗教論「場所的論理と宗教的世界観」であったとすると、その間も続いた二人の交流の根底にはそれまでにない緊張感が流れていたことになる。しかし、急ぐまい。

さて、読者はここまで読まれていかがお感じになるであろうか。西田と滝沢の交流はたしかに師弟愛というに相応しいものだったが、手放しでそういえるのは最初の三年間だけであり、その後のほとんどの期間、思想的交流の核心は滝沢の西田批判をめぐって展開しており、ありていに言ってしまえばふたりの交流をリードしたのはなんと若い滝沢のほうだったのである。いや、そう考えざるを得ないというのが、われわれの見た所なのである。読者は驚かれたはずである。筆者も長い間自分の思いを信じることができなかったことはすでに述べた。しかしいくら考証を重ねてみても右の結論は覆せず、それへの確信は深まりこそすれ失せることはなかった。

そうだとすると、西田の応答が気になる。西田は滝沢の疑問に答えたのであろうか、答えたとしたらどう答えたのであろうか、そしてそれを滝沢はどう受け止めたのだろう。

第四章　西田は批判にどう応答したか…第三期「場所的論理と宗教的世界観」論文

第一節　西田の宗教論へ

前章の考察によって、滝沢の西田批判は「宗教の問題」に関わることが確認できた。書簡で西田自身が認めていた思索の「不徹底」と「宗教論の予告・約束」には、強い相関関係があったのである。第二部冒頭で紹介した秋月龍珉の証言は、右の確認をもって補強されたといえよう。秋月は「西田の宗教論は滝沢の批判への応答である」と証言していた。その証言の迫真性が増したのである。しかし、それは決定的な証拠とはなりえない。あくまで可能性が高まったというに止まる。半事実というに止まる。西田の宗教論を含む諸著作、書簡類、日記等に「滝沢の批判に答えた」などという明示的な記述がない以上、また滝沢の批判から宗教論の発表まで九年の歳月が挟まることもあって、「西田の宗教論は滝沢の批判への応答である」という確証を得るには、つまりそれを事実と認定するには、当の宗教論を検討する以外手がない状況である。

そこで西田の応答の次第が問題になる。まず、西田晩年の宗教論が「場所的論理と宗教的世界観」であることは周知のことであり、これは前提にしていいであろう。滝沢宛て書簡には出て来なかったが、後述するように西田はその最晩年、多くの人に「宗教論」を予告し、またその執筆中もその旨を伝える書簡を出しているからである。ここでは西田の宗教論が右論文であることを前提にして、まずは宗教論の本文に向かいいたい。

第二節　タイトルと論文の構成

西田の宗教論はまずそのタイトルが注目される。西田が「宗教論」と呼んだ論文のタイトルは「場所的論理と宗教的世界観」、つまり、じつは「論理」と「世界観」を強調しているのである。「宗教」という言葉は「世界観」を修飾するために出てくるにすぎない。あえて「すぎない」と言ったが、タイトルが「場所的論理と宗教」とでもなっていれば、いかにも「宗教論」の趣きがある。しかし、そうなっていない。そこにこそ西田の「宗教論」の特徴があるように思う。つまり、西田のこの論文はかれ自身の「世界観」を独自の「論理」で展開することが眼目で、西田はあくまでそうした自分の立場から宗教を論じているのである。したがって、同論文理解の鍵は「場所的論理」「宗教的世界観」「宗教」の関係を明らかにするところに潜む。

筆者は、五章からなるこの論文が次のようなテーマで進行すると考える。

一　場所的論理による宗教（心）の世界観的探求…物質界、生命界、人間界
二　人間的自己、絶対者、世界と場所的論理
三　宗教的信の生成と場所的論理
四　宗教的問題、宗教的関係と場所的論理
五　宗教的立場と歴史的世界

なお、論文の部立ては右のように単に一、二、…五となっているが、以下「一」、「二」、…「五」と表記する。

右テーマを「宗教論」という観点でさらに整理してみよう。すると、「一」、「二」が宗教の基礎をめぐる世界観的哲学的考察、「三」以下が宗教固有の諸問題の考察であるといえよう。さらに後者のうち、「三」「四」は宗教の内的諸問題の考察、「五」は外的諸問題の考察であると区別できるかもしれない。この整理にしたがって更にまとめると次のようになろう。

「一」、「二」　宗教を説明するための場所的論理的世界観
（宗教が発生するこの世界はどういうものであるのかの探求）

「三」、「四」　場所的論理による宗教の内的諸問題
（宗教的信の生成、宗教的な問題や関係とは何かの探求）

「五」　場所的論理による宗教の外的諸問題
（宗教の立場と日常性や個人の自由・歴史文化国家との関係の探求）

論文「場所的論理と宗教的世界観」はこうして、場所的論理による宗教論であるといえよう。しかし同時に、場所的論理による世界観つまり宗教的世界観とそれを把握する場所的論理そのもの、つまり西田の哲学の自己称揚であるとも言える。以下、右最後の三区分を念頭に本文を辿ってみるが、その前に秋月の西田論に触れておきたい。

第三節　「逆対応」の語

秋月は西田の宗教論においてとくに「逆対応の論理」を名指し、これが滝沢への応答であると証言していた。たしかに西田は「逆対応」の語を論文中に多用している。全五章のうち「一」では一

回だが、「二」五回、「三」十回、「四」七回、「五」五回使っている。全部で二八回である。「三」、「四」が突出しているが、「一」を除きどの章でもよく使われているといっていいであろう。「三」、「四」にとくに多いのは「逆対応」の概念が宗教の内的問題にかかわることを予想させ、それでも殆んどの部にも出てくることは宗教論のキータームたる所以を物語ろう。この語が滝沢への応答だとしたら、その意味は大きい。したがって後に「逆対応」の語はすべて抜き出して検討してみたい。ただ他方で、最初から「逆対応」だけに焦点を当てるのは避けたい。この語にとらわれて宗教論全体の主張を見失うことのないようにしたい。

というのも、秋月の解釈に反して、宗教論の焦点は「逆対応」の概念だけにあるのではないと筆者が判断しているからである。その辺を子細に語るのは本書第三部に委ねるが、とにかくここでは西田の宗教論に内在したい。滝沢の批判との関連の探求も同じく本書第三部に委ねることにする。以下あくまで西田自身のテキストの流れを視野に入れ宗教論の基本的な主張を把握することに努めたい。繰り返すが、この第二部では秋月に従うのではなく宗教論に内在すること、一旦筆者自身の読みを提示することが眼目となる。

第四節　「一」を読む

読むための準備

西田の行文を追思考する形で紹介してみたい。文中、「　」部以外でも西田の文章をそのまま引いている場合があることをあらかじめお断りしておく。なるべく解説的記述を挟まないようにつとめた。とにかく西田が何を言っているのか、筆者なりにその把握につとめた。ただし、行論が単なる冗長な要約にならないよう、原文にない小見出しをつけてみた。主に西田が何を語っているかに焦点を当ててつけたものである。本書第三部で振り返る時に役立てたい。それでも追思考が長大になるため、本文と区別するため文章上部に線を付した。なお、頁番号は岩波の新版全集第10巻に拠り、後の用のために「逆対応」の語を含む部分には傍線を付し通し番号①〜⑲を付した。また「平常底」という言葉を【　】で括っておく。繰り返しになるが、西田が当該論文を含めどこにも「宗教論」が滝沢への応答だと書いていないことに加えて、「宗教論」そのものも、秋月の証言に反して、それが滝沢への応答であると一読判明するようなものではない。むしろそのことを読者と共有するために以下の叙述を試みる。いかにも迂遠な方法であるが、本書第三部での考察の前提としてご了解いただきたい。

宗教とは何か

「宗教は心霊上の事実であ」（二九五頁、以下数字のみで頁を指示する）り、哲学はこの事実を「説明すべき」（同）である。そのためにはある程度「宗教心を理解していなければならない」（同）。自分は宗教を論ずる資格のあるものではないが、宗教が「非科学的・非論理的」と言うならそれに従えない。

宗教を論ずる前に宗教とはいかなるものかを明らかにすべきである。神が宗教の根本概念である。

しかし、「神は我々の自己に心霊上の事実として現れる」（二九六）のであって、単に知的に考えられるものでない。カントは宗教を道徳の補助機関としてとらえるのみで、「宗教的意識そのものの独自性」（二九七）はかれに見出せない。「宗教を論ずるものは、少なくとも自己の心霊上の事実として宗教的意識を有つものでなければならない。然らざれば、自分は宗教を論じているつもりでいても、実は他のものを論じているのかも知れない」（同）。

では、宗教的意識（宗教心）とは何か。この問題に入る前に、「対象論理の立場からは宗教的事実を論ずることはできないのみならず、宗教的問題すらも出て来ない」（二九七）。

矛盾的自己同一の世界

我々の自己は働くものである。働くということは物と物との相互関係において考えられる。働くというには一が他を、他が一を否定する、相互否定関係であり、しかも相互否定が即相互肯定ということでなければならない。「二者共にどこまでも独自性を有し、相互に相対立し、相互に相否定することが、相互に相結合し、一つの形を作ることであり」（同）、またその逆でもある。「すなわち物が各自に独自的となる、物が物自身となると云ふことでなければならない」（同）。こういう方式で我々は物質的世界を考えている。そこにも既に矛盾的自己同一の論理がある。しかし、この限りでは真に働くものは考えられない。真に働くものは「自己によって他を動かすもの、自己から働くものでなければならない」（二九七～八）。真に働くものはない。すべて相対的で、力は量的である。真に働くものが考えられるには「秩序と云ふもの」（二九八）「少なくも順序と云ふもの」(同)、「非可逆的な「時」と云ふものがなければならない」(同)。物質的世界では時は可逆的である。「生命の世界に至っては、時は非可逆的である。生命は一度的である。死者は蘇らない。故に世界は、多と一との矛盾的自己同一的に、形作られたものから形作るものへである。かかる意味に於て、無限の過程である。働くものとは形作るものである。かかる世界が目的的と考へられるのである」(同)。「私は私の「生命」論に於て、生命の世界と云ふのは、物質の世界と異なり、自己自身の中に自己表現を含み、自己に於て自己を映すことことによって、内と外との整合的に、作られたものから作るものへと動き行く世界と云った。即ち自己自身によって有り、自己自身によって動く世界である。自己自身の中に自己否定を含み、自己に於て自己を映すことによって、否定の否定、すなわち自己肯定的に、無限に自己自身を形成する。此の如き方向が時の方向である。矛盾的自己同一的世界は、自己の中に自己焦点を含み、動的焦点を中軸として、無限に自己自身を限定してゆくのである」(同)。我々の自己も身体的に、生物的である。その働きは生物的に目的的である。「併し我々の自己は、絶対矛盾的自己同一的なる歴史的世界の唯一なる個として、単に目的的に働くと云ふのではなく、目的を知って働くものである、自覚的であるのである。自己自身の内から、真に働くものであるのである」(二九八〜九)。「生物的世界は云ふまでもなく、物質的世界と云へども、歴史的世界に於てであるのである。併し生物的世界は既に矛盾的自己同一的と云つても、尚、空間的世界に、物質的世界に即したものである」(二八九)。

意識的自覚的自己

絶対矛盾的自己同一として、真にそれ自身によって有り、それ自身によって動く世界は、自己否定的、自己表現的に、同時存在的に、空間的なると共に、否定の否定として自己肯定的に、限定せられたものから限定するものへと、限りなく動的に時間的である。時と空間の矛盾的自己同一的に、作られたものから作るものへと、無基底的に、どこまでも自己自身を形成し行く「創造的世界」（二九九）である。このような世界を、私は「絶対現在の自己限定の世界」（同）と云う。「かかる世界に於てのみ、我々は真に自己自身によって動くもの、自覚的なるものを考へ得る」（同）。かかる世界で物と物とが相働くというのは、世界と世界の対立的関係でなければならない。働くものは何れも一つの世界として他の一つの世界に対するのである。私がいつも個が個に対するというのはこのことである。「我々の自己が意識的に働くというのは、我々の自己が世界の一表現点として、世界を自己に表現することによって世界を形成することである」（二九九）。世界を自己に於いて表現するということは、世界が自己に於いて主観化され記号化され、記号的に把握されるということである。そしてこう言うことは「世界が我々の自己に於いて自己自身を表現することであり、我々の自己を自己形成点として、自己否定的に自己を時間面化することである（「生命」論、参照）。かかる一つの時間面的空間的世界として、矛盾的自己同一的に自己自身を形成する。それが我々の意識作用である。而して時間面的空間即ち意識的空間が、矛盾的自己同一的に、自己の中に自己を映す、かかる自己焦点が我々の自己と考えられるものである。かかる動的焦点を中心として、我々の意識界は秩序付けられたものである」（二九九～三〇〇）。世界は絶対矛盾的自己同一的に、絶対現在の自己限定として、自己の中に焦点を有ち、動的焦点を中心として自己自身を形成して行く。世界はそこに自己自身の秩序を有つ。我々の自己は、かかる世界の個物的多として、その一々が世界の一焦点として、自己に世界を表現すると共に世界の自己形成的焦点の方向に於て自己の方向を有つ。ここに世界の道徳的秩序がある。これは、自己を対象論理的に必然的と考へることではない。自己が永遠の過去未来を含む絶対現在の一中心となるということである。私が、我々の自己を、絶対現在の瞬間的自己限定と云ふ所以である。故に我々の自己は自己矛盾的存在である。世界を自己に映すと共に、絶対の他に於て自己を有つのである。死すべく生れ、生るべく死するのである。時の瞬間は永遠に消え行くものなると共に、永遠に生れるもの、即ち瞬間は永遠である。而して絶対現在の世界は、周辺なき無限大の球として、到る所が中心となるのである。かかる世界は、必然の自由、自由の必然の世界である。我々の自己に対する当為と云ふことは、かかる世界に於てのみ云い得る。

場所的有としての自己——カントを超えて

カントや新カント派を越えて考えなければならない。自己が考えられないというのは自己が自己の対象とならないということであろう。しかしそれだけでは自己は明らかでない。対象とならないものが対象となる所に、自己が考えられるのである。それを高次的といっても、自己はその先端に考えられるものではない。「そこから絶対に翻らなければならない」（三〇二）。したがって自己は否定即肯定として矛盾的自己同一的に把握される。一体、物があるとはいかなる義か。アリストテレスは主語となって述語とならない個物を真実在とした。ライプニッツ的には主語に無限の述語を含むということであろう。しかし、我々の自己は「自己自身について述語するもの」(同)「自己自身を表現するもの即ち自覚するもの」(同)でなければならない。「自覚するものとは、絶対の他に対するものでなければならない。絶対に相反するものの相互限定が表現的と考えられるのである」(同)。人は物を考える時、対象的思惟を基と考えるが、実は相反するものの相互表現という立場から考えるのである。判断というのはこのような判断するものとされるものとの矛盾的自己同一的関係に於て成立するのである。甲が乙を表現する、乙を主語として述語する、乙を対象としてこれについて判断する。しかしここにいつもその逆が含まれていなければならない。しかし、自己に対するものを単に空間的対立的に考える時、尚自己も物である、両者の関係は物と物の関係、単なる働きである。人は知るということも、単に一つの働きと考える。カントも例外ではない。しかし、その立場では知るということ、意識作用というものは考えられない。相互否定的なものの結合として働きを考えるが、「かかる結合には矛盾的自己同一的なる媒介者と云うものがなければならない」(三〇三)。この媒介者の立場からは、相互対立的に相働くものは媒介者の自己限定の両端であり、両者の相互限定によって一つの結果が生ずるということは矛盾的自己同一的なる媒介者の自己変形とも考えられる。矛盾的自己同一的に、媒介者の自己限定の中心というべきものが、多が一に、一が多に、変ずるものが変ぜられるものとして、私の所謂場所的有と考えられる。ここで自己が自己に対立するのである。自己が自己に否定的に一である。ゆえにそれは自己を表現するものである。我々はそこまで意識していないとしても、このような自己自身を表現するものの立場、自覚的立場から、表現するものとされるもの、また私と汝のような表現する者同士の関係を考えているのである。かかる立場がシネ・クワ・ノンであり、何時もこのような矛盾的自己同一的一者が要請せられている。場所の、自己に於て自己を限定する、無限なる自己限定の方向が、対象的方向と考えられるものであり、対象論理は、この方向に実在すなわち働くものを見る。判断論理の立場に於ては、それが主語的方向である。アリストテレスは、この方向の極限に実在を考えた。しかし対象的に限定されるものは、媒介的一般者の自己限定として、主語的に限定されるものは、述語的一般者の自己限定として、考えられるのである。「判断論理の立場からは、すべてが主語的一者の属性と考えられ、対象論理の立場からは、すべてが対象的一者の働きと考へられるかも知らぬが、それ等は場所の自己限定として、その逆の立場からと考へることができる」（二〇四）。主語的有に対して、述語的有というものを考へることができる。プラトンの有とはむしろこの方向に属するものであらう。対象的有に対して場所的有即ち自覚的有と云ふものを考へることができる。「すべてのものを、場所的有の自己限定として見ることができる」（同）。我々の自己の存在というのは、かゝる立場に於ての有である。「述語的場所の矛盾的自己同一的中心として、我々は我々の自己と云ふものを考へるのである」（同）。反省とは、場所が自己の中に自己を映すことに他ならない。我々の意識作用と云ふのは、皆こういう立場から考えられるのである。こういう作用として、我々の意識作用は、その根底に於て、自覚的であり、当為的であるのである。

歴史的世界と個物——カントの哲学の把握

世界は自己の中に自己表現を含み、自己表現的に自己自身を形成して行く。かかる立場に於て生命の世界が成立する。時と空間との矛盾的自己同一的に、作られたものから作るものへである。併し生物的生命の世界は尚空間的、質料的である。自己自身によって動く、真の具体的実在界、即ち歴史的世界に於ては、時が何処までも空間を否定すると共に、空間が何処までも時を否定する。空間と時間との、一と多との、否、有と無との絶対矛盾的自己同一として、何処までも作られたものから作るものへと、無基底に創造的である。真に自己自身を表現することによって、即ち自己自身を否定することによって、自己肯定的に自己自身を形成して行く。その自己形成の方向に於て、何処までも時間的に、事実的である。之に反しその自己否定的に、自己表現の方向に於て、何処までも空間的に、自己自身を形成する形として、イデア的である。後者の方向に於ては、更に抽象的に法則的である。法則とは多と一との矛盾的自己同一的に自己自身を限定する抽象的形に他ならない。世界はイデア否定的に事実的、事実否定的にイデア的である。形相から質料へ、質料から形相へ、形相と質料との矛盾的自己同一的である。かかる世界に於て相働くものと云ふのは、何れも自己自身の中に世界の一焦点を含み、自己表現的に自己自身を限定する一つの世界として相対立し、相互否定的に一つの全体的世界を形成し行くのである。換言すれば、何れも世界の一角として、相対し相限定することによって、一つの世界を形成し行くのである。それ自身によって有りそれ自身によって動く、具体的世界即ち歴史的世界は、自己自身の中に世界的自己焦点を含み、か丶る動的焦点を中軸として自己自身を形成し行く。か丶る中軸線に於て、即ち歴史的世界時に於て、世界の一焦点を含み、自己自身を限定する個物は、相対し相限定するのである、即ち相働くと云ふことができるのである。故に一小宇宙として我々の自己の働きは、何処までも世界時的に一度的に事実的と考へられると共に、世界の自己否定的に、即ち自己表現的に、イデア的である、更に抽象的に価値的である。逆に世界の自己表現的にイデア的なるもの、更に価値的なるものは、否定の否定として即ち肯定的に、実現的である、自己形成的である、少くも当為的である。当為的ならざる価値と云ふものはない。かかる世界に於ての働きは、何処までも、何等かの意味に於て、理念的なると共に事実的、事実的なると共に理念的であるのである。我々の意識的自己の自覚的世界と云ふのは、自己の中に世界の一焦点を含み、自己自身を限定する一つの世界として、歴史的世界の一つの自己表現面と云ふことができる。自己の中に何処までも対象的自己限定を含み、無限に表現的に自己自身を限定する時間面的存在である、媒介面的存在である。判断作用的立場から云へば、何処までも自己の中に主語的自己限定を含む述語面的有である。アリストテレスの何処までも主語となって述語とならない主語的有に対して、何処までも述語となって主語とならない述語的有と云ふことができる。カントが、すべて私の表象に伴ふと云った「私が考へる」といふ自己は、此の如き存在であらう。嘗て「デカルト哲学について」に於て云った様に、カント哲学はかゝる立場から把握できると思ふ。

歴史的生命――カント哲学の包容

作用と云ふことは、単に相対立する物と物との相互限定と考へられ、物質現象の場合であっても、精神現象の場合であっても、無差別的に一様に考へられて居るのであるが、物が働くと云ふには、いつも個物と全体との関係が考へられねばならない（ロッチェの形而上学は能く之を明にして居る）。如何なる世界に於て、如何なる場所に於てと云ふことが考へられねばならない。我々の意識作用と云ふのは、右に云った如く、我々の自己が世界の一表現点として、自己の中に世界の一自己表現点を含み、一つの世界の自己表現として、何処までも自己表現的に自己自身を形成する個物的自己限定の過程たるに他ならない。すべて生命は世界が自己自身の内に自己表現を含み、自己自身を形成することから始まる。それは先づ空間面的に生物的であり、本能的である、即ち自己否定面に於て自己を有つ。併しそれは又何処までも時間面的に、自己肯定的に、即ち絶対矛盾的自己同一的に、具体的となるに従って、歴史的生命となる。是に於て、否定面と肯定面とが対立する。前者が物質界と考へられ、後者が意識界と考へられる。判断論理的に云へば、前者が主語面と考へられ、後者が述語面と考へられる。対象論理的に云へば、前者は対象界と考へられ、後者は作用界と考へられる。心理学者も、意識的世界を純粋作用の世界と考へた（Wundt. Grundriss）。現象学者は意識の世界を志向的と考へる。それは、私が「生命」論に於て云った様に、矛盾的自己同一的世界の時間面的自己限定の世界と考へることができる。自己の中に世界の自己焦点を含み、世界の自己表現面的限定は、空間面的に本能的と考へられるが、時間面的に意識作用的と考へられる。更に世界的自己焦点の自己限定的に、自覚的と考へられる。是に於て自由の世界と云ふものが成立するのである。世界の自己焦点を中心として、自己自身を限定する時間面的自己限定が、意志と考へられるものである。理性と云ふのは、何処までも述語となって主語とならない時間面的自己限定に他ならない。故に我々は理性的と考へられる、何処までも時間面的に、意識面的に、内在的に、自己自身の中に、主語的なるものを含む、即ち対象を含む、自己自身の目的を有つと考へられるのである。か丶る理性的自己限定の世界が、実践理性の世界として、カントの道徳的世界と考へられるものである。それに於ては、主語的なるものは、単に自己自身を表現するもの、記号的に表現せられるものとして、形式的に多と一との矛盾的自己同一的なる抽象的形の世界である、即ち純なる法則の世界である。我々の自己は何処までも単に世界を表現する個として、即ち単に思惟的として、形式的に世界を表現し、自己自身が形式的に一つの世界として、自己自身を形成する、即ち純粋意志的である。これが道徳的意志である。故に我々の道徳的意志の目的は、法を敬し、法の為に法に従ふと云ふことにあるのである、何処までも義務的であらねばならない。それが我々の自己に対して定言命令的である。多と一との純なる矛盾的自己同一的形の自己限定として、個と個との矛盾的自己同一的に、他の人格を認めることは、自己が人格となることであり、その逆も真である。カントは人間を自己の人格に於ても、他人の人格に於て、目的そのものとして取扱へ、手段として用ゐてはならないと云ふ。道徳の世界は「目的の王国」と考へられるのである。単なる意識的自己の立場から客観的行為の世界を考へる時、此の外にないのである。これは純我の世界、純なる当為の世界である。カント哲学の精髄は、此にあるのである。か丶る純我の世界が主語面的に空間に沿って考へられた時、それが純粋知識の世界である。意識一般とは、かかる世界の自己焦点と考ふべきものである。カントは、彼の末派の人々よりも、直観を重んじた。直観面に沿うて世界を考へた。矛盾的自己同一的世界を、述語面的限定として考へると逆に、主語面的限定としてその自己焦点から限定せられるものとするならば、それは必然的世界となる、自然の世界となる。かかる世界は、矛盾的自己同一的たる自己焦点を中心として、多の自己否定的一に時間的、一の自己否定的多に空間的である。而してその動的焦点を中軸として図式的である。か〻る中軸的自己限定が意識的に想像作用と考へられるものである。実践理性の方向に於ては、図式的なるものは述語面的として、規則と考へられる。物自体の世界と云ふのは、私の立場から云へば、我々の自己そのものの存在の場所、我々の自己そのものに直接なる、自己自身を形成する歴史的世界であるのである。右の如くにして私はカント哲学を私の場所的論理の中に包容し得ると思ふ（詳細は他日に）。

（「一」末尾の補説部分は場所的論理が希有な日本語として凝縮された個所と言えよう）。

第五節　「二」を読む

自己存在の事実

「一」を受けて「二」は「我々の自己」を取り上げるところから始まる。西田は場所的論理で自己というものを規定しつつ、再度カントのような道徳の立場から宗教を出すことはできない、道徳と宗教の立場は「明らかに区別すべき」（三二一）であると説く。

ではどのようにして宗教問題、宗教心が起こるのか。宗教の問題は価値の問題ではなく「自己の存在そのもの」（同）の問題である。それが問題になるのは「我々が自己の自己矛盾的存在たることを自覚した時」（三二三）であり、「死の自覚」（同）においてである。理性に死の自覚はない。「生まれないものに、死というものはない」（同）。「自己の永遠の死を自覚するというのは、…絶対無限なるもの、すなわち絶対者に対する時であ」（三一四）る。「我々は自己の永遠の死を知る時、始めて真に自覚するのである。…そこに自己があるということは、絶対矛盾でなければならない。…しかしそこに我々の自己の存在があるのである。私が宗教の心霊的事実と言ったものは、此にある」（同）。それは自己存在の事実として、哲学も道徳もそこからであって、逆ではない。

絶対者

相対的なものが絶対者に対するとは言えない。相対が絶対に対するという時、そこに死がなければならない。それは無となることである。①「我々の自己は、唯、死によってのみ、逆対応的に神に接するのである、神に繋がるということができるのである。」（三一五）。対象論理は、死といい無というならそこに相対する者もないではないかというだろう。しかし、絶対そのものの自己矛盾があるのである。絶対は、無に対することによって、真の絶対、絶対の有であるのである。「自己の外に対象的に自己に対して立つ何物もなく、絶対無に対するということは、自己が自己矛盾的に自己自身に対するということであり、それは矛盾的自己同一ということでなければならない」（同）。単なる無は自己に対するものではない。自己に対するものは自己を否定するものでなければならない。自己を否定するものは自己と根を同じくするものでなければならない。絶対は自己の中に絶対的自己否定を含むものでなければならない。それは自己が絶対の無となることである。自己が絶対的無にならざるかぎり、自己を否定するものが自己に対して立つ、自己の中に絶対的否定を含むとは言われない。故に自己が自己矛盾的に自己に対立するということは、無が無自身に対して立つということである。真の絶対とはこのように絶対矛盾的自己同一であり、神を論理的に表現すれば、こういうほかない。②「神は絶対の自己否定として、逆対応的に自己自身に対し、自己自身の中に絶対的自己否定を含むものなるが故に、自己自身によってあるものであるのであり、絶対の無なるが故に絶対の有なのである」(三一六)。故に全知全能である。故に「私は仏あって衆生あり、衆生あって仏がある…と考える」(同)。対象論理的に神を考えればこれはバルトの絶対的超越神に戻ると思われるかもしれない。また、キリスト教からは万有神教的と言われるかもしれない。しかし、神はどこまでも自己否定的にこの世界に於いてある。この意味で内在的である。故に神は、この世界に於いて、どこにもないと共にどこにもあらざる所なしということができる。仏教では、金剛経にかかる背理を即非の論理をもって表現している(鈴木大拙)。どこまでも超越的なると共にどこまでも内在的、どこまでも内在的なると共にどこまでも超越的なる神こそ、真に弁証法的なる神であろう。「私の言う所は、万有神教的ではなくして、むしろ、万有在神論的 Panentheismus とも言うべきであろう」(三一七)。しかし対象論理的にではなく、絶対矛盾的自己同一的に絶対弁証法的にである。ヘーゲルの弁証法より「仏教の般若の思想こそ、かえって絶対弁証法に徹している」(同)。仏教は西洋の学者が考えるような万有神教的ではない。

創造作用と人格

対象論理からは絶対矛盾的自己同一的神は「神秘神学的」(三一七)と思われるかもしれないが、この神は無限に創造的、「どこまでも歴史的現実でなければならない」(同)。創造作用というのは「多と一との矛盾的自己同一的世界が、自己自身の中に自己を表現し、どこまでも無基底的に、作られたものから作るものへと、無限に自己自身を形成していくということ」（三一七～八）である。ここで創造作用と人格ということを考えておきたい。従来人格は単に意識的な抽象的個人的自己から考えられている。しかし単なる意識作用は一般者の自己限定として個性を持たず、実在性ももたない。抽象的有からは働くということ、事実、実行というものは出て来ない。当爲と言っても意識的にそう思うだけである。決断というものもない。「決断ということは、意識的自己が自己自身を否定すること、既に自己自身の外に出ることである。我々の意識作用が創造的なる歴史的世界の事件として、始めて実行ということが言い得るのである。かかる歴史的立場からしては、我々が単に意識的に思うことすら行為である。実践的自己とは、単なる理性ではない。法を破る可能性を有つ所に、自己がある。我々の意志的存在、人格的自己というのは、どこまでも自己矛盾的存在でなければならない」（三一八～九）。「我々の自己は意識的に作用する。しかし単に意識の内にあるのでもない。無論外にあるのでもない。内と外との矛盾的自己同一的に、どこまでも自己に於いて世界を表現すると共に、世界の一焦点として自己自身を限定する所に、すなわち創造的なる所に、自由なると共に内的に必然的なる、我々の人格的自己があるのである。絶対的無にしてしかも自己自身を限定する絶対矛盾的自己同一的世界においてのみ、我々の人格的自己というものが成立するのである」（三一九）。

個と絶対悪

西田は絶対矛盾的自己同一的世界を世界の語で表す。それは我々の目の前に見られた世界ではなく、絶対の場所的有、したがって絶対者と言っていいとする。神の啓示、神の意志、三位一体的関係もここにある。我々の人格的自己はかかる関係に基礎づけられている。したがってこの世界は「流出的世界でもない、単に生産的、生成的世界でもない。また私を曲解する人の言う如き知的直観の世界ではない。どこまでも個の働く世界である」（三二〇）。故に一面に絶対悪の世界でもある。真に絶対的自己否定の世界とは、悪魔的世界、反抗的世界でなければならない。主語的、君主的神を徹底的に否定する。極めて背理のようではあるが、真に絶対的なる神は一面に悪魔的、極悪まで下り得る神でなければならない。悪逆無道を救う神にして、真に絶対の神である。③「神は逆対応的に極悪の人の心にも潜むのである」（三二一）。これは善悪を無差別視するというのではない。私の神は般若の即非的弁証法が最も能くこれを表している。これを対象論理的に考えるから、それが無差別的とも考えられるのである。「体験者には、それは自明の事であろう」（三二二）。絶対的神は絶対矛盾の自己同一として、その射影点たる我々の自己は、実に善と悪との矛盾的自己同一であるのである。我々の心は、本来、神と悪魔との戦場である。根本悪に於いて自己存在を有つのである。世界はどこまでもデモーニッシュなるものに満ちていると考えられる。場所的論理的神学は、テースムスでも、デースムスでもない。精神的でも、自然的でもなく、歴史的である。

宗教的関係

こうして宗教の問題は我々の自己がいかに働くかではなく、自己とは何かにある。宗教的関係は完全なものと不完全なものとの対立においてあるのではない。同じ目的をもった進行的過程の両端として一つの直線上にあるのではない。誤ち迷う自己の不完全から宗教心は出て来ない。宗教的に迷いとは自己の目的に迷うのではなく、自己の在処に迷うことである。道徳的無力感も道徳的自己を残す限りそれは宗教心ではない。懺悔といっても道徳的立場ならそれは宗教的懺悔ではない。真の懺悔には恥が含まれていなければならない。恥とは他に対することである。道徳的懺悔は自己の道徳心に対して恥じ、自己が投げ出される。その場合人に対して、社会に対してである。宗教的懺悔、真の懺悔においては、それは自己の根源、父なる神、母なる仏に対してでなければならず、それに対し自己を投げ出す、捨てる、自己自身の存在を恥じるということでなければならない。そこにオットーのヌミノーゼ的なものに撞着する。主観的には自己の根源を照らすこと省みることである。外に神を見るのではない。それは魔法にすぎない。

なぜ我々の自己はその根底において宗教的であり、自己自身の底に深く反省するに従って、すなわち自覚するに従って、宗教的要求というものが現れ、宗教的問題に苦しまなければならないのか。それは我々の自己が絶対に矛盾的存在だからである。そのことが存在理由だからである。自己自身の死を知らないものは自己をもつものではない。自己のないものには死というものはない。生物には死がないとも言える。「死とは永遠の無に入ることである。この故に自己は一度的、唯一的、個であるのである。しかも自己自身の死を知ることは、死を越えることである。しかも単に死を越えたものは生あるものではない。自己自身の死を知るとは、無にして有ということであり、自己矛盾の極致でなければならない。しかもそこに我々の真の自覚的自己がある。」自己の行為を越えてこれを知る。しかしそれだけなら自己は理性的存在とも言い得る。故に右の如き我々の個的自己、人格的自己の成立の根底には、絶対者の自己否定というものがなければならない。

絶対の価値転倒

「かかる絶対者の自己否定において、我々の自己の世界、人間の世界が成立するのである」（三二四）。かかる絶対否定即肯定ということが、神の創造ということである。故に私は仏あって衆生あり、衆生あって仏ありという。「絶対に対する相対ということは単に不完全ということではなく、否定の意義をもっていなければならない」（三二五）。④「神と人間との関係は、人間のほうからいえば、億劫相別、而須臾不離、尽日相対、而刹那不対、此理人々有之という大燈国師の語が両者の矛盾的自己同一的関係をいい表していると思う。否定即肯定の絶対矛盾的自己同一の世界は、何処までも逆限定の世界、逆対応の世界でなければならない。神と人間との対立は、何処までも逆対応的であるのである」（同）。故に「我々の宗教心というのは、我々の自己から起るのではなくして、神または仏の呼声であり働きである。自己成立の根源からである」（同）。学者はこの点を無視して、ただ人間の世界から神を考え、宗教を論じようとする。道徳の問題との区別すらも自覚していない。もちろん道徳は人間の最高の価値である。しかし宗教は必ずしも道徳を媒介とし、通路とするというのではない。宗教的関係においては、智者も愚者も、善人も悪人も同様である。根底的に自己矛盾的なる人間の世界には宗教に導く機縁は至る所にある。宗教は絶対の価値転倒である。この意味で自負的道徳家が宗教に入るのは駱駝が針の穴を通るより難しいとも言える。

堕罪と悟り

人格的なるキリスト教が人間の根底に堕罪を考える。人間は生まれながらに罪人である。故に人間からしてはこれを脱する途はない。我々はキリストの天啓を信ずることによって救われるという。生まれながら罪人というのは、道徳的には極めて不合理と考えられるであろう。しかし、極めて深い宗教的人生観と言わざるを得ない。それは実に人間の生命の根本的事実を言い表したものである。人間は神の絶対的自己否定から成立するのである。その根源において、永遠に地獄の火に投ぜられるべき運命をもったものである。浄土真宗でも人間の根本を罪悪に置く。ただ仏の御名を信ずることによってのみ救われるという。仏教においては、すべて人間の根本は迷いにあると考えられている。迷いは罪悪の根源である。そして迷いというのは自己の対象論理的見方に由るのである。故に大乗仏教においては、悟りによって救われると言う。この悟りという語が誤解されている。対象的に仏を見ることなら、それは魔法である。それは自己自身の無の根底を、罪悪の本源を徹見することである。道元の仏道の語は対象論理とは全然逆の見方である。元来、自力的宗教というものがあるべきではない。それこそ矛盾概念である。自力他力というも大乗としてもと同じ立場に立っているものである、その達する所において手を握るものあることを思うべきである。入信の難きはかえって易行宗にあるであろう。いかなる宗教にも自己否定的努力を要せないものはない。ただしその努力は対象的に神を置いてこれに達する努力というのでは典型的自力である。親鸞上人の横超というものはなく、非真宗的である。

第六節　「三」を読む

宗教心

「我々の宗教心と云ふものが何処から起り、何によって基礎附けられ、宗教的問題とは如何なるものなるかを論じた」（三二七）。それは対象認識の知識的問題でも、意志的自己の当爲の道徳的問題でもない。「我々の自己とは何であるのか、どこにあるのであるか」（同）の問題である。我々は宗教的意識から宗教的問題に苦悩し努力する。良心の呵責は我々の自己を生命の底から振り動かす。逃れる所がない道徳的苦悩である。しかし、そこには「なおどこまでも自己というものがある」（同）。自己が理性的存在であるかぎり、我々は良心的に苦しむ。理性が我々の自己に自律的と考えられる。しかし我々の自己は単に理性的一般的でなくどこまでも個的である、意志的存在である。個が一般を否定する、法を破る可能性を有する所に我々の自己の存在があるのである。しかし我々の自己は単に非合理的なるものでもない。「我々の自己というものは、考えれば考えるほど、自己矛盾的存在であるのである」（三二八）。「何者が我々の自己に、真に自律的なのであるか」（同）、我々は自己の根底にこの問題を考えざるを得ないのである。学問も道徳もそこからである。真の価値もそこに基礎づけられなければならない。無論、人は宗教的でなければならない義務はない。しかし、その場合、自己存在の根底に社会的存在を前提し、生死の問題も社会を根拠に考えている。しかし、「社会というのも人間の存在から」（同）である。宗教的価値とはいわゆる価値でなく、それと反対の方向にある。神聖とは価値超越の方向に、価値否定の価値ともいうべきである。

霊性の事実

自己矛盾的なものは元来存在し得ない。合理的存在は、自己自身の中に矛盾を含まないものでなければならない。しかし我々の自己はどこまでも自己矛盾的存在である。しかし、「自己自身について考える、つまり主語的なると共に述語的、自己が自己の働きを知る、即ち時間的なると共に空間的存在である」（同）。「自己矛盾的なればなるほど、我々の自己は自己自身を自覚するのである。それは実にパラドックスである。ここに深い問題がある」（三二九）。

我々の自己は自己否定に於いて自己を有つ、主語的方向においても、述語的方向においても有と考えられない、絶対の無に於いて自己を有つと言うことができる。「かかる自己矛盾的存在が成立するには、その根底に絶対に矛盾的自己同一的なるものがなければならない」（同）。「その根底に」というのは絶対の否定の肯定の意味においてである。主語的方向に根源を考えても述語的方向に考えても自己矛盾的存在たる自己成立の根源となるものはない。⑤「かかる存在の根源としては、何処までも我々の自己が自己自身を否定することが、真に自己を自己たらしめるものがなければならない。それにおいて単に自己が否定せられるというのではない。また我々の自己が神や仏と同一方向において、神や仏となるとか、これに近づくとかいうのでもない。此には逆対応ということが考えられねばならない。大燈国師の語は最もよくこれを言い表しているのである。絶対矛盾的自己同一的場所の自己限定として、場所的論理によってのみ、宗教的世界と云ふものが考へられると云ふ所以である」（同）。神と人間との関係についての誤解も対象論理的見方から起るのである。対象論理を排斥するのではない。錯誤は対象論理的に考えられたものを逆に自己自身を限定する実体と考える所にある。

我々の真の自己は主語的方向と述語的方向との矛盾的自己同一的に、自己自身について述語するところにある。我々の奥底には、どこまでも自己自身を表現するものがあるのである。我々の自己はどこまでも時間空間の矛盾的自己同一的に、絶対現在の自己限定として創造的に働く所にある。いわゆる時間空間を超越して、自己に於いて世界を映すことによって働く、すなわち知って働く所にある。我々の自己の奥底には、どこまでも歴史的に自己自身を形成するものがあるのである。我々の自己はそこから生まれ働き死に行く。我々の自己の奥底には、どこまでもわれわれの意識的自己を越えたものがある。意識的自己はそこから成立し、考えられるのである。それは対象論理的に無意識とか本能とか考えてはならない。知るというのは知るものと知られるものとの矛盾的自己同一において成立するのである。無意識も本能も既にこのような作用である。私の行為的直観もこれにほかならない。我々の自己の自覚の奥底には、どこまでも自己を越えたものがあるのである。内在的即超越、超越即内在的に、矛盾的自己同一的に、我々の真の自己はそこから働くのである。そこには直観というものがなければならない。行為的直観とはこのような否定を媒介した弁証法的過程である。そこに絶対否定的弁証法がある。そうでなければ「弁証法といっても、抽象的意識的自己の意識内の事にすぎない。もし私の行為的直観というのを知的直観の如く解するならば、それはカント哲学の立場からの曲解に過ぎない」（三三一）。「私の行為的直観とは何処までも意識的自己を越えた自己の立場から物を見ること」（同）である。自己の根底に意識的自己を越えたものがある。これは「我々の自己の自覚的事実」（同）であり、大拙はこれを「霊性」という。霊性的事実とは宗教的であるが神秘的なものではない。「元来、人が宗教を神秘的と考えること、その事が誤りである」（同）。科学的知識もこの立場によって基礎づけられ、身体的自己の自覚の立場から成立するのである。「宗教的意識というのは、我々の生命の根本的事実として、学問、道徳の基でもなければならない。宗教心というのは、特殊の人の専有でなく、すべての人の心の底に潜むものでなければならない。此に気付かざるものは、哲学者ともなり得ない」（同）。

入信

宗教心は何人の心の底にもある。しかも多くの人は気付かない。入信とは、宗教的信仰とは、どういうことか。それは主観的信念でもなく、意志の力によるのでもない。客観的事実、大拙のいわゆる霊性の事実でなければならない。「我々の自己が何処までも矛盾的自己同一的に、真の自己自身を見出す所に、宗教的信仰と云ふものが成立する」（三三二）のであり、故に主観的には安心と、客観的には救済という。我々の自己が宗教的信仰に入るには絶対的転換がなければならない。これを回心という。「回心と云ふことは、往々人が考へる如くに、相反する両方向の一方から他方へと、過程的にと云ふことではない。我々の自己は、動物的でもなければ、天使的でもない。此故に我々は迷へる自己である。一転してその矛盾的自己同一に於いて安住の地を見出す」（同）。直線的対立の一方から他方へというのではなく、親鸞上人の横超的、円環的なければならない。ここでも対象論理的には宗教を考えられない。故に「宗教的回心とか、解脱とか云っても、一面に欲求的に、一面に理性的なる、此の意識的自己を離れると云ふことではない、況して無意識的となるなど云ふことではない。そこでは益々明瞭に意識的とならなければならない、寧ろ叡智的とならなければならない。…大拙は之を無分別の分別と云ふ。霊性とは無分別の分別である」(三三一〜三)。これを無意識的というのは対象論理の立場から推論するに過ぎない。「…真の絶対者は自己自身の中に絶対否定を包むもの、絶対矛盾的自己同一的に自己自身を媒介するもの、般若即非の論理的に、絶対否定によって、自己自身を媒介するのである。我々の自己は、神の絶対否定的自己媒介によって成立すると言うことができる。いつも言うように、絶対的一者の個物的多的自己否定の極限としてである。そこに我々の自己は絶対的一者の自己射影点として神の肖像であり、絶対意志的でもある。我々の自己は絶対の自己否定に於いて自己を有つ、自己自身の死を知る所に自己自身であり、永遠に死すべく生まれるのである」(三三三)。⑥「永遠の生命は生死即涅槃といふ所にあるのである。我々の自己と神即ち絶対者との関係は、しばしばいう如く大燈国師の語が最も能く言ひ表しているのである。何処までも逆対応的である、絶対に逆対応的であるのである。そこに生死即涅槃と云ひ得るのである。我々の永遠の生命とは、此に考えられなければならない。我々の自己が生命を脱して不生不滅の世界に入ると云ふのではない。最初から不生不滅であるのである。即今即永遠であるのである。故に慧玄会裏無生死と云ふ」(三三四)。ただ、我々は、我々の自己を対象論理的に対象的存在と観るからどこまでも生死するのである。対象論理的に考えられたものを実在としてこれに執着する所に迷いがあるのである。宗教のみならず科学でも同じである。「我々は自己の永遠の死を知る。そこに自己がある。しかしその時、我々は既に永遠の生に於いてあるのである。矛盾的自己同一的に、斯く自己が自己の根源に徹することが、宗教的入信である、廻心である」（同）。それは対象的自己の立場からは不可能であって、「絶対者そのものの自己限定として神の力」（同）であり、「信仰は恩寵」（同）である。「我々の自己の根源に、かかる神の呼声があるのである。私は我々の自己の奥底に、何処までも自己を越えて、而も自己がそこからと考へられるものがあると云ふ所以である。そこから生即不生、生死即永遠である」（同）。

宗教者の世界

私は生命論において、我々の生命の世界は絶対現在の自己限定として、自己自身の中に自己を表現し、時間的空間的に作られたものから作るものへとどこまでも自己自身を形成していく所に成立すると言った。我々の生命は絶対現在の自己限定として成立する。空間面的自己限定に即して生物的、逆に時間的自己限定的に、表現的自己形成的に意識的精神的である。その極限において、絶対現在そのものの自己限定として、いつも生命のアルファ即オメガ的に、我々の生命は即今即絶対現在的である。故に我々の自己はいつも時間空間を超越して絶対現在の世界、すなわち永遠の過去未来を自己に表現することで自己を限定する。そこに我々は念々に生死してしかも生死しない生命、永遠の生命を有つのである。絶対者は絶対の自己否定を含み、絶対の無にして自己自身を限定する。絶対者の世界はどこまでも矛盾的自己同一的に自己の中に自己を表現する、自己において自己に対立するものを含む、絶対現在の世界でなければならない。応無所住而生其心と言われる。中世哲学は神を無限球、周辺なくして到る所が中心と言った。これは正しく絶対現在の自己限定である。これを我々の自己の霊性上の事実と把握せず、単に抽象論理的に解せば単なる矛盾概念である。しかし、絶対者は対を絶したものではない。⑦「絶対者の世界は、何処までも矛盾的自己同一的に、多と一との逆限定的に、すべてのものが逆対応の世界でなければならない。般若即非の論理的に、絶対に無なるが故に絶対に有であり、絶対に動なるが故に絶対に静であるのである」（三三五）。⑧「我々の自己は、何処までも絶対的一者と即ち神と、逆限定的に、逆対応的関係にあるのである。我々の生命においていつも即今即絶対現在的ということはただ抽象的に時を超越することではない。一瞬も止まることなき時の瞬間は、永遠の現在と逆限定的に、逆対応的関係に於てあるのである。故に生死即涅槃である。自己自身を超越することは、何処までも自己に返ることである、真の自己になることである」（同）。「般若真空の論理は西洋論理的には把握されない。仏教学者も、従来この即非の論理を明らかにしていない。我々の自己が自己自身の根底に徹して絶対者に帰するということは、此の現実を離れることではない。却って歴史的現実の底に徹することである。絶対現在の自己限定として、何処までも歴史的個となることである。故に透得法身無一物、元是真壁平四郎という。南泉は平常心是道と、臨済は仏法無用功処、祇是平常無事…と云う。それは洒脱無関心ということではない。全体作用的に一歩一歩血滴々地を示す。分別智を絶するということは無分別ではなく、道元の自己が真の無になることであり、万法に証せらるるなりということである。科学的真に徹することもこれである。私は物となって見、物となって聞くという。…我々の自己が宗教的になればなる程、己を忘れて、理を尽くし、情を尽くすに至らねばならない。何らかの形式に囚われるならそれは宗教の堕落であり、教条は我々の命根を断つ刃に過ぎない。ルターもローマ書で信仰は我々の内に働き給う神の業なりと言っている。禅宗では見性成仏という。見というのは自己の転換を言う。入信と同じである。いかなる宗教にもこの自己の転換ということがなければならない。これがなければ宗教ではない。この故に宗教は哲学的にはただ場所的論理によってのみ把握されるのである。右の如く我々の自己が矛盾的自己同一的に自己自身の根源に帰し、即ち絶対者に帰し、絶対現在の自己限定として、即今即絶対現在的に、何処までも平常的、合理的と云ふことは、一面に我々の自己が何処までも歴史的個として、終末論的と云ふことでなければならない。即今即絶対現在と云ふことが、我々の自己が時間的・空間的世界の因果を越えて自由と云ふことであり、思惟と云ふこともそこからであるのである。我々の抽象的思惟も、実は此に基礎附けられるのである」（三三五〜六）。⑨「而してそれは逆に我々の自己が絶対現在の瞬間的自己限定的に、いつも逆対応的に、絶対者に対しているということでなければならない。カイロスとロゴスの関係（ティリッヒ）もここからであり、学問も道徳も此に基礎づけられる」（三三七）。

第七節　「四」を読む

神と人間の対立

パスカルは考える葦という。自己の貴き所以のものは、即ちその悲惨なる所以のものである。我々人間も時間空間の矛盾的自己同一的に作られたものから作るものへの世界から成立する。我々の自己も、身体的に、物質的である、生物的である。生命の世界というのは、世界が多と一との矛盾的自己同一的に、自己の中に自己を表現し、自己表現的に自己自身を形成することから始まる。動物も目的的に本能的である。高等なものは既に欲求的である。喜と悲は欲求の世界に現れる。個が自己において全を表現する所に欲求的である。個はどこまでも全たろうと欲する。しかし全となる時自己自身でなくなる。個は個に対することで個である。個は自己矛盾的である。絶対否定に面し、否定さるべく生まれるのである。欲求はどこまでも満たされず欲求を生む。人世は苦悩の世界である。肉体的苦楽というものもある。しかし動物は未だ真の個ではない。空間に即して般的、物質的である。人間に至って時間空間の矛盾的自己同一的に、絶対現在そのものの自己限定として、時間空間的なる因果の世界を越えて、すなわち自己自身を表現する世界の自己表現的個として、自己表現的に自己自身を形成する。自己自身の行動を知る、意識作用的である。我々の自己の存在を述語的、理性的と考える所以である。人間の世界は苦楽の世界ではなく、苦悩、煩悶の世界である。⑩「我々の自己が絶対者の自己否定的個として、何処までも表現的に自己形成的なればなるほど、即ち意志的なればなるほど、人格的なればなるほど、我々の自己は矛盾的自己同一的に絶対否定に面する、絶対的一者に対する、即ち逆対応的に神に接するのである。この故に我々の自己はその生命の根源において、何時も絶対的一者との、即ち神との対決に立っているのである、永遠の死か生かを決すべき立場に立っているのである」（三三八〜九）。バルトは信仰は決断であると言う。しかし、それは客観的である。神の呼声に対する答えである。啓示は神よりの賜物である。パウロはキリスト我において生きるというように、一転して信に入るものは永遠の生命を得、然らざるものは永遠の地獄の火に投げられる。そこにはどこまでも神の意志と人間の意志との対立がなければならない。故に「何処までも意志的なるもの、唯一的に個的なるものにして、始めて宗教的と云ふことができる」（三二九）。「如何なる宗教に於いても、それが真の宗教であるかぎり、入信は研ぎ澄したる意志の尖端からでなければならない」（同）。宗教は単なる感情からではなく、自己を尽くし切ってである。真宗に二河白道の喩がある。芸術的宗教はあり得ない。直観といっても芸術と宗教は相反する方向である。大乗仏教を万有神教というのも誤解である。ギリシャ宗教は芸術的であったというが、しかし真の宗教まで至らず、哲学の方へいった。プラトンに個はない、アリストテレスの個も意志的でない。同じアリアン文化でもインド人は宗教の方へ発展した。印度哲学においては背理のようであるが、個が否定されるべく自覚されている。イスラエル宗教と反対の立場において宗教的である。近代ヨーロッパ文化と正反対の印度文化はそれ故に今日の世界に貢献しうるであろう。

唯一の個

パスカルのように人間の栄光と悲惨を言いうるのは、我々の自己が絶対的一者の個物的多として成立するからである。⑪「この故に我々は自己否定的に、逆対応的に、いつも絶対的一者に接している。而して生即死、死即生的に、永遠の生命に入ると云ふことができる、宗教的であるのである」（三四〇）。「宗教的問題とは、何処までも我々の意志的自己の問題、個の問題である」（同）。しかし宗教は個人的安心の問題であるということではない。欲求的自己の安心の問題なら、道徳的問題にも至らない。欲求的自己は真の個人ではない。この立場からは宗教は麻酔剤と言われても仕方ない。⑫「我々の自己は絶対的一者の自己否定として、何処までも逆対応的にこれに接するのであり、個なれば個なるほど、絶対的一者に対する、即ち神に対するということができる。」(同)。神に対するというのは個の極限としてである。どこまでも矛盾的自己同一的に、歴史的世界の個物的限定の極限において、全体的一の極限に対するのである。我々の自己の一々が、永遠の過去から未来にわたる人間の代表者として神に対するのである。絶対現在の瞬間的限定として絶対現在そのものに対するのである。「此に我々の自己は、周辺なくして、到る所が中心である無限球の無数の中心とも考へることができる。多と一との絶対矛盾的自己同一として、絶対者が自己自身を限定すると云ふ時、無基底的に、絶対無の自己限定として、世界は意志的である。全一的に絶対意志たると共に、個多的に無数の個人的意志が之に対立する。斯くの如くにして、般若即非の世界から人間世界と云ふものが出て来るのである」(三四一)。応無所住而生其心である。盤山宝積の言う、空中で剣を振り回すように、空に跡なく、剣もまた全し、自己と世界と、個と全との矛盾的自己同一的に、全心即仏、全仏即人である。対象論理的にこれを万有神教的に解してはならない。⑬「全仏と個人とは即非的に一であるのである。真の個人は絶対現在の瞬間的自己限定として成立するのである。応無所住而生其心と云ふも、斯く解せられなければならない。無の自己限定として現れるものは、意志である。我々の個人的自己即ち意志的自己は、…主語的方向と述語的方向との矛盾的自己同一的に場所の自己限定として、生起するのである。故に瞬間が永遠であるといわれる如く、我々の自己は何処までも唯一の個として、一歩一歩逆限定的に、絶対に接するのである。…「何処までも個人として」と云ふことは、人間の極限として、人間の代表者としてと云ふことでなければならない。「弥陀の五劫思惟の願をよくよく案ずれば、ひとへに親鸞一人が為なりけり」と云ふのも、かかる意義に解せられなければならない。所謂個人的と云ふ意味ではない。是故に道徳は一般的であり、宗教は個人的である。キェルケゴールの言う如く、道徳的騎士と信仰の騎士とは相反する立場に立つのである。」(同)。

信仰と原罪

宗教において自己が自己を脱して神に帰するのは個人的安心のためではなく、人間が人間を脱する、神の創造の事実に接することである。神が自己を示現すると共に、我々が啓示に接するのである。信仰に入ることは人間がその決断をもって神の決断に聴従することであり、主観的信念ではなく歴史的世界成立の真理に触れることである。アダムの堕罪は神の自己否定として人間の成立を示すものに他ならない。仏教的には、忽然念起である。人間はその成立の根源において自己矛盾的である。知的、意的なればなるほどそうである、原罪的である。原罪を脱することは人間を脱することである。それは人間からは不可能である。ただ神の愛の啓示としてキリストの事実を信ずることによってのみ救われるといい、仏の悲願によって名号不思議を信ずることによってのみ救われるという。それは絶対者の呼声に応ずるということに他ならない。かかる立場の徹底に於いては、生死即不生、矛盾的自己同一的に、全仏即人、人仏無異である。

キリスト教と仏教

宗教的関係と云ふのは、どこまでも超越的にして我々の根源と考えられるものと、どこまでも唯一的、個的、意志的なる自己との矛盾的自己同一にある。どこまでも超越的なものとどこまでも内在的なものとの矛盾的自己同一にある。かかる関係は外から客観的にも内から主観的にも考えられず、絶対現在の自己限定としての歴史的世界の立場からでなければならない。如何なる歴史的世界もその成立の根底には宗教的なものがあるのである。歴史的世界と云ふのは、空間時間の矛盾的自己同一的に、作られたものから作るものへと、自己表現的に自己形成的世界である。我々の自己はかかる世界の個物的多として、どこまでも作られたるものであると共に作るものである、世界の自己表現的形成要素である。かかる世界に於いて、我々の自己が絶対者に対する態度に両方向がある。我々の自己は外に空間的に、即ちいわゆる客観的方向に、何処までも我々の自己を越えて自己自身を表現するもの、絶対者の自己表現に接する。キリスト教は此の方向に徹したものといえる。これに反し、仏教は何処までもその時間面的自己限定の方向に、即ち所謂主観的方向に、我々の自己を越えて、超越的なる絶対者に接するのある。仏教の特色はその内的超越の方向にある。我々の自覚的自己は主語的・述語的に、述語的・主語的に、個物的限定即一般的限定、一般的限定即個物的限定的に、時間空間の矛盾的自己同一に、作られたものから作るものへと歴史的形成的に、意志的存在である。⑭「我々の自己は何処までも唯一的個的に、意志的自己として、逆対応的に、外に何処までも我々の自己を越えて我々の自己に対する絶対者に対するとともに、内にもまた逆対応的に、何処までも我々の自己を越えて我々の自己に対する絶対者に対するのである。前者の方向においては、絶対者の自己表現として、我々の自己は絶対的命令に接する、我々は何処までも自己自身を否定してこれに従うのほかはない。これに従うものは生き、これに背くものは永遠の火に投ぜられる。後者の方向においては、これに反し、絶対者は何処までも我々の自己を包むものであるのである、何処までも背く我々の自己を、…何処までも追い、これを包むものであるのである、即ち絶対の慈悲であるのである」（三四四）。

真の宗教

ここでも私は、我々の自己が唯一的個的に、意志的自己として絶対者に対すると云う。何となれば愛というものもどこまでも相対する人格と人格との矛盾的自己同一的関係でなければならない。何処までも自己自身に反するものを包むのが絶対の愛である。何処までも自己矛盾的存在たる意志的自己は、自己成立の根底に於いて、矛盾的自己同一的に自己を成立せしめるものに撞着する。そこに我々は自己自身を包む絶対の愛に接しなければならない。単なる意志的対立から人格的自己が成立するのではない。この故に如何なる宗教に於いても、何らかの意味に於いて神は愛である。真の絶対者は悪魔的なものにまで自己自身を否定するものでなければならない、そこに宗教的方便の意義がある。ここに浄土真宗のごとき悪人正因の宗教がある、絶対愛の宗教が成立する。親鸞一人のためなりけりという、唯一的個的に意志的なればなるほどこう言わなければならない。宗教の方便とか奇蹟とかいうことも、此の如く絶対者の絶対的自己否定の立場から理解されるであろう。キリスト教に於いても、受肉と言うのにはかかる神の自己否定の意義を見出すことができるだろう。

仏教的にはこの世界は仏の悲願の世界、方便の世界ということができる。

こうして我々の自己と絶対者との関係に於いて、相反する両方向を認めることができる。そこにキリスト教的なものと、仏教的なものとの二種の宗教が成立するのである。「併し抽象的に単にその一方の立場にのみ立つものは、真の宗教ではない」（三四五）。神は愛の神でなければならない。キリスト教でも神は愛から世界を創造したというが、それは絶対者の自己否定、すなわち神の愛ということでなければならない。これに反し、我々の自己が絶対愛に包まれるということから、真に我々の自己の心の底から当為というものが出て来るのである。人は愛ということについて真に理解していない。愛とは本能的なものではない、それは私欲である。真の愛は人格と人格との、私と汝との矛盾的自己同一でなければならない。絶対的当爲の裏面には絶対の愛がなければならない。でなければ法律的たるにすぎない。キェルケゴールもキリスト教的愛を当爲と言っている。カントの目的の王国には、その基礎に、純なる愛がなければならない、この故にそこから人格が成立する。私は、仏教的に、仏の悲願の世界から、我々の真の当為が出て来ると考える。

他力宗と場所的論理

絶対愛の世界は互いに裁く世界でなく、自他一に創造する世界である。この立場においてはすべての価値は創造的立場からと考えられる。創造はいつも愛からでなければならない。愛なくして創造はない。念仏の行者は非行非善的、ひとえに他力にして自力を離れたる故にという。自然法爾とは創造的でなければならない。我々の自己が創造的世界の創造的要素として、絶対現在の自己限定として働くということでなければならない。キリスト教的には、神の決断即人間の決断的に、終末論的ということである。印度に源を持つ仏教は出離的であり、大乗でも真に現実的に至らなかった。親鸞聖人の自然法爾に日本精神的に現実即絶対として、絶対の否定即肯定なるものがあるが、従来それが積極的に把握されていない。単に絶対的受動とか非合理的無分別とかのみ解されている。私はこれに反し、絶対的受動からは絶対的能動が出てこなければならないと思う。また抽象的意識的判断を越えてこれを内に包み、その当否を決定するもの、すなわち判断の判断、私のいわゆる行為的直観として、無分別の分別というのは、科学成立の根本的条件でもあると思う。科学的知識の根底には、我々が物となって見、物となって聞くということがなければならない、万法すすみて自己を修証するという立場がなければならない。そこにも絶対現在の自己限定として我々の自己の決断を以て神の決断に従うということがなければならない。無分別の分別とは、我々の自己が単に主語的に外に従うということではない、どこまでも主語と述語の矛盾的自己同一的に、すなわち意志的に、自己を越えて自己を成立させるものに従うことである。故に行為的直観的である。道徳的行為も此に基づく、故にその根底に於いて宗教的である。ただカント哲学に囚われているものはこれを理解できない。真の他力宗は場所的論理的にのみ把握することができる。それによって悲願の他力宗は今日の科学的文化とも結合する。今日の時代精神は万軍の主の宗教よりも、絶対悲願の宗教を求めるものがあるのではなかろうか。仏教者の反省を求めたいと思う。世界戦争は世界戦争を否定するための、永遠平和のための世界戦争でなければならない。

表現関係

神と人間との関係、絶対に相反するものの相互関係は、表現的でなければならない。力の関係でも、目的的でもない。神と人間との関係は何処までも自己否定的に自己自身を表現するものと、表現せられて自己表現的にこれに対するものとの関係に於いて理解されなければならない。機械的でも目的的でもない、どこまでも自己表現的に自己自身を形成するもの、創造的なるものと創造せられて創造するもの、すなわち作られて作るものとの絶対矛盾的自己同一的関係でなければならない。我々が他を理解するということはひとつの働きである。しかしそれは外からも内からも動かされることではない。自己表現的に自己を作ることである。自己表現的に他を動かすというのも同様である。自己が他に、他が自己になるのでもない、他が自己表現的に他の自己を作ることである。人と人との相互理解とはかかる関係において成立する。自己表現的世界は自己形成的世界、自己形成的世界は自己表現的世界でなければならない。歴史的形成的世界に於いて、表現とは力、形成作用的可能性をいうのである。それは現象学者解釈学者の単なる「意味」ではない。歴史的形成的世界においては、単なる事実とか作用とかいうものがないと共に、単なる意味もない。具体的にあるものは、すべて自己表現的に自己自身を形成するものである。我々の意志は勝議に於いてこのような性質をもったものである。従来意志は抽象的に単に意識作用的にのみ考えられているが、自己に於いて世界を表現するということなしに意志作用はない。意志とは我々の自己が世界の自己形成点として、世界を自己に表現することによって、世界の自己表現的に自己を形成する働きに他ならない。象徴というものも歴史的世界に於いては非実在的ではない。それは世界の自己表現としては歴史的世界形成の力をもったものである。宗教家の「神の言葉」というものは、こういう立場から理解されなければならない。神と人間との関係は機械的でも目的的でもない、否、理性的でもない。神は絶対矛盾的自己同一的に、絶対的意志として、我々の自己に臨んで来る、形成的言葉として自己自身を表現し来るのである。これが啓示である。ユダヤ教に於いて予言者とは「神の口」といわれた。私はかつて歴史的世界はいつも課題をもつ、そこに世界がそれ自身の自己同一を有つと言った。真の歴史的課題はそれぞれの時代において、神の言葉という性質をもったものでなければならない。ユダヤの昔にはそれは超越的であったが、今日それは内在的でなければならない。自己自身を形成する歴史的世界の底からの自己表現でなければならない。かかる世界に沈心して、その歴史的課題を把握するのが、真の哲学者の任であろう。

名号と慈悲

仏教に於いても、真宗に於いての如く、仏は名号によって表現される。絶対者すなわち仏と人間との非連続の連続、すなわち矛盾的自己同一的媒介は、表現に、言葉によるほかない。仏の絶対悲願を表すものは名号の外にないのである。歎異抄にも「誓願名号の不思議ひとつにして、さらに異なることなき」とある。⑮「絶対者と人間との何処までも逆対応的なる関係は、唯、名号的表現のよるほかにない」（三五〇）。⑯「先に言った如く、我々の自己は個人的意志の尖端において絶対者に対するのである。神もまた絶対意志的に我々の自己に臨むのである（故に何処までも逆対応的であるのである）。かかる意志と意志との媒介は言葉による外ない」（同）。言葉はロゴスとして理性的でもあるが、また超理性的なもの、否、非理性的なものは唯言葉によってのみ表現される。宗教的表現とは絶対意志的でなければならない。我々の人格的自己そのものに対するものである。仏は我々の自己にどこまでも超越的なると共に、しかもこれを包むものである。「念仏の申さるるも如来の御はからひなり」と言うに至って極まる。横超の真義である。いかなる宗教も、それが真の宗教であるかぎり、入信とか救済とかいうには、絶対者と人間との間に絶対矛盾的自己同一的な背理の理がある。それは絶対者の自己表現としての言葉というもの、創造的言葉でなければならない。太始に言葉ありといい、名号すなわち仏である。創造的にして救済的なる啓示的言葉、背理の理は単に超理的とか非合理的というのではない。絶対者の自己表現として、我々の自己をして真の自己たらしめ、理性を理性たらしめるものである。親鸞は念仏は無義の義とすと言う。無意識となるのではなく無分別の分別が働くのである。キリスト教の神の言葉に於いては、それが超越的人格神の啓示として、鞫く意義を含んでいる。信仰によって義とされると言われる。これに反し、名号に於いては仏の大悲大慈の表現として、我々の自己はこれに包まれるという意義をもっている。その極、自然法爾にも至る。この語はいわゆる自然の意味に解されてはならない、対象論理的には考えられない。宗教的体験は何処までも絶対悲願に包まれるということでなければならない。しかもそれは単に情的に無差別になるということではない。大智は、固、大悲大慈より起るのである。真理は我々が物となって考え、物となって見る所にある。慈悲とはこの立場に立つことである。絶対者の自己否定的肯定として働くことである。真に人を知るのは真に無念無想の立場からでなければならない。科学的真理というものも、我々の自己が、自己自身を表現する世界の自己表現的に、絶対現在の自己限定として知るのである。そこにも自然法爾的ということがある。慈悲とは、意志を否定するものではない。そこから真の意志が成立するのである。我々の自己は主語的有でも述語的有でもない、主語的・述語的、述語的・主語的に場所的有として、その根底に於いて慈悲的である。慈悲とはどこまでも相反するものが矛盾的自己同一的に一となることである。意志はかかる場所的有の自己限定として生じ、歴史的形成的である。純なる場所的自己限定として、一毫の私なき所、これを誠と考える。至誠は大悲大慈に基礎づけられていなければならない。実践理性の根底をここに置きたい。カントの道徳は市民的である。歴史的形成的道徳は悲願的でなければならない。「西洋文化の根底には悲願と云ふものがなかった（鈴木大拙）。そこに東洋文化と西洋文化の根底的相違があると思ふ」（三五二）。

終末論的平常底

禅に対する世人の誤解について一言したい。禅はいわゆる神秘主義ではない。見性とは深く我々の自己の根底に徹することである。自己矛盾的なる我々の自己の根底には自己を越えたものがあり、我々の自己は自己を越えたものに於いて自己を有つ。自己否定に於いて自己自身を肯定するのである。かかる矛盾的自己同一の根底に徹することを見性と言う。そこに背理の理が把握されなければならない。公案はこれを会得させる手段である。背理の理は非合理ということではない。親鸞のいわゆる義なきを義とするのである。理と事、知と行との矛盾的自己同一ということである。科学的知識もここに成立する。私が作られたものから作るものへと言うのも、この立場からである。それは歴史的世界の自己限定の立場である。しかもそれは絶対現在の自己限定として極めて【平常底】なる立場である。臨済は仏法無用功処、祇是平常無事…という。しかし、これも誤解してはならない。終末論的なる所、即ち【平常底】である。心即是仏、仏即是心という語も、世界を主観的に考えることではない。諸心皆為非心、是為心という。般若即非の論理的に、心と仏との（個と全との）矛盾的自己同一の義に解されるべきである。禅についての誤解は、すべて対象論理的思惟に基くのである。西洋の神秘主義は対象論理の立場を脱したものではない。プロティノスの一者は東洋的無と対蹠的極限に立つ。それは【平常底】という立場まで達したものではない。我々の心があって世界があるのではない、単に自己から世界を見るのではない。我々の自己とはこの歴史的世界において考えられる、我々の意識的自己の世界は歴史的世界の時間面的自己限定として成立するのである。すべて抽象的意識的自己からの主観主義的立場が、我々の眼を暗ましている。

第八節　「五」を読む

歴史的実在と宗教的実在

入信の人は少ない。しかし、宗教が特殊な人の特殊な心理状態というのではない。我々が歴史的世界から生まれ、そこで働き、死にゆく歴史的実在であるかぎり、宗教的実在でなければならない。我々の自己は自己否定において自己をもつ。どこまでも宗教的である。しかしそれゆえにまた、我々の行動の一々が歴史的であり、絶対現在の自己限定として終末論的 eschatologisch ということができる。自己の決断を以って神の決断に従うということができる。

絶対自由の立場…平常底と逆対応

終末論的とは臨済の全体作用的ということ、逆に仏法無用功処、道は【平常底】ということである。これはキリスト教のそれと違って、絶対現在の自己限定として内在的超越の方向に考えられたものである。⑰「我々の自己自身の底に、何物も有する所なく、何処までも無にして、逆対応的に絶対的一者に応ずるのである」（三五五）。そこに我々の自己がすべてを超越するということである。この歴史的世界を、過去未来を超越することである。そこに我々の自己は絶対自由である。ゆえに祇是平常無事、即ち【平常底】という。しかも随処作主、立処皆真というのである。ここにどこまでも西洋的なものの極限としてのカントの人格的自由と、東洋的なるものの奥深においての臨済の絶対自由の対照をみることができる。いたるところに絶対者の自己表現になる、ニーチェの人神ではなく神の人、主の僕となるのである。これを対象論理的に考えれば単に無に、無差別になると考えられよう。そうではなく自己が世界の表現点になること、真の個、真の自己になることである。真の知識も道徳もこの立場から出て来る、人間の世界が出てくるのである。⑱「我々の自己は絶対者の自己否定的多として成立するのである。故に我々の自己は一者に逆対応である、「ひとえに親鸞一人がためなりけり」という、個なればなるほど、斯くいうことができる。而してこの故に我々の自己は、逆対応的に一者において自己を有つということができるのである。絶対否定即肯定的に、かかる逆対応的立場において、どこまでも無基底的に、我々の自己に【平常底】という立場がなければならない。而してそれが絶対現在そのものの自己限定の立場として、絶対自由の立場ということができる」（三五五～六）。我々の自己が個なれば個なる程、絶対自由的に、【平常底】の立場に立つのでなければならない。かかる自由は西洋近代における自由と対蹠的立場に立つ。ユークリッド的なる所に人間の自由があるのではない。絶対否定から個が成立するという所に、わたしの場所的論理と神秘哲学とが逆の立場に立つ。わたしの立場を神秘的と考える人は、対象論理の立場から考えるからである。わたしの場所的論理の立場からは、絶対否定即【平常底】である。わたしは日本精神に於いてかかる両極端の結合があると思う。今日、世界史的立場に立つ日本精神としては、どこまでも終末論的に、深刻に、ドストエーフスキー的なものをも含んでこなければならない。しかし、ドストエーフスキー的精神は【平常底】と結合していない。

平常底と宗教的立場

【平常底】というのは常識と混同されてはならない。常識は歴史的に作られた社会的な知識体系にすぎない。しかし、常識は【平常底】と一脈通じる所がないでもない。我々の自己に【平常底】という立場がある故に、常識というものも作られるのであろう。カント認識論で常識は否定さるべきドクサであるが、そこにまた【平常底】的立場が含まれている。否定さるべきはドクサであって直観ではない。【平常底】というのは我々の自己に本質的な一つの立場をいう。人格的自己に必然的にしてそれたらしめる立場、真に自由意志の立場である。絶対的一者の自己否定的に個物的多として成立する我々の自己の、自己否定即肯定的に、自己転換の自在的立場をいう。我々の自己はこの点に於いて、世界の始めと終わりに触れ、それが自己のアルファとオメガである。そこに絶対現在的意識がある。どこまでも深く、どこまでも浅く、すべてを包んでいる。終末論的に【平常底】という所以である。【平常底】的立場に於いて、いつも終末論的なるがゆえに、時間即空間的、空間即時間的に、内が外、外が内に、内外矛盾的自己同一的に、作られたものから作るものへというこことができる。西洋哲学には抽象的なる意志自由の立場はあるが、【平常底】という立場はない。宗教的立場とは【平常底】の立場に徹底するにある。宗教心とは、どこまでも人間が人間成立の立場を失わないことである。宗教的立場そのものは、固定した内容を与えるものではない。それは立場の立場だからである。どこまでも無基底的に、永遠の生命そのものを把握する所に、真の宗教の目的がある。ゆえにどこまでも【平常底】に、元是真壁平四郎という、立場なき立場である。しかもそこから無限の大智大行が現われる。真善美の立場もここから出る。

民族宗教から世界宗教へ

人はよく宗教は神秘的なものという。神秘的なものは実践的生活に何の用も為さない。宗教が特殊な人の特殊な意識なら、閑人の閑事業にすぎない。宗教は平常心を離れるのではない。ただ、その底に徹するのである。⑲「そこに我々の自己は、絶対現在の自己限定として、逆対応的に何時も絶対的一者に触れているのである」(三五九)。そこに宗教がある。ゆえに宗教は個人の意識上のことではなく、歴史的生命の自覚である。いかなる宗教も民族宗教から始まる。併し民族宗教は民族とともに亡びる。生物的種としての民族の血が世界の自己表現的に自己自身を形成するにいたって歴史的種としての民族になる。ただ、唯一つの民族というものはない。世界は最初空間的で、民族は並列的である。世界はいまだ世界史的とはならない。しかし、作られたものから作るものへと世界が自己形成的になるに従って世界そのものが中心を持ってくる。立体的となる。そこに初めて世界が世界自身を自覚する。歴史的世界のかかる絶対現在的自己形成の内容が文化であるが、その根底にはいつも宗教的なるものが働いている。世界的世界は民族的なものを越えて、世界宗教的なるものにおいて自己同一をもった。中世のキリスト教がその役目を演じた。東洋ではこのようなものを持たなかったが、仏教も儒教もその資格はあろう。

宗教と文化

世界的世界が形成される時、世界が種々の伝統を失って、非個性的に、抽象的一般的に、反宗教的に科学的となると考えられる。近代ヨーロッパの方向である。世界的世界の自己形成の方向には、もとかかる否定的方面もふくまれていなければならない。どこまでもかかる自己否定を含むということが、かえって世界が絶対的実在と考えられる所以である。無論、単なる否定はそれ自身によってある実在ではない。神が自己否定に於いて自己を見るということである。かかる意味で科学的世界も宗教的ということができる。わたしの立場から宗教と文化との関係を明らかにしておけば、絶対者の自己否定即肯定的内容として真の文化が成立するのである。弁証法的神学に反対して、わたしは真の文化は宗教的に成立するとともに、真の宗教は文化的でなければならないと主張する。これは宗教を文化的に、単に合理的内在的に考えようというのではない。宗教はどこまでも内在即超越、超越即内在的である。それは従来の主語的論理や対象論理では把握できない。宗教的論理は歴史的世界形成的として、絶対弁証法的でなければならない。内在から合理的に宗教を考えることは宗教の否定である。宗教を否定することは、世界が自己自身を失うことであり、逆に人間が人間自身を失うことであり、人間が真の自己を否定することである。人間はもと自己矛盾的存在なるが故である。我々は真の文化の背後に、隠れたる神を見るのである。しかし、文芸復興以後ヨーロッパの文化は非宗教的に文化的方向に向かった。西洋文化の没落が唱えられるに至った。世界が自己自身を喪失し、人間が神を忘れた時、人間はどこまでも個人的に、私欲的となる。世界は遊戯的か闘争的かとなる。乱世的となる。文化的方向はその極限で、真の文化を失うに至るのである。中世への復帰を説いても、歴史は繰り返すものではない。いまや新たな文化の方向が求められなければならない。新たなる人間が生まれなければならない。われわれはどこまでも内へ超越していかなければならない。内在的超越こそ新しい文化の方向への途である。大審問官のキリストがそれである。新しいキリスト教世界は、内在的超越のキリストによって開かれるかもしれない。従来の因習的仏教は過去の遺物にすぎない。宗教に長所と短所があるのはやむを得ない。ただ、将来の宗教は超越的内在より、内在的超越の方向にあると考える。

宗教と国家

国家と宗教については、国家とは絶対者の自己表現を含んだ一つの世界である。だから民族的社会が自己自身の内に世界の自己表現を宿す時、即ち理性的となるとき国家となるという。この意味で国家は宗教的である。その根底において宗教的なる歴史的世界は、国家的に自己自身を実現するのである。しかし、国家が絶対者というのではない。国家は道徳の根源であるが、宗教の根源とはいえない。国家は絶対者の自己形成の方式として、我々の道徳的行為は国家的でなければならないが、国家は我々の心霊の救済者ではない。真の国家はその根底に於いて自ずから宗教的でなければならない。真の宗教的回心の人は、その実践に於いて、歴史的形成的として、自ずから国民的でなければならない。しかも両者の立場はどこまでも区別されなければならない。近代国家が信仰の自由を認めてきた所以である。仏教は従来非国家的と考えられてきた。しかし、鈴木大拙は大無量寿経によって浄土と娑婆の一如性を示唆している。ここから浄土真宗的に国家を考えられると思う。国家とは、此土において浄土を映すものでなければならない。

第九節 「宗教論」を読んで

以上、宗教論全体の主張を追思考してみた。全文のうねりからまず、同論文がタイトルどおり「場所的論理と宗教的世界観」であることが納得されよう。「一」「二」はまさに場所的論理による世界観の展開であり、「三」にいたってはじめて「入信」が話題になる。物質世界から生物的世界を経て人間的自己が絶対者と接する歴史的世界にいたり、「三」の人間世界に宗教がやっと導入される。そして、キリスト教、仏教という実定宗教は「四」ではじめてテーマ化される。それもあくまで歴史的世界の自己限定の立場からであり、その立場は以後宗教に関わる諸問題を扱う末尾まで変わらない。西田はこの歴史的世界がそもそも宗教的だからそこに（実定）宗教が生じるといっているのであり、この一見同語反復的な主張を場所的論理によって合理化してみせている。論文のタイトルがこの力技をみごとに要約している。

西田はこのようにあくまでじぶんの立場から宗教を論じているのだが、かれの論じている宗教は「心霊上の事実」なのである。宗教の根本概念たる「神は心霊上の事実」とも言う。ある意味この宣言に西田の宗教論の特徴があるのであり、これに躓くなら以後論文の主張のすべては絵空事になる。そう躓くのは対象論理に縛られているからだといって西田は説得にかかっているのであるが、西田の宗教論の核に宗教に対する右のような先行理解があることを押さえることがカギとなる。ここを押さえれば西田の宗教論の展開はほぼ理解できる。宗教が心霊上の事実だからそれは実定宗教に顕わされると共に後者によって汲み尽くされることができない。西田がキリスト教にも仏教にも理解を示し、同時に批判を投げることができる理由である。また、宗教が心霊上の事実であるからこそそれは特殊な人の特殊な関心事ではない。むしろすべての人の自己成立の根底にある事実である。その意味で入信の機縁はどこにもあるし、入信の人は少ないとしても入信とはかえって自己成立の根底に徹すること、平常底の立場にほかならない。真に歴史的個として生きることである。また宗教が心霊上の事実であるからこそ、それは民族、文化、国家の根底たるものであるのである。

宗教論のこうした大局の中にあらためて秋月の指摘をおいてみる。秋月は「逆対応」の概念に西田の滝沢への応答があると指摘したが、論文中にその旨の明示がないばかりではなく、当該概念じたいが容易に把握しがたい上、さまざまな文脈で使われているように思われる。秋月の指摘に反してどこに滝沢への応答があるのか、けっして自明ではないように思われる。少なくとも「逆対応」の語に西田の応答をみ、論文そのものが滝沢へ宛てられたように語るのは禅体験を前提にした思い切り（発見！）なしには無理があると思われるのである。読者はどう感じられるであろう。しかし、この問題の吟味は本書の第三部以降に持ち越すことにしたい。ここではあくまでふたりの思想的交流の跡を資料的に確定しておくことで満足したい。秋月にしたがって「逆対応」の語をふくむ文に傍線を付しておいたが、詳細な検討は後に譲って、ここでは本旨に戻って一歩先に進めたい。

滝沢は西田の応答であるこの「宗教論」に満足したのであろうか。

第五章　滝沢は西田にどう反応したのか　…第四期　戦後滝沢の論評

滝沢の西田哲学批判への西田自身の応答はかれの宗教論、つまり「場所的論理と宗教的世界観」であった。西田はその執筆直後、敗戦直前の混乱期に逝去した。その論文をめぐって西田と滝沢との間に直接の議論はかなわなかった。現在われわれが手にするのは滝沢の戦後の発言だけである。かれは「宗教論」での西田の応答に満足したのだろうか。それは明白であった。満足しなかったのである。これからその次第を見ていくが、その前にあらためて次のことを想起しておきたい。滝沢は戦後も西田を論じ続けた。それは西田哲学への高い評価ゆえであった。かれは終生西田を自分の学問の師と呼び、敬愛し続け、戦後多くの人が「西田」から離れたにもかかわらずその哲学の重要性を力説し続けた。滝沢における「場所」の思想の意義を見てきた我々にはその理由がよくわかる。その敬愛は全共闘の際の山本義隆との往復書簡にさえ表れた。そのことを忘れることはできない。これからみる滝沢の西田批判は西田哲学を高く評価するがゆえの批判、いわば継承的批判なのであり、その真意はあくまで西田哲学の批判的な継承にあった。そのことを念頭に以下を読み進めていただきたい。

第一節　戦後の文献

周知のように、西田は宗教論を執筆して二ヶ月もしないうちに亡くなる。滝沢は「場所的論理と宗教的世界観」を西田生前には読むことができなかった。同論文は昭和二一年二月出版の『哲学論文集第七』に掲載された。滝沢はおそらくそのときに読んだものと思われる。いずれ戦後の混乱期である。滝沢がタイトルを指定して同論文に言及するのはずっと後のことになる。一方、西田哲学についてはたびたび発言している。次節以下それらを順に辿って滝沢の反応を見てみたい。

戦後、滝沢の西田論は一九五〇年代から始まり、六〇年代、七〇年代と間歇的に続いていった。そのすべてを列挙することはそれほど難しいことではない。まずタイトルによって該当文献を掲げておこう。

1、「西田幾多郎」(向坂逸郎編著『近代日本の思想家』所収、一九五四年、和光社。のち『著作集1』(七二年)に収録)。

2、「破壊と創造の論理――「思想の自由」から自由なる思想へ」(『大学革命の原点を求めて』(六九年、新教出版社)所収)

3、「思想・学問の自由と国家権力」(『潮』六九年夏季別冊、のちに『自由の原点・インマヌエル』(六九年十二月、新教出版社)所収)

4、「近代主義の超克」(七二年講演、のち『わが思索と闘争』(七五年、三一書房)所収)

5、『日本人の精神構造』(七三年、講談社、八二年、三一書房)

6、「「不可逆」私感」(『秋月龍珉著作集』第五巻月報十五、七九年、三一書房。のち『読解の座標』(八七年、創言社)に所収)

以上である。これらは単に西田の名前に触れたり西田哲学を名指したりするというのではなく、西田哲学を論じて批判的言及をしたもの、あるいはそういう部分を含むものである。これらを辿ることによって、西田の応答に対して滝沢がどう反応したか、滝沢の西田哲学に対する最終的な評価がどのようなものになったか、そして滝沢自身の哲学的立場がどうなるのかをみることができる。以下、右に付した番号をもって各文献を指示することにする。つまり、「文献1」とは右に1としてあげた文献「西田幾多郎」を意味する。

なお、右文献グループには含めなかったが、次もある。

「西田先生とバルト先生」（『西田幾多郎全集』第16巻月報、六六年、岩波書店。のちに下村寅太郎編『西田幾多郎―同時代の記録』（七一年、岩波書店）、さらに『滝沢克己著作集1』（七二年）に収録）。

これは二人の師への敬意をこめた回想であり、西田哲学への批評を含まない。右文献中に含めなかった理由である。

第二節　本文テキストの提示

さて、文献1から6までの本文テキストを提示しよう。といってもそれぞれの全文ではなく、批判を含む部分だけを抜き出して提示する。文献6はすでに第3部で全文引用したが、大事なので煩をいとわずここでも提示する。まずはすべてを虚心に読んでいただきたい。

○

〔文献1〕「西田幾多郎」（一九五四年）…戦後最初の言及（五四年）

もしも博士が、「非連続の連続」といい、「逆限定」といったその本来の意図を、右のようにどこまでも徹底して行ったならば、博士はおそらく、「即」といい、「矛盾的自己同一」という言葉で表された積極的なもの——在来のキリスト教の「悲しき面もち」に対する決定的批判——をいささかも害うことなしに、百尺竿頭さらに一歩を進めて、この世界の向う側（宮沢賢治のいわゆる第四次元）とこちら側と、向うからの事とこちらからの事とは、事実上絶対に逆にすることを許されない順序をもって区別せられていることを見出したのではないであろうか。

有限の個物即絶対無限の実体、個物の運動即絶対者の活動、事実存在する個人の自覚即神の自己表現（「絶対無の自覚」）——またその逆——ということは、確かに、動かすべからざる真実である。併しそれは、個物・人間の活動は、如何なる場合にも決して神を離れることができない、その積極的・実有的な内容はすべてこれを神から受ける、ということであって、仮令「絶対矛盾的」・「逆限定的」・「直観弁証法的」にであっても、その順序が逆にされうるということではありえない。事実存在する人間の自覚が神自身の・同じその人としての・自己表現に合致するとき、その人の自覚は真実である。その場合、合致したその成果だけを見れば、それは単純に一なるものとして、どちらから言ってもかまわないと考えられる。しかしその場合でさえも、前者はただ後者に基づいてのみ可能となり現実となるのであって、決して単に「相互限定的」であるのではない。後者は何処までも前者に先立つもの、前者は無条件に後者を尋ね求むべきもの、ただ後者に附き随うことによってのみ積極的にリアルなものとなりうる映像にすぎない。この世界に存在する物ないし人が完全に正しく自覚することによってリヤルになるのは、かれの意識としての神の観念であって、神そのものではない。反対に実在する神を離れてかれという生命が絶対に存立しえないから、事実存在する人間は如何に無道な物もこの事実をそのままに受け容れるまでは、決してほんとうに落ち着くことができないのである。従って、そこには、そもそもの始めから、「多と一」・「個別者と一般者」の「矛盾的自己同一」とか「逆限定」とかいう弁証法的な用語をもってしてさえ、どうしても的確に言い表すことのできない何ものかがある。この点をもっと詳細に明らかにしなければ、如何にヘーゲルとの相違を強調しても、再びヘーゲルと同じ観念論に辷り込む危険を免れないであろう。(『著作集1』(法蔵館)四三二〜三頁所収)

〔文献2〕「破壊と創造の論理」の注12(六九年)…全共闘運動の中での言及

人間的主体(自己)成立の根底に宿る原決定と人間的主体的な自己決定とのあいだに厳存する、絶対に不可分・不可同の関係に、同時に秘められている絶対的な不可逆性を見落とすことから、思想の観念化が始まる。この点を見逃すかぎり、「唯物論」といっても、ひっきょう裏返しの観念論を出でえない。(このことは単に「機械的」な唯物論のみならず、「弁証法的・史的唯物論」といわれるものにも厳密に当てはまるであろう。)わが西田哲学が「絶対矛盾的自己同一」という新しい論理の発見・表現にまで至りながら、人間事象の研究において真に客観的・科学的方法を確立するにはなお十分でなかったのも、主としてそのためだと思われる。

(『大学革命の原点を求めて』三一七~八頁)

〔文献3〕「「思想学問の自由」と「国家権力」」(六九年)…全共闘運動の中での発言

西田幾多郎著『日本文化の問題』は、博士が「自己成立の根底」に見いだした「絶対矛盾的自己同一」の「場所的弁証法的論理」を駆使し、日本文化の真の特質を明らかにすることをとおして、「天皇」の誤った神格化——当時のいわゆる「皇道主義」の倒錯と迷妄——を正そうとして書き下ろされた。「絶対矛盾の自己同一」の論理そのものは、例えば同じころ書かれた論文「デカルトについて」を取って見ても明白なように、田辺博士ほかいわゆる「京都学派」のそれとはまったくその類を異にして、実人生の根底的リヤリティーに触れる内実を含んでいた。ただ、その場所的弁証法には、恨むらくはなお「絶対に不可逆」ということが欠けていた。今詳しく立ち入るいとまはないが、そのため、人間現象にかんする厳密に科学的な方法と一貫することができなかった。戦後、時勢に乗った形而上学的虚構として、この書が、「絶対矛盾の自己同一」という語の指し示すリヤリティーについてはまったく盲目な「進歩的・革命的知識人」による、絶好の攻撃材料となったということも、まことにやむをえないことかも知れない。しかし、本書までを含めて博士自身の哲学には、こんにちだれもこれを素通りすることの許されないある大切なものの含まれていることは、博士がすでにはやく、昭和初年に、ベルグソンの哲学に真に実在する空間を見る眼の欠けていることを指摘しておられることによっても明らかであろう…。…中略…　筆者はそぞろ、ヘーゲル没後、「死んだ犬のごとくかれを捨て去った」当時流行の風潮を憤って、かれの弁証法にしたがってその『資本論』の論理を展開した老マルクス…中略…を思わざるをえない。（『自由の原点・インマヌエル』三四六頁）

〔文献4〕「近代主義の超克」（七三年）…七三年の言及

…西田哲学においては、「絶対矛盾的自己同一」というその矛盾の統一点、そこに絶対に逆にできない関係があるということがどうも十分に紛れなく明らかになっているとは言いがたい。晩年の論文には「知本報恩」というようなことがとくに言われていますし、論理的な表現としても、例えば「主語となって述語とならないもの」（個物・個人）がそれとして成り立つのは、ただ「述語となって主語とならない超越的述語面」——これがついには「絶対無の場所」というところまで深められていくのですが、そういう超越的述語面——において限定せられたものとしてだというふうにいわれるとき、その個の実在の一点に不可逆的な関係があるということは、すでに考えられているはずですが、しかし、そのことをとくに心にとめて、さらに精密にそこにどういうことがあるかを見きわめてゆく、というまでに至らない。いま詳しく立ち入って説明することはできませんが、このことはおそらく、一つには覚者のほかに仏はないという禅に一般的な傾向、それからまた一つには、先生が西洋の哲学からはいって、もともとふつうの意味の「論理的・概念的な包摂関係」を拒絶する根源的な存在論的関係をまでも、あくまでもそれになぞらえて把握・表現しようとしたことから来た制限であるのでしょう。何でもないことのようですが、このことの及ぶところは非常に大きいので、この点をほんとうに明らかにするということがありませんと、どうしても、がんらいの積極的な体系のなかにははいりえない「罪」とか「悪魔」とかいうものを体系のなかに取り込まなくてはならないような錯覚を生じる。したがって、人間現象を扱うばあいにその正常（真実）形態と疎外（虚偽）形態の区別、前者から後者への顛落、後者の前者への逆転が、現実の人の何処からどのように起るかということも十分明かにならない。したがってまた、魔術的・呪術的方法とまったく逆の科学的方法をもって一貫することがむつかしくなる。一言で申しますと、どうしても旧い形而上学の片鱗が残ってくるということになる。このことと、西田哲学のなかにマルクスの開いた社会科学の基礎範疇が正しく批判的に摂取されて新たな実りをもたらすことができなかったということとは、やはり深い関係のあることかもしれないと思われます。（『わが思索と闘争』三一書房、一九七五所収、七九～八十頁）

〔文献5〕『日本人の精神構造』（講談社、七三年）…同年（七三年）の言及

（あ）しかしながら、「絶対矛盾的自己同一」とかれの言い表した一点には、もともと、「主観と客観」という近代哲学の図式によってはいうまでもなく、「一般概念と個物」、「空間と時間」「直観と行為」、「物質と精神」等、西洋伝来の論理と概念だけではどうしても言い表すことの出来ない、重大な関係・契機が含まれていた。「絶対矛盾的自己同一」とか、「超越的述語面」とか、「絶対無の場所」とかいうかれの表現じたいが、すでにそのことを暗示しているといってよい。

（い）しかしそれにもかかわらず、かれ自身の主な関心は終生、かれの逢着したその根源的な一点自体に、事実どういう区別・関係ないしは順序が含まれているか、眼に見えぬどんな力と力がぶつかりあっているかを、旧来の論理にこだわることなく、さらに立ち入って直接に、見きわめ言い表わすよりも、むしろ半ばはそれに凭れたままですぐにひるがえって、人間のはたらきのもろもろの極・世界内部のさまざまな事象を統一的に説明して、そのそれぞれの位置と役割を指し示すことの方に向けられたように見える。

（う）抽象的・孤立的に考えられた「私」を自明の前提として自己内外の至る所に分裂と抗争、癒着と亀裂を露呈しつつあった西洋哲学のなかから出て、これを脱却・凌駕しようとひたすら苦闘したかれにとって、おそらくそれは、避けがたい一階梯をなすものであったであろう。また、西洋にいわゆる「自覚」が完全に絶えるところに始めて現れるものとはいえ、やはり人間的自覚の一形態にすぎない正しい自覚（「正覚」）と、その自覚がそれの一反映として生起するところの、真にそれ自身で在りかつ生きている、真理自体（真実主体）とのあいだの、厳密な区別に十分な注意を払わない禅仏教の傾きが、哲学者としてのかれの関心を、かれ自身のいわゆる「絶対矛盾的自己同一」＝「自己成立の根底」自体に、現にどのような区別・関係・順序が秘められているか――それを主たる対象として考察する方向へ深入りすることを妨げたということもあろう。

（え）もしも筆者の誤解でないなら、かれは最後まで、事実存在する人間、その織り成す歴史的・社会的現実には、かれがなおひそかに意図していたような意味での「統一的説明」が、たとい「弁証法的一般者の自己限定」といっても、絶対に不可能な何ものかの含まれていることを、じゅうぶんにはっきりと自覚するには至らなかったのだ。

一　人間成立の根底に横たわる関係の絶対不可逆性について

「絶対矛盾的自己同一」として、「個物的限定即一般的限定」であり、その「即」は「即非の即」、「逆限定的・逆対応的にはたらく即」だといっても、それだけではなお一つの重大な曖昧を残さざるをえないであろう。例えば、事実存在する一個の人間（この私自身）についてそう言うばあい、それはまず、（a）人間存在における事実と本質、身体と精神、受動と能動、表現と行為等の両面が、相互に一方から他方へ渡ることができないように区別されていながら、しかもその厳格な区別のままで、一方から他方へどうしても引き離すことができないように一であるという、相互的・弁証法的な事態を意味するであろう。しかし、（b）もしもその「一般」とか「普遍」とかいう語で、絶対に人間的主体ではない、真にそれじたいで在りかつ生きている、不可視の主体（「絶対無的主体」）が意味されているとすると、ひとしく「絶対主体即人間的主体」といい、その「即は即非の即、逆限定的対応の即」だといっても、事態はまったく異なった相を呈して来ないわけにはいかない。すなわちこのばあいは、前のばあいと同じ意味で、その一方が存在しなければ他方もまたけっして存在しないと、いちがいに言ってしまうことは許されない。絶対的主体と人間的主体、かんたんにいって真実の神と人との関係は、絶対に不可逆的である。両者の関係点に厳存する能動と所動は、人間がそれにおいて成り立ってのち——むろん時間的にではなく、事柄そのものの順序からいってだが——その人間に、あるいは人間相互の間に必然的に帰属してくる能動・受動の相互的・相対的な関係とは、まったくその次元を異にしている。その「受動」は人間にとって、文字どおり絶対的である。これを受けるも受けないもない、絶対に有無を言わさぬ決定として、そこにはなお、人間的主体の活動の両極としての能動はもちろん受動もない。いなそれは、それなしには「人間にとって」というようなことが、そもそも語られない端的な事実であり、根源的本質的な制約である。この宇宙に人が成り立つということも、人であるということそのことも、絶対に人間の思いやはからいには依らない、人間にとってはただ謹んでこれを承認するのほかない、単純な事実であり大いなる事理なのである。

二　人間の現実形態に含まれている不可逆的二重性について

自己（人間的主体）成立の根底に秘められている右の事実——神と人とのあいだの、直接無条件の統一そのものに含まれている絶対に不可逆的な区別——に堅く眼をとめると、私たちにはまたおのずから、上記（a）の意味の〔人間存在の両極にかかわるかぎりの〕「個物的限定即一般的限定」、「行為即表現」ということは、けっしてたんに人間的主体の働きもしくは姿に属する両極（両側面）として、ただそれだけで生起・存在することのできるものではないことが明らかになる。すなわち、人が生きるということ、はたらくということは、もともとただ、上記（b）にいう大いなる決定＝絶対に不可逆的な神・人の関係（点）に対する人間的反応として、必然的に、つねに新たに生起する事象にすぎない。いいかえると、人の成り立つのはそもそも、人ではない神の決定（決定する神）そのものを、神ではない人である限りで、この世界のただなかに表現すべく成り立つのである。意識的にせよ「無意識的」にせよ人間の自己決定の背後――これを自己の前に置いて見ること《vorstellen》すること）の絶対に不可能な背後――には、直ちに、神の決定＝決定する神そのものが立っている。この意味では、その大いなる決定をとおしての、神自身の、この世界のただなかにおける自己表現、人の思いの最も暗い隅々にまでも貫徹するかの決定の支配（隠れたる神の視線）の外には、いかなる人の生活も、事実上一瞬も起こっていないし、また起こりえないということである。

（イ）絶対無条件な神自身の自己決定が、即、絶対不可逆的・逆対応的に（ロ）人自身の自己決定である。人による神の〔gen.obj.〕表現は、それ自身、絶対不可逆的・逆対応的に、神の〔gen.subj〕人における自己表現である。前者が正しく行なわれるということは、それが後者に合致するように生起するということである。したがって、それが完全に正しく行なわれるとき、前者と後者は一枚となる（現象的に同一の事象となる）であろう。その間に微塵のずれもないかぎり、その人による神の表現、その人自身の生はすなわち、神のその人としての自己表現だといわなくてはならないであろう。しかし、そのときといえども、前者と後者とのあいだには、いわば映像と、これがそこからそれにむかって生じ、それによって審かれかつ変革を促されるその原像として、絶対に逆にすることを許されない先後・主従の別のあることを、けっして見失ってはならないのである。

三　人間の「罪」もしくは「虚無の誘い」について

ところが西田哲学においては、右の（一）にいう（a）〔「身体と精神」「感覚と理性」など人間存在における両極の相対的弁証法的な関係〕と（b）〔人間的主体即真実無限の主体という絶対弁証法的な関係〕との間の区別が十分に明らかでない結果、また必然的に、（二）にいう（イ）〔真実無限の主体（神）の、一個の客体的主体（人）における自己表現〕と（ロ）〔人による神の表現としての人間の自己限定〕とのあいだの区別がいくぶんか曖昧となることを免れない。そうしてこのことはまた避けがたく、真に根源的な意味で人間の「罪」あるいは「虚無の誘い」に関する認識の曖昧と繋がって来ないわけにはいかないのだ。

神人の根源的・弁証法的（絶対に不可分・不可同・不可逆的）な関係（点）に置かれている人が、この関係の真実の主なる神を、人として正確に表現するかぎり、その人間の生のすがたは、それ自体すなわち、神自身の、人としての、自己表現だと言ってよい。いいかえると、かの神人の原本的な関係（点）そのものからは、そこに秘められている人の限界を無視し、その大いなる決定に背いて人が人であろうとするというようなことは、意識的にも「無意識的」にも、起こりようはない。にもかかわらず、生まれながらの人はみな、かの大いなる決定に背き、絶対に超ゆべからざる——超えることができない、超える必要がない、したがってまた超えてはならないという、「べし」という語のすべての意味で「超えるべからざる」——限界に盲いて、生きようとする傾きを免れない。いったい、どこからこのような傾き、真実の主を無視してみずから主であろうとする衝動が生じるのか?——そこには、積極的に存在する原因とか根拠とかいうものは何もない。ただ単純に虚無《Das Nichtige》から、というほかはない(人間の虚栄とは文字どおり、無いものを有るとすること、たんなる虚無の誘いへの・人として絶対に「言い逃るる術なき」(ローマ書一・二〇)、屈服である。真実の主・「在りて在るもの」に対する理由なき反逆であり、罪である)。したがって、現実の生活・人の歴史の現実は、たといそれが、「絶対矛盾的自己同一」、「絶対無の場所」、「弁証法的一般者」といっても、一つの同一者、一般者の自己限定、自己表現として、これを明らかにすることはできない。現実の人の生のすがたは、その根底において、そのつどかならず、かの唯一の大いなる決定・関係・限界点に対する一つの特定の反応・応答の仕方として、直接これとかかわってはいるが、それが反逆・逸脱の形をとるということ、すなわち、人間の「疎外形態」はもともと、かの決定(の主)とは全然別な単なる虚無の誘い——人間的主体に即していうと、生まれながらかれ自身のそれに染みている罪そのもの——の果実だからである。ところが、西田哲学においては、その晩年の諸表現をまで含めてこの点の十分な自覚を欠きながら、現実の歴史・社会を体系的・論理的に整理・説明しようとする形而上学的傾向を残していることは、なんとしてもこれを認めないわけにはいかないのである。（同書一〇〇～一〇五頁まで）

〔文献6〕「「不可逆」私感」…晩年七九年、最後の言及

西田哲学ではっきりしなかった「不可逆」の一事を、カール・バルトのもとで始めて学んだ、と私が書く。するとたちまち、「そのような所説は、人間の真実の自覚以前の有神論への逆戻りにすぎぬ」――そういう、禅者たちの批難を招く。しかしまた、その逆の例もないわけではない。「〈逆限定〉という三字の現れた後の西田哲学では少なくとも内容上、〈不可逆〉ということもはっきり言われている」というのである。（例えば、「場所的論理と宗教的世界観」における親鸞への言及）。

しかし、もしひとがただそれだけを切り離して、抽象的一般的に、「不可逆」というなら、それは、波多野精一の「宗教哲学」はおろか、北森嘉蔵の「神学」のなかにさえ容易に見いだされるであろう。つまり、禅者の斥ける「有神論」以外の何ものでもないであろう。またあえて「逆限定」という表現を俟たずとも、「絶対矛盾的自己同一」と言い表された原事実・原関係には、すでに「不可逆」という契機もまた含まれているといってよいであろう。それどころか、さらにさかのぼって、私のいう「後期西田哲学」（『働くものから見るものへ』後編以後）の最初に、「場所と於いてあるもの」とか「超越的述語面」とかいう語もまた、むぞうさに翻すわけにはいかない何ものかを指し示しているといわなくてはならないであろう。「不可逆」

の契機の承認からは最も遠いと見える久松禅学においてさえ、よく見れば、それがただ単にな

いとはいえないことは、私もかつてこれを明らかにしたとおりである（三一書房『宗教を問

う』)。じっさい、「絶対矛盾的自己同一」を離れて、「不可逆」をほんとうに説くことはできな

いし、その逆もまた真である。そのかぎり、近来禅者のなかに「不可逆」の語にさしたる抵抗

を覚えない人々の現れつつあること、他方、西田哲学のなかに親鸞の登場することは、けっし

て異とするに足りないのである。

しかし、それにもかかわらず、西田哲学に「不可逆」の契機が十分明らかでないという私の思いは、かならずしも、昭和七年（一九三二年）、『無の自覚的限定』刊行の直後に、カール・バルトに会うことを得た者の個人的経歴のせいばかりではないように、今もって私には思われるのだ。例えばバルトは、「悪魔」すなわち「一切の罪の源」を《das Nichtige》（単なる虚無）と言い切って、存在の積極的体系の外に位置づけることを憚らなかった。かれにとってこのことはすなわちまた、人間における罪の諸形態の現実を、ほんとうにありのままに見、的確に取り扱う唯一の道でもあった。西田哲学のばあい、「弁証法的一般者」はもとより、「場所的論理と宗教的世界観」の一編に至っても、その点なお一抹の曖昧が残されていないかどうか。――むろん、あらゆる点でバルト神学を西田哲学の上に置くというようなことではないにしても、この場合紙一重の差は千里の隔たりでもありうることを、私たちは深く心にとどめなくてはならないであろう。

ところで、この著作集の著者秋月龍珉のばあいは果してどうか、――これもまた、すべての

読者に課せられた一つの公案であろう。私もまた諸兄の驥尾に附して、今後いっそうの研鑽を積みたいと思う。（一九七九・三・二七）（創言社『読解の座標』（一九八七）所収、二〇四～六頁）

第三節　要約…戦後滝沢の西田論

テキストを通読していただいた読者には、戦後の滝沢の見解を包括的に知っていただけたことと思う。五四年、西田哲学への戦後最初の言及のなかにすでに「逆限定」が出ている。滝沢は戦後最初から、西田の全著作を視野に発言していることがわかる。そこには西田哲学への高い評価と尊敬が維持されている。とともに、批判も維持された。滝沢の西田哲学に対する態度は「高い評価」と「批判」の併存という点で、戦前戦後と一貫していたといっていいであろう。読者は戦後のこの時期に西田を肯定的に評価することが決して容易ではなかったことをあらためて想起されたい。

滝沢戦後の西田哲学評を右文献のかぎりで要約しておく。

（1）　西田哲学の意義　「絶対矛盾の自己同一」の論理そのものは、「実人生の根底的リヤリティーに触れる内実を含んでいた。」（文献3）　この哲学には、「こんにちだれもこれを素通りすることの許されないある大切なものが含まれている。」（同）。

（2）　西田哲学の不徹底　「西田哲学においては、「絶対矛盾的自己同一」というその矛盾の統一点、そこに絶対に逆にできない関係があるということがどうも十分に紛れなく明らかになってい

ると は言いがたい。」（文献4）「もしも博士が、「非連続の連続」といい、「逆限定」といったその本来の意図を、…どこまでも徹底して行ったならば、博士はおそらく、「即」といい、「矛盾的自己同一」という言葉で表された積極的なもの――在来のキリスト教の「悲しき面もち」に対する決定的批判――をいささかも害うことなしに、百尺竿頭さらに一歩を進めて、この世界の向う側（宮沢賢治のいわゆる第四次元）とこちら側と、…事実上絶対に逆にすることを許されない順序をもって区別せられていることを見出したのではないであろうか。」（文献1）「しかしそれにもかかわらず、かれ自身の主な関心は終生、かれの逢着したその根源的な一点自体に、事実どういう区別・関係ないしは順序が含まれているか、眼に見えぬどんな力と力がぶつかりあっているかを、旧来の論理にこだわることなく、さらに立ち入って直接に、見きわめ言い表わすよりも、むしろ半ばはそれに凭れたままですぐにひるがえって、人間のはたらきのもろもろの極・世界内部のさまざまな事象を統一的に説明して、そのそれぞれの位置と役割を指し示すことの方に向けられたように見える。」（文献5）

（3） 不徹底の由来 「一つには覚者のほかに仏はないという禅に一般的な傾向」（文献4）、「西洋にいわゆる「自覚」が完全に絶えるところに始めて現れるものとはいえ、やはり人間的自覚の一形態にすぎない正しい自覚（「正覚」）と、その自覚がそれの一反映として生起するところの、真にそれ自身で在りかつ生きている、真理自体（真実主体）とのあいだの、厳密な区別に十分な注意を払わない禅仏教の傾きが、哲学者としてのかれの関心を、かれ自身のいわゆる「絶対矛盾的自己同一」＝「自己成立の根底」自体に、現にどのような区別・関係・順序が秘められているか――

それを主たる対象として考察する方向へ深入りすることを妨げたということもあろう。」（文献5）「それからまた一つには、〔西田〕先生が西洋の哲学からはいって、もともとふつうの意味の「論理的・概念的な包摂関係」を拒絶する根源的な存在論的関係（「もともと、「主観と客観」という近代哲学の図式によってはいうまでもなく、「一般概念と個物」、「空間と時間」、「直観と行為」、「物質と精神」等、西洋伝来の論理と概念だけではどうしても言い表すことの出来ない、重大な関係・契機」（文献5）、「「多と一」・「個別者と一般者」の「矛盾的自己同一」とか「逆限定」とかいう弁証法的な用語をもってしてさえ、どうしても的確に言い表すことのできない何ものか」（文献1））をまでも、あくまでもそれになぞらえて把握・表現しようとしたことから来た制限であるのでしょう。」（文献4）

（4）不徹底の帰結　「絶対的な不可逆性を見落とすことから、思想の観念化が始まる」（文献2）。「がんらいの積極的な体系のなかにははいりえない「罪」とか「悪魔」とかいうものを体系のなかに取り込まなくてはならないような錯覚を生じる。したがって、人間現象を扱うばあいにその正常（真実）形態と疎外（虚偽）形態の区別、前者から後者への顛落、後者の前者への逆転が、現実の人の何処からどのように起こるかということも十分明かにならない。したがってまた、魔術的・呪術的方法とまったく逆の科学的方法をもって一貫することがむつかしくなる。一言で申しますと、どうしても旧い形而上学の片鱗が残ってくるということになる。」（文献4）西田は「最後まで、事実存在する人間、その織り成す歴史的・社会的現実には、かれがなおひそかに意図していたような意味での「統一的説明」が、たとい「弁証法的一般者の自己限定」といっても、絶対に

不可能な何ものかの含まれていることを、じゅうぶんにはっきりと自覚するには至らなかったのだ。」（文献５）

以上、滝沢の西田評が実に懇切なものであることをあらためて証示できたと思う。それはまさに西田哲学の不徹底を突き、その由来、帰結を指摘し、返す刀でその克服を語り、西田哲学を最終的にひとつの形而上学と断じている。本来その克服の次第こそ肝心であろうがその読み取りは読者に委ね、ここでは戦後滝沢の西田哲学評を対自化するにとどめたい。読者は滝沢と西田哲学とのかかわりが晩年まで続いたこと、その意味でかれが最期まで西田哲学にこだわったことを覚えていただきたい。

第四節　秋月説への反問

ここであらためて振り返ると、秋月の証言はいったい何だったのかと問わざるをえない。西田の宗教論は滝沢の批判に対する応答ではなかったのか。「逆対応」の論理は西田が滝沢の批判に答えたものだったのではないか。それなのに何ゆえに滝沢の戦後の西田哲学批判であろうか。いったい何が起きているのか。

第三部　宗教論にみる交流

第一章　秋月の指摘から問題の再構成へ

第一節　前二部を振り返って

われわれは本書第一部で西田の滝沢宛て書簡を分析した。そこで次のことが確認された。西田と滝沢の間には一九三三（昭八）年以後一九四五（昭二十）年まで、書簡と面会によるかなり頻繁な交流があった。交流の内容は哲学上の師弟関係を基調に、生活全般にわたるものであった。そうした交流の中で、しかし、一九三六（昭和十一）年以後、右の基調とは異質なもの、あえていえば不協和音が書簡に混じるのであった。そこには、若い滝沢が西田の思想の不徹底を指摘し、西田がそれを認め、滝沢の指摘に応答を約束するという関係、つまり「滝沢が攻め、西田が受ける」という関係が発生していた。そして書簡から、西田の応答がどうやら宗教論にありそうだと推測できた。しかし、書簡の限りではそれはどこまでも推測の域を出ることはなく、断定にいたることができなかった。また、書簡分析は田辺哲学の評価に関して西田と滝沢の間に深い共鳴があったことを教えていた。あえて言えば、田辺からの批判に直面していた西田は、自分を理解する滝沢の田辺批判に勇気づけられ、ふたりの間には田辺に対する一種の共闘関係が出来上がっていたことが窺われたのである。

ついで第二部でわれわれは、「西田晩年の宗教論は滝沢の批判への応答であった」とする秋月龍珉の貴重な証言に導かれ、西田と滝沢の交流をふたりの著作テキストをとおして探ってみた。そこで次のことが確認された。ふたりの交流は滝沢の処女論文「一般概念と個物」に対する西田の高い評価から始まった。論文は「場所の思想」をよくつかんだものであり、滝沢はこの立場を自家薬籠中のものにして自身のキャリアを始めた。しかし、ドイツ留学から帰って滝沢が発表した『西田哲学の根本問題』が二人の師弟関係に微妙な変化をもたらした。その表れが書簡での先の不協和音であった。同書は、バルトのもとでキリスト教神学を学んだだけでなく、彼の神学に疑問を投げつけた滝沢の目を通してみた西田哲学への批評であった。そこに、西田哲学に対する重大な疑問が書きつけられていた。その疑問は西田哲学の実在把握を問うもので、内容的にはやはり宗教の問題に関わるものであった。西田はその批判を深刻に受け止めたと思われる。書簡で宗教論を約束していたのは、滝沢への応答をそこでするという予告だった、テキストのやりとりからはそう考えるのが自然かと思われてきた。そこで、西田の宗教論である「場所的論理と宗教的世界観」を取り上げてみた。ところが、それが「滝沢の批判に対する応答である」とは、われわれには容易に読み取れなかった。西田の死によってふたりの思想的交流は断ち切られたが、滝沢の戦後の西田論を読むと、西田の応答が宗教論にあったとみることを否定する発言はみられないものの、滝沢がその内容に満足しなかったことは明白であった。「西田晩年の宗教論は滝沢の批判への応答であった」という秋月の証言は、俄かにはその真実を顕わにしなかったのである。

以上が本書第一部、第二部の帰結である。

第二節　驚くべき真実

第一部、第二部をそう要約してハッとする。西田と滝沢の交流は一貫して師弟関係であったが、その実質は二十代後半の滝沢が主導したということ、令名高き還暦の哲学者にその思想の不徹底を指摘し、これを認めさせ、「決死の覚悟」（久松真一宛書簡、二一八一）をもってこれを克服する努力に至らしめたのは、なんと無名の若い滝沢だった、ということである。しかも滝沢は西田渾身の応答を一蹴した。細部はこれから詰められなければならないが、大筋ではそう語ったことになる。

何ということであろうか。

「近代日本における最初の真に独創的な哲学者」と形容され、今でも評価が高い西田に、こんなエピソードがあった。だれが俄かに信じられよう。しかし、これまで見てきたとおり、どうしてもそう考えざるを得ないのである。

筆者は第一部第一章の冒頭で坂口博のことばを引き、次のように書いておいた。迂遠だが、坂口からの引用をふくめて再び引いてみる。

「「西田幾多郎（一八七〇・五・一九～一九四五・六・七）と滝沢克己（一九〇九・三・八～八四・六・二六）の出会いは、ひとつの「事件」であった。四十年の年齢差、京都大学と九州大学、高名な名誉教授と無名の副手、そうした事柄にも関わらず、最初に手紙を送ったのは西田であった。住所もわからないので、大学の研究室気付で出している。二人とも最晩年に至るまで学究心は全く衰えず、盛んな執筆活動を続けるなか、ともに満七十五歳で急逝するのだが、六十三歳の西田と二十四歳の滝沢との出会いと交流は、「師弟」関係を越えた、奇跡のような出来事だった。」

坂口の記述は滝沢亡き後、西田と滝沢「二人」の生涯を俯瞰してのものだが、ここに両者の交流の特異性が要約されている。坂口の右のことばは近代日本思想の歴史に「西田と滝沢」というあらたなトピックを浮き上がらせるものとして記念すべきものになるだろう。そのトピックに秘められた思想のドラマを追跡してゆき、やがてそこに思想史上の驚くべき真実を発見するとき、「記念すべきもの」という筆者のことばは単なる大言壮語ではない現実味を帯びてくるはずである。まことに、ふたりの出会いと交流は「師弟関係を越えた、奇跡のような出来事」であり「ひとつの「事件」」なのである。」（一部行を詰めた）

筆者はこのように書いておいたが、いまや読者は、「師弟関係を越えた奇跡」という坂口のことばを、坂口を越えてあらためて反芻できるはずである。なぜならば坂口は書簡の読解から語っていたが、われわれは書簡のみならず、いまやテキストの上からも「思想史上の驚くべき真実」に逢着したからである。それでも読者はこの真実を無視するであろうか。しかしこれまでみてきたように、どう考えてもそういう道筋で考えざるをえないのである。好むと好まざるとに関わらず、今後はここから出発するほかないと考える。

第一部、第二部の帰結をこのようにふまえた上で、問題は二人の思想的対決に戻ってくる。西田最晩年の思想に接しても滝沢は批判を維持した。しかし、「逆対応の論理は滝沢の批判に答えて西田が到達した地点」ではなかったのか。われわれは秋月龍珉のこのことばを頼りに第二部を構成したのである。事態がこのことばと矛盾するようであれば、われわれとしてはもう一度秋月の真意を図る必要がある。その上で二人の対決の現場に向かうのが筋であろう。

第三節　秋月の見解への疑問

秋月への反問

秋月は、「場所的論理の焦点は「逆対応の論理」にあり、これは西田が滝沢の批判に答えて到達した地点である」と言っていた。われわれは、滝沢宛て西田書簡を検討したかぎりではあるが、この主張、とくに後半「これは西田が滝沢の批判に答えて到達した地点である」について、正鵠を射たものとして支持し、また逆に支えともしてきた。このような主張は秋月以外になく、われわれには貴重なものだったからである。

しかし、西田と滝沢双方の思想の現場をみてきた今、右の主張に賛成しかねるような事態に直面した。直接西田の宗教論を読む限り、それが滝沢への応答であるとはすぐには読み取れないのである。西田は、滝沢の名を出すこともなく、ひたすら自分の世界観とその論理を説き、それでもって宗教を論じてみせることに集中している。「逆対応」の概念にしても同断で、それが滝沢の批判を受けて採用されたとの言及など一切ない。戦後の著作から、滝沢が一貫して西田哲学批判を維持したことも明らかになった。つまり、滝沢は「逆対応の論理」さえ自分の疑問に対する解答にはなっていないとみていたのである。こうして西田の宗教論、とくにその「逆対応」の思想を「西田が滝沢の批判に答えて到達した地点」であったという秋月の証言は、文字通りには受け取れなくなってきた。もともと当該証言は「半事実」というのが実態だったが、事実ではなくむしろ誤謬とすべきだったのであろうか。

秋月はたしかに「場所的論理の焦点は「逆対応の論理」にあり、これは西田が滝沢の批判に答えて到達した地点である」と主張している。しかし、では滝沢の戦後一貫した「西田には絶対不可逆がない」という批判は何であろうか。もちろん秋月は滝沢のこの主張を知っていた。それどころか秋月は、禅者として「不可逆」という規定を受け入れるとさえ言ったのである。そうだとすると、ここで何が起きているのであろう。

秋月の見解

実は、「逆対応」と「不可逆」をめぐる秋月の見解は微妙なのである。秋月は言う。

「よくよく点検してみれば〝不可同〟も〝不可逆〟も、ともにもともと鈴木〔大拙…筆者補〕が「即非」と言い、西田が「逆対応」と言ったところに、厳として存したものであった。[1]」

文意を汲めば「逆対応」は「不可逆」を含む、したがってそれは滝沢の批判への答えになっている、と言っていることになる。ところが、秋月は

「西田が、「私は〝仏あって衆生あり、衆生あって仏がある〟という。創造者としての神あって被造物としての世界あり、逆に創造物の世界あって神があると考える」というとき、…そこでは、まだ（西田自身においても）「不可逆」の事実が十分に自覚されているとは言えない。[2]」とも言うのである。読者は戸惑われるであろう。秋月の右の二つの引用文を読むと、西田の「逆対応」に「不可逆」は入っていたのか、いなかったのか、きわめて曖昧である。結局、秋月の最終的な見解は次のようである。

「筆者（秋月）は、滝沢克己の「不可分・不可同・不可逆」の学説を、西田幾多郎の「場所的逆対応」ないし鈴木大拙の「般若即非」の論理の延長上に捉える。いわば、「不可分・不可同・不可逆」という言挙げは、「場所的逆対応」の論理の断面図にすぎないとする。その意味で「場所的逆対応」の論理に本来含まれていたものをより明確に引き出したものにすぎないが、それをそれとして明晰判明に立言したことは、何としても滝沢の無比の功績である。ある意味では、西田・鈴木もなお未在であったところの真理を道破したものと言ってもよい[3]」

ここには非常に貴重な証言が含まれているので敢えてわれわれの文脈をはずして要約しておきたい。秋月によれば、

（一）滝沢の学説「不可分・不可同・不可逆」は西田の「場所的逆対応」、鈴木大拙の「般若即非」の論理の延長上にある。（滝沢は西田・大拙の核心を受け継いでいる）

（二）滝沢の学説は「場所的逆対応」の断面図にすぎず、その意味ではこれに本来含まれていたものをより明確に引き出したものにすぎない。

（三）しかし、それをそれとして明らかにしたことは滝沢の無比の功績であり、これによって西田・鈴木もなお到達していなかった真理を道破したものである。（滝沢に無比の功績がある）

ここで読者は、秋月が滝沢を「大拙・西田の継承者」として位置づけていることに驚かれるであろう（右の（一））。しかも滝沢はその学説によって大拙・西田がまだ至らなかった真理に到達したという（同（三））。

さてしかし、われわれの文脈に戻れば、（二）こそ注目すべきである。

秋月説の真相

先の引用と合わせて秋月の主張をまとめればこうなろう。

西田の自覚においては「逆対応」に「不可逆」は「入っていなかった」。当然、その点を「よりいっそう明確に取り出して見せてくれた」[4]「より具体的に…言い表した」[5]として、滝沢の功績は評価されるべきである。しかし、（秋月が）よくよく点検すれば「逆対応」に「不可逆」は「厳として存した」、また（秋月が見れば）「本来含まれていた」はずのものである。滝沢はそれを明確に引き出したにすぎない。それは大きな功績だが、本来ふくまれていたものなら、「禅においても、「不可逆」ということを認めても何もさしつかえない」[6]。要するに、秋月も、西田の「逆対応」には「不可逆」が十分には自覚されていないことを認めているのである。

さて、そうだとすると、最初に引いた「場所的論理の焦点は「逆対応の論理」にあり、これは西田が滝沢の批判に答えて到達した地点である」という言い方は、正確には、「滝沢の批判に〈応答〉して到達した地点」という意味であって、「滝沢の批判に〈解答〉して到達した地点」ではない、と解釈できる。滝沢の批判を解消する答え、書簡での言葉を使えば「不徹底」を完全に克服する答えにはなっていなかった、ということである。このように便宜的に「応答」と「解答」ということばを区別してみると事情が少し明らかになろう。秋月の表現はこうした区別をしていないので読者を混乱させる恐れがあり、実際、氏の見解には、次節で紹介するように、滝沢自身が承服していないのである。

思想史からの異議

なお、右に紹介した秋月の見解には、思想史的にも誤解を生む危険があるのでここで指摘しておく。秋月の見解は、「西田が十分自覚できなかったことを滝沢が明らかな自覚にもたらした」と言っている。この言い方では、滝沢が、西田の逆対応概念から出発してその不十分さを指摘し、それを十分なものに仕上げた、というように理解されてしまう。しかし、そうではない。

時間的な順序からいえば、西田の理論の不徹底を最初に指摘し批判したのは滝沢であって、それに対する西田の応答が宗教論での「逆対応」だったのである。これは秋月自身が指摘したところである。経緯からすれば、滝沢の最初の批判に対する西田のこの応答が滝沢には満足できなかったのであり、したがって滝沢は戦後も最初の批判を維持しただけなのである。繰り返すが、滝沢は西田の宗教論での「逆対応」という概念を出発点にしてその不十分さを批判・克服したということではない。滝沢は留学からの帰路、西田の著作『哲学の根本問題　正続』に読み取った不徹底の感を宗教論によっても払拭されないまま、戦後も批判を維持したに過ぎない、というのがわれわれのこれまで見てきた経過なのである。

西田と滝沢の思想史的関係に関する秋月の議論には「カテゴリー・スキップ」のようなものが起きている。大拙・西田・滝沢の歴史的な影響関係を語るべき場面で、秋月はザッへに関する議論へと飛躍してしまうのである。秋月には「鈴木と西田を一人格として理解する」(7)といった表現もある。思想史家なら比喩的にしかいい得ないところだが、秋月では文字通りにいわれる。そこに禅者特有の飛躍があり、時に読者を混乱させるのである。

そのことは次の事実についてより一層明らかになる。じつは滝沢の最初の批判（『西田哲学の根本問題』）には「不可逆」ということばが使われていない。「不可逆」という術語は滝沢が戦後に使い始めたものである。したがって少なくとも、その術語生成の経緯が辿られなければならないだろうし、そのうえで滝沢戦前の西田批判と「不可逆」による戦後の批判との異同が問題になららなければならない。思想史的観点を守るなら当然出るべき問題であるが、秋月においてはそういう問いすら出されない。ザッヘは一貫しているという強固な思い込みがあるためであろう。しかし思想史的には「逆対応と不可逆」という問題構成自体、けっして自明ではないのである。とはいえもちろん、思想史に滑り落ちてザッヘを失う愚を嫌悪するからこそ、筆者は秋月の説に拘っているのではあるが。

第四節　秋月の見解への滝沢の批判

亡くなる五年前の一九七九年、滝沢は秋月龍珉の著作集に小文を寄せている。「「不可逆」私感」と題されたものである。われわれはすでに本書第二部の最後で全文を引用した。その一文は滝沢が西田を取り上げた最後の文章であった。滝沢自身が西田との関係を振り返ったものとして興味深かったが、また、滝沢には珍しくみずからの「功」を語ったものとしても貴重である。そこにわれわれは、西田と滝沢との間にあった関係が、滝沢の側からはどう見えていたかを読み取ることができる。煩を厭わずここで全文を再掲出してみる。

「「不可逆」私感」

西田哲学ではっきりしなかった「不可逆」の一事を、カール・バルトのもとで始めて学んだ、――と私が書く。するとたちまち、「そのような所説は、人間の真実の自覚以前の有神論への逆戻りにすぎぬ」――そういう、禅者たちの批難を招く。しかしまた、その逆の例もないわけではない。——「〈逆限定〉という三字の現れた後の西田哲学では少なくとも内容上、〈不可逆〉ということもはっきり言われている」というのである。（例えば、「場所的論理と宗教的世界観」における親鸞への言及）。

しかし、もしひとがただそれだけを切り離して、抽象的一般的に、「不可逆」というなら、それは、波多野精一の「宗教哲学」はおろか、北森嘉蔵の「神学」のなかにさえ容易に見いだされるであろう。つまり、禅者の斥ける「有神論」以外の何ものでもないであろう。またあえて「逆限定」という表現を俟たずとも、「絶対矛盾的自己同一」と言い表された原事実・原関係には、すでに「不可逆」という契機もまた含まれているといってよいであろう。それどころか、さらにさかのぼって、私のいう「後期西田哲学」（『働くものから見るものへ』後編以後）の最初に、「場所と於いてあるもの」とか「超越的述語面」とかいう語もまた、むぞうさに翻すわけにはいかない何ものかを指し示しているといわなくてはならないであろう。「不可逆」の契機の承認からは最も遠いと見える久松禅学においてさえ、よく見れば、それがただ単にないとはいえないことは、私もかつてこれを明らかにしたとおりである（三一書房『宗教を問う』）。じっさい、「絶対矛盾的自己同一」を離れて、「不可逆」をほんとうに説くことはできないし、その逆もまた真である。そのかぎり、近来禅者のなかに「不可逆」の語にさしたる抵抗を覚えない人々の現れつつあること、他方、西田哲学のなかに親鸞の登場することは、けっして異とするに足りないのである。

しかし、それにもかかわらず、西田哲学に「不可逆」の契機が十分明らかでないという私の思いは、かならずしも、昭和七年（一九三二年）、『無の自覚的限定』刊行の直後に、カール・バルトに会うことを得た者の個人的経歴のせいばかりではないように、今もって私には思われるのだ。例えばバルトは、「悪魔」すなわち「一切の罪の源」を《das Nichtige》（単なる虚無）と言い切って、存在の積極的体系の外に位置づけることを憚らなかった。かれにとってこのことはすなわちまた、人間における罪の諸形態の現実を、ほんとうにありのままに見、的確に取り扱う唯一の道でもあった。西田哲学のばあい、「弁証法的一般者」はもとより、「場所的論理と宗教的世界観」の一編に至っても、その点なお一抹の曖昧が残されていないかどうか。――むろん、あらゆる点でバルト神学を西田哲学の上に置くというようなことではないにしても、この場合紙一重の差は千里の隔たりでもありうることを、私たちは深く心にとどめなくてはならないであろう。

ところで、この著作集の著者秋月龍珉のばあいは果してどうか、――これもまた、すべての読者に課せられた一つの公案であろう。私もまた諸兄の驥尾に附して、今後いっそうの研鑽を積みたいと思う。(8)（一九七九・三・二七）

この文章はもちろん秋月の主張を意識したものである。「〈逆限定〉という三字の現れた後の西田哲学では少なくとも内容上、〈不可逆〉ということもはっきり言われている」という主張を冒頭にもってきている。これは秋月の解釈を踏まえたものであろう。しかし、右の文章の基調はなんといってもそれに対する反問であろう。秋月のように言うなら「絶対矛盾的自己同一」にだって不可逆ということがあったではないかと滝沢は秋月の主張を一蹴しているのである。結局、滝沢に言わせれば、「西田哲学に「不可逆」の契機が十分明らかでない」のであり、「「場所的論理と宗教的世界観」の一編に至っても、その点なお一抹の曖昧が残されてい」るのであり、「この場合〔バルト神学との…筆者挿入〕紙一重の差は千里の隔たりでもありうる」というのである。西田に対する一貫した批判が最後まで維持されたことが確認できる。

われわれの見地から滝沢のこの発言をみれば、「逆対応の論理は西田が滝沢の批判に答えて到達した地点である」という秋月の見解にある「答えて」の語を滝沢が「解答」と受け取り、それに抗議している、と解釈できる。他方でこの一文では、「不可逆」が「逆限定」に関わるものであること、「逆対応の論理が滝沢の批判への「応答」である」ことまでを否定はしていない。「「絶対矛盾的自己同一」を離れて、「不可逆」をほんとうに説くことはできないし、その逆もまた真である」とある通りである。滝沢自身が、西田の宗教論は滝沢への「応答」ではあったが「解答」にはなってないと言っている、そう解釈することができるのである。

なお、「〈逆限定〉という三字の現れた後の西田哲学では少なくとも内容上、〈不可逆〉ということもはっきり言われている」という秋月のものと思われる見解を引用したあと、滝沢が相当する箇所を、（ ）に入れてではあるが、「例えば、「場所的論理と宗教的世界観」における親鸞への言及」と具体的に挙げ、その後にも「西田哲学のなかの親鸞」に言及していることは注目に値する。貴重な発言である。後に西田の「逆対応」概念を精査するとき参考になるはずである。

第五節　思想的交流の真実から探求の枠組みの再設定へ

西田と滝沢の交流の真実を探求する本書の立場から、秋月の見解に完全に同意することはできなくなってきた。「逆対応の論理は西田が滝沢の批判に答えて到達した地点であった」という秋月の見解は、交流の当事者である滝沢自身の証言から、やはり「逆対応の論理は西田が滝沢の批判に「応答」して到達した地点ではあるが、「解答」を与えるものではなかった」というべきである。さらにここで、秋月がまったく言及しない点に触れておけば、晩年の滝沢が一方で西田批判を堅持しつつも逆にみずから西田の「逆限定・逆対応」概念を使用するようになる事実(9)である。これを考慮に入れれば、戦後の滝沢において西田晩年の労苦が活かされたということにもなる。この点は第四部でまた触れたいが、西田の逆対応概念は滝沢において実在把握の重要な契機を表現するものになったと言わざるをえない。秋月においてはもっぱら西田批判が問題にされ、西田晩年の思索が滝沢に与えたこうした影響は視野に入らない。

このように西田と滝沢ふたりの思想的交流は単純なものではなかったことが再確認される。つまり美しい師弟関係といって終わるものでもないし、逆に、滝沢が西田を批判して乗り越えたといって終わるものでもない。滝沢が批判し、西田が応答した。しかしそれが滝沢の批判への解答になってはいなかった。滝沢はその応答に満足しなかった。ここまでならふたりの交流は「すれ違い」だったといえよう。しかし、すれ違いにもかかわらず、西田の応答は滝沢に影響を与えたのである。この経過の全体を一言で表すことばを筆者は見出せないでいる。二人の思想的交流は「すれ違い」でありかつ「摂取による交響」でもあった、とでもいえばいいのであろうか(10)。

そこで以下では、西田の「応答」と「不解答」、そして滝沢の「批判」と「摂取・交響」の次第を、それぞれより詳しく探求していきたい。ここからは、これまでのように秋月の証言に依拠するのではなく、問題を設定し直し真実にさらに近づきたい。

第二章　「場所的論理と宗教的世界観」の成立経緯について

第一節　秋月の見解への再留保

秋月の見解への疑問

「場所的論理と宗教的世界観」という西田最後の完成論文が滝沢からの批判に対する答えであったと証言したのは秋月であった。我々はこれに導かれて二人の思想的交流を辿った後、前章では秋月のこの見解に疑問を付し、それを「解答でない応答」と理解し直した。つまり、西田の宗教論は滝沢の疑問を解消させるものではなかったということである。しかし、それが滝沢の疑問に応ずるものではあったこと、つまり「応答」であったことは認めておいた。その根拠は、まず書簡での交流（本書第一部）であり、また滝沢の西田哲学批判の性格（本書第二部で確認）であり、さらに滝沢自身が戦後その死に至るまでそのことを否定していないこと、むしろその前提で発言していることなどであった。

しかし、翻ってみれば、「応答」であったというわれわれの主張もまだ解釈（滝沢の批判が結局は宗教問題に帰着するという解釈）による推測の域をでない。「応答」という点に関してはさらに実証的な証拠、決定的な直接の証言の提出される余地が残っている。滝沢本人が否定していないといっても、積極的に肯定したり、揚言したりしていないからである。

この点に焦点を当ててあらためて秋月証言を振り返ると、その証言の根拠は秋月自身の西田哲学研究であり、戦前の滝沢の西田論に対する高い評価であり、禅体験からの直観であった。きわめて貴重で画期的な証言ではあったが、その根拠は実証的な裏づけに支えられたものではなかった。かれの西田論も禅体験を根底にした独特のものである。筆者は禅の体験に裏うちされた読みを高く評価するものではあるが、それだけでは先述したような独断に陥る可能性を排除できない。このためどうしても直接の証言が欲しいのであるが、得られない。

西田が滝沢宛て書簡で宗教論を約束しているのは三八年であり、書簡中に宗教への取り組みを約するのも四〇年までである。滝沢との書簡のやり取り自体は四五年まであり、西田の宗教論執筆は四五年である。じつに約束から七年後、『西田哲学の根本問題』発刊から数えれば九年後のことである。もちろん思想的課題への取組みには何年も要することはありうる。まして「根本問題」に関わるなら当然とも言えよう。しかし、西田の宗教論「場所的論理と宗教的世界観」には滝沢の名も、滝沢の著作への言及もいっさいなかった（本書第二部）。また、西田の滝沢宛ての書簡にはこの論文について自ら言及したものがなかった。つまり、「君の批判に応えた」という明示的な証言がどこにもない。さらに他者宛ての書簡にも同趣旨の発言がない。今後この点に関する証言が出てくればと思うが、今はむなしい期待である。

そういう事情であるから、現段階で秋月の証言に実証的根拠を与えようとすれば、西田の宗教論そのものに滝沢への応答の跡を読み取るほかない。つまりそれは西田の論文の読解に委ねられてくるのである。もちろん秋月も西田の宗教論を論じている(11)。しかし、筆者の見るところそれは、滝沢の西田哲学批判を丁寧に読みとった上でなお広い目配りをもってなされた読解というには、程遠いように思われる。実際、秋月の証言に導かれて西田の「場所的論理と宗教的世界観」を読むものはたちまち困惑に陥るのではないだろうか。すでに触れたように、そこには滝沢の夕の字も出てこない。滝沢の批判を要約して反批判を加えたと思われる箇所さえ特定しにくい。挙句、これが滝沢の批判を受けて書かれたというのは本当だろうか、と疑わざるを得なくなる。読者は困惑のなかで茫然自失するはずである。じつは筆者がそうであった。第二部で宗教論を要約紹介してみたが、読者はどう読まれただろうか。一読そこに滝沢への返答をみることができたであろうか。

筆者は西田の宗教論が滝沢からの批判への「応答」であったとする秋月の見解に賛同している。しかし、「応答」だと認めてもそれは単純に滝沢に宛てられたものではないこと、「場所的論理と宗教的世界観」を一読するものはそのことにすぐ気づくのではないか[12]。その点で秋月のように滝沢を過大評価してはならないと言うべきである。禅学の論理を求めるに急な秋月の表現には、西田の宗教論がもっぱら滝沢の批判に答えるために書かれたというような誤解を生む余地があるのである。

それにもかかわらず秋月が堂々と自説を展開するのは禅者の体験からする直観に導かれてのことである。秋月は西田と滝沢両者に体験的共鳴を見て取っていた。その直感を筆者は評価するが、そもそも「西田の晩年の理論は滝沢の批判に答えたものである」という思想史的な主張を、思想史的な手続きを無視してすることはできないと思われる。その点、秋月の主張には前に述べたような特徴があり、遺漏があるといわざるを得ない。

秋月の見解への批判

ここで秋月の見解への筆者の意見をまとめておく。

（1）秋月は滝沢の西田批判をもっぱら「二元性」批判の点で理解している。したがって、「場所的論理と宗教的世界観」での西田の応答は「逆対応」概念における「二元性」の契機の強調という点にみてとられる。この指摘は滝沢の批判への西田自身の応答が「逆対応」にあること、「逆対応」概念が滝沢の批判にどう応えているかを考究したもので、他に例がなく、高く評価されるべきであろう。

（2）しかし、滝沢の西田哲学批判についての秋月の理解には問題がある。その理解を導くのは「一元論」「二元論」といった形式的・図式的な思考であって、西田・滝沢両者の応酬を微細に解きほぐしていくような水準のものではない。二元性を導入することで何がどう見えてくるのかについての考究はみられない。

（3）右の欠陥は、「西田の宗教論が滝沢の批判への応答であった」とする証言そのものに影を落とさざるを得ない。それはただちに「逆対応に不可逆が入っているのか否か」に関わる秋月証言の曖昧さを帰結したように思われる。のみならず、考えられるべき問題を隠蔽したり、さまざまな誤解を与えてしまったように思われる。

（4）考えられるべき問題の隠蔽とは、戦前の滝沢には「不可逆」の語がないという事実や、滝沢が戦後、西田の「逆対応」を受け入れたという事実が素通りされてしまったことである。これらは思想史的な観点が無視されているため生じたといえよう。また、誤解とは、西田の宗教論がもっぱら滝沢に対する応答であったかのような錯覚を与える点である。宗教論に見られる西田晩年の思想の「要」を「逆対応」に見、その一点に集中して考察を繰り広げるということが読者に誤解を与えるのである。繰り返しになるが、秋月の指摘を念頭に西田の宗教論を読むものは、とたんに途方にくれるはずである。

（5）秋月の「場所的論理と宗教的世界観」読解は、率直に言って、逆対応に特化し、例えば終末論的平常底の概念にほとんど触れないという偏ったものであり、西田最後の論考を読み切れていると思えない。滝沢の西田哲学批判はもう少し丁寧に見られる必要があるだろうし、西田の応答もそう単純ではない。この認識から出発すべきだろう。

以上、秋月の著作『絶対無と場所』（青土社、一九九六年）を念頭にしたものである。本来なら、こうした指摘を順に敷衍していくべきだろうが、我々の狙いは秋月への反駁ではない。われわれは、西田の宗教論が滝沢の批判への応答であったという秋月の見解そのものは受け入れているのだから、むしろその点から我々自身の考察を積極的に展開し、その中で秋月の見解を修正していくという方法を採ろうと思う。

仕切り直しの試み…宗教論成立の探求へ

以下ではまず、途方にくれたところから出発してみようと思う。西田の宗教論の成立を考察してみたい。「場所的論理と宗教的世界観」という論文そのものに込めた西田自身の意図をわれわれはあらためて考え直してみなければならない。それは論文の成立の次第を探ることと別ではない。西田はどういう経緯でこの論文を書くことになり、書き上げたのであろうか。そこに滝沢の批判はどう位置づけられ、それは同論文にどう反映しているのであろうか。いや、そもそも位置づけられるのであろうか。本書の範囲を超える課題に足を踏み込むことにもなるが、いったんその問題を片付けておかなければならない。秋月の視野狭窄から自らを解放し、二人の交流をより広い視野と明るい光の中にもたらすには避けて通れない道だと思われる。

第二節　小坂国継の見解

小坂の見解

秋月の見解に導かれて西田の宗教論に対したとき、われわれは困惑し、茫然自失した。「滝沢の批判への答えである」という秋月の指摘に反して、西田の宗教論には一見したところその痕跡も見られなかったからである。そんな筆者の戸惑いに答えてくれたのは、現在思想史的な西田哲学研究の第一人者である小坂国継の研究であった。氏の見解が筆者の蒙を啓いてくれた。

小坂は『西田哲学と宗教』（大東出版社、一九九五年）の第Ⅲ部「西田哲学と宗教」の後半で、西田晩年の宗教論「場所的論理と宗教的世界観」を取り上げている。筆者がそこで注目するのは次の三点である。

（一）まず、「西田最晩年の宗教的世界観は、一言でいって、「逆対応の論理」として特徴づけられうるであろう」と小坂は言い、この概念成立の背景に四つの要素を指摘している点。

因をみている点。

（二）次に、論文「場所的論理と宗教的世界観」が浄土真宗的な宗教論となった背景に三つの動

（三）最後に、「逆対応」の概念が「絶対矛盾的自己同一」とは違った何か新しい立場の生成を意味するとの解釈は退けられるべきであると小坂が主張している点である。「絶対矛盾的自己同一」という表現の「絶対矛盾」の側面を「逆対応」という概念が表現し、「自己同一」の側面を「平常底」という概念が表現しているのであり、そこに何か展開や進展があるわけではないと。

この三点で小坂の見解は尽きると思う。それぞれを少し敷衍してみよう。

（一）「逆対応」概念の背後には次の四要素がある。第一に「絶対矛盾的自己同一」の論理そのもの。それはややもすれば「自己同一」に重心を置いてとらえられてきた。そこにさらに深められるべき不十分な点があったという。第二に、その際、務台理作の『場所の論理学』（昭和十九年十一月、広文堂書房）がヒントになったという。西田は務台の「対応」の概念をヒントに「逆対応」ということばを作り、理論的な不十分さを克服したのだという。第三に鈴木大拙との交流。『日本的霊性』など昭和十九年の諸著作での大拙による「般若即非の論理」や「名号の論理」の提唱は、「絶対矛盾的自己同一」の論理を核とする「場所の論理」の精錬にヒントを与え、また仏教の評価に影響を与えたという。第四に田辺元からの批判に対する反論である。田辺からの批判は「逆対応」概念創出のいわば「消極的な」原因となったという。

（二）については、西田は田辺からの批判に神経をとがらせていたが、その田辺が道元禅や浄土真宗を取り上げるなど、自身の宗教論（懺悔論）を展開し始めた。このことが西田の宗教論を浄土

真宗的なものにした最初の動因になっているという。次いで務台の『場所の論理学』、これが浄土真宗の論理的基礎付けを目指す作品だったこと。最後が大拙の著作、とくに「名号の論理」の提唱であった。

（三）を敷衍すれば、小坂は高坂正顕、北森嘉蔵、鈴木亨などの見解を批判し、自身の先の見解（「逆対応」の概念が「絶対矛盾的自己同一」とは違った何か新しい立場の生成を意味するとの解釈は退けられるべきであるという見解）を提出している。

小坂の見解への評価

以上、雑駁な要点整理であるが、筆者はこれらの見解を非常に有益なものと考える。宗教論の成立を複数の視点、複数の要因から説いて、秋月見解の視野の狭さから解放してくれるからである。なお、小坂は近著『西田哲学を読む』の第1巻「解説」[13]では、「場所的論理と宗教的世界観」成立の「動機ないし誘因」を（あ）歴史的背景、（い）「懺悔道の哲学」に転じ浄土真宗を論じた田辺の動向、（う）大拙の著作『日本的霊性』における「名号の論理」「般若即非の論理」の影響、（え）務台の著作『場所の論理学』の「対応」概念の影響、これら四点で語っている。『西田哲学と宗教』の広い視野ではなく「場所的論理と宗教的世界観」に特化した成立論であり、前著の上記（二）を下敷きにしたもので、特に新しい見解はない。

しかし、残念ながら、小坂の見解は西田と滝沢との思想的交流を考慮していない、というより、そもそも滝沢という存在をまったく視野に入れていない。滝沢、秋月を読んできたものにとって小坂の見解は非常に複雑な感情を喚起する。一方でその有り難さが身に沁みるとともに、（滝沢を無視するような）こんな研究あり得るのかという憤りさえ惹起される。しかし、ここでも、筆者にとっては小坂が直接の問題であるのではない。したがってここで筆者なりの見解を出してみたい。もって小坂の見解へのポジティブな批判を期したい。

（なお、この分野の有力な研究書である竹村牧男著『西田幾多郎と仏教』（大東出版社、二〇〇二年）で、竹村は西田の宗教論の成立についてほぼ小坂の見解を踏襲している。同書二一一頁参照）

第三節　筆者の見解…論文生成の背景

小坂の見解への反問

秋月の見解を念頭に小坂の見解を反芻すると、たくまずしてそこに滝沢の西田批判が位置づけられてくるように思われる。

小坂は西田の宗教論の基底に西田自身の理論的不備の自覚を指摘しているが、この点について少し補っておきたい。西田にとって宗教は哲学の究極であり、宗教を論じきることが哲学の完成を意味した。『善の研究』の最後が「宗教」に充てられているし、いわゆる「西田哲学」成立後、西田はさまざまな問題をその立場から論じてみせ、最後に宗教に取り組むことを期していた。滝沢への書簡でもそのことは十分うかがわれた。宗教を論じきるまで西田は自分の哲学が不十分であることを意識していたと思われる。小坂が指摘する宗教論の基底にある西田の理論的不備の自覚というのは、その意味でまったく首肯しうる見解である。しかし、そのことと西田の基底的自覚をそれとして突いたのが滝沢であったという事実は並立しうるのであり、この歴史的背景の認識はただちに西田書簡の「根本問題に不徹底があるかもしれませんが」という言葉の重みを想起させる。西田のいう「不徹底」はまさに滝沢が西田に指摘したものだったのであり、「理論的不備」の克服に動く西田晩年の動向を決定したのは滝沢の批判だったのではないか、とごく自然に思えてくる。筆者は小坂の見解を否定し、滝沢の指摘だけを必要十分条件であると強弁しているのではない。小坂が複数の要因を認めるなら、この要因も要因に数えられてしかるべきではないか、と言っているのである。少なくともわれわれの問題を解くための十分条件として組み込める、否、組み込むべきではないか。なぜ小坂がこれほど明白で重大な西田自身の証言を拾わないのか、不思議である。西田の理論的不備の自覚に関する小坂の見解はこの証言に比べれば弱すぎるし、取ってつけたような見解のように筆者には思える。小坂の見解を退ける必要はないと思うが、それに加えて滝沢の批判をつけ加えるべきだし、その方がずっと自然だと思うのである。

さて、もし右のことが言えるとすると、そのことはただちに宗教論が浄土真宗的なものになった理由の一端を照らしだすように思われる。つまり、それは滝沢の批判のキリスト教的内容、特に罪の問題ゆえであったのではないか。小坂が挙げたその動因、つまり田辺、務台、大拙の当時の動向はあくまで滝沢の批判に応える際の外的な契機になったにすぎない。小坂のことばを使えばどれも「消極的動因」にすぎないのではないだろうか。真に積極的な動因は滝沢にあったのではないか。たしかに、滝沢の批判がとび出す前から西田が気にしていた田辺が禅に続いて真宗を論じ始め、懺悔を語り始めたのは強い誘因になったと考えられる。しかし、その前に（ここでは時間的にも本質的にも前に）滝沢の批判があったのではないか。

小坂が挙げる四要素、三動因の中で務台、大拙の理論的刺激や寄与は、滝沢への応答に難渋し、田辺の動向に焦りを感じた西田にとって助けとなり、宗教論を完成させる機縁となったと考えられる。しかし、それはあくまで滝沢の批判・田辺の動向があってこその刺激や寄与だったのではないだろうか。その意味で下位に位置づけられるべき性格のものではないか。

それだけではない。務台・大拙の助けで理論的不備の克服に目途がついた西田は、滝沢の田辺批判に勇気づけられて、安んじて田辺哲学に対する反批判に出ることができたのではないだろうか。小坂の見解は滝沢を見逃しているが故に、西田、田辺、滝沢三者間の関係[14]など全く視野に入らないのである。

「場所的論理と宗教的世界観」における西田晩年の努力は、小坂の記述がややもすれば誤解させるような、概念的整合性を求める理論的努力の動きでは全くないのではないか。むしろ西田と田辺・滝沢との間で行われた哲学の立場、およびそれと宗教との結びつきを賭けた死闘だったのではないだろうか。小坂の見解はこれを完全に逸しており、その帰結は重大である。日本思想史・哲学史上の一つの重大な真実を覆ってしまうからである。

小坂と秋月の見解について

こうして小坂の見解への反問が募って来ると、むしろ秋月の指摘の方が核心をついたものに思われてくる。しかし、そう言っても筆者は小坂の説と秋月の説を折衷すればいいと主張するものではない。小坂は思想史的にも滝沢の西田批判を見落としているか、なぜか無視している。他方、先に断片的に触れたが、秋月の宗教論読解も、田辺のことをまったく念頭におかない点は措くとしても、「逆対応」に特化して「平常底」の概念にはほとんど触れないという珍奇なものであり、そういう偏りは到底受け入れられないからである。そして何より一番重大なのは、小坂は滝沢に触れていないので宗教論における罪、悪、悪魔の問題の重大性にまったく関心をよせることができず、したがって「逆対応」の概念のもつ力動性を逸して見解（三）のような平板な概念操作の問題に還元してしまう感を否めない。小坂が使う「不可逆」は滝沢のそれとはまったく異質なものだ。また、滝沢の功績を指摘し、それを受け継ごうという秋月自身、ほんとうに滝沢の西田批判の含蓄をつかんでいたのであろうか。一元的、二元的といった軽いことばに接するとき、決して自明ではないように思えるのである。したがって筆者は、最終的には小坂、秋月双方を認めない。筆者自身の見解を出すほかないと愚考するものである。

筆者の見解

筆者は次のように考える。

西田の「場所的論理と宗教的世界観」の核心は「逆対応の論理」の提出にある。これは絶対矛盾的自己同一の場所的論理を徹底させたもので、その要である。この点筆者は秋月、小坂に同調する。西田は宗教を論じきることが自身の哲学の完成となることを自覚していた。その意味で宗教論は西田にとって一大事であったが、そこに宗教理解の不徹底とその克服を主張する滝沢の西田哲学批判があらわれた（『西田哲学の根本問題』、一九三六年（昭十一））。一大事に不徹底を指摘された西田には単に理論的な不備の克服以上の意味が宗教論に課せられたのである。この点を指摘したのは秋月であり、かれ一人だけである。しかし、西田の宗教論の歴史的背景には同時に田辺の動向があった。田辺は一九三九年（昭十四）に『正法眼蔵の哲学私観』（岩波書店、前年七月の講演を推敲改題）を出し、四四年（昭十九）には京大での特殊講義「懺悔道」を試みた。後者が公刊されたのは戦後（『私観教行信証の哲学』（岩波書店））だが、西田は田辺の思想的動向を漏れ聞いていたことが書簡で分かる。西田を批判してきた田辺が宗教論を展開したことは、西田にはけっして無視できないものであった。西田は田辺の立場を含めてその宗教論を反駁しないわけにはいかなかった。そして、その反駁を後押ししたのが滝沢による激しい田辺批判だったと思われる。西田はこれに励まされ、ある意味安んじて田辺への反批判に出ることが出来たと思われる。したがって、西田の宗教論は田辺への反論を前面に出しながら、滝沢の批判に理論的徹底をもって応えるものとなったと考える。

ただ、滝沢への応答と田辺への反批判は別の焦点をもっており、それが宗教論を複雑なものにした。その詳細は次章に譲るが、まず、期せずして西田の滝沢への応答を支援する役目を果たすことになったのが務台、大拙の仕事だった。西田はこれを一部そのまま、一部換骨奪胎して受け入れ、滝沢への反論に出た。つまり西田は仏教、般若即非の論理、名号の真宗的論理はそのまま自分の哲学理論に結びつけてキリスト教の滝沢に対抗し、浄土真宗の悪人正機と名号の論理、横超を参照することで、また務台の「対応」概念を換骨奪胎し逆対応の概念を磨くことで罪にかかわる滝沢の批判に応え、もって同時に田辺への反批判を敢行したのである。田辺への反批判はしかし、場所的論理による対象論理・カント哲学の批判的包摂という当該論文の枠組みに関わる基本主張に、また、道徳的懺悔批判や平常底概念の創出に見られると思われる。

――以上が筆者の見解である。

西田の当事意識から

以上を西田の当事意識から言えば次のようになるであろう。

(一) 左右田喜一郎が「西田哲学」との呼称を送ったのが大正一五年であった。西田は昭和七年の『無の自覚的限定』で自分の哲学的立場を確立する。西田は自分の新しい立場から従来の様々な哲学問題に取り組んでいくことになる。もちろん「哲学の終局」としていた宗教を論じることは最後最大の課題として意識していた。

(二) ところが「西田哲学」は諸氏から批判を受けるようになる。とくに昭和三年以後の田辺の批判は、後に見るとおり西田哲学の立場そのものを否定するラジカルな批判であった。西田は自分への無理解と切り返したが、しかしこれには手こずった。自分が京大の後継に指名した現役教授からの批判として、周囲の後輩への影響という意味でもゆるがせに出来なかったのである。

(三) さらに西田は、「始めて知己を得た」(昭和八年の書簡) とまで評価した滝沢からも批判をうける。昭和十一年のことである。これは田辺の批判と違い、根本志向を共有し、自分がその哲学をよく理解していると許した人間からの批判であり、西田も書簡で「根本問題に不徹底がある」とみずからの非を認めざるを得なかった。そして宗教論を約束するようになる。西田は滝沢の批判を受け止める形で、つまり自分の理論を「徹底させる形で」宗教を論じてみせるという課題を突き付けられたのである。

（四）他方、西田は滝沢の田辺批判には勇気づけられた。昭和八年に滝沢が論壇にデビューした頃、田辺は「種の論理」をもって西田哲学を批判していた。西田は田辺の批判を終始自分への誤解・無理解として田辺の立場を認めなかったが、滝沢の『西田哲学の根本問題』（昭和十一年）や『現代日本の哲学』（昭和十四年、翌年増補新版で『現代日本哲学』と改題）における激しい田辺批判には心からの賛同を示し、勇気づけられた。

（五）しかし、田辺が禅や浄土真宗を論じ始め、それが西田には到底許容できない宗教論であったことで、西田の中には宗教論への要請が高まった。それは同時に滝沢の批判への応答を先延ばしできなくなったことを意味した。こうして務台・大拙との出会いが用意されたのである。

（六）務台・大拙が昭和十九年に発表した著作は西田を喜ばせた。大拙の『日本的霊性』などであり、務台の『場所の論理学』であった。それは上述の課題に迫られた西田の思索に様々な点で取り入れられることになった。それは大体以下のようであった。

（七）西田は滝沢からの批判に対処するにあたって、まず大拙に拠って、①自分の場所的論理の拠り所を仏教に求め得ると考えた。これは大きなことであった。なぜならばこれが自身の立場と滝沢のキリスト教の立場を区別するメルクマールとなり、はじめて滝沢の批判に対峙することが出来るようになったと考えられるからである。こうして、主に大拙の仏教論理（般若即非の論理）を採用出来たことが大きいだろう。大拙の「名号の論理」、務台の「場所的対応の（真宗の）論理」をここに入れてもいい。

（八）またさらに、西田は、務台に拠って、仏教論理の核心を表現する哲学用語の探求に腐心して理論の徹底化を図り、もって滝沢の批判を回避できると考えた。弥陀と衆生の関係を表現しうるものとして務台の「対応」概念をヒントに「逆対応」の概念を創出、「逆限定」「逆作用」などそれまでの自身の概念を徹底化することが出来たと思われる。同時に、真宗を取り入れたことで（滝沢の批判に呼応して）罪や悪、悪魔の問題を仏教の立場から深く考察する手助けを得るとともに、名号（大拙）、横超、親鸞一人といった真宗特有の論点を導入できた。

（九）理論的徹底化の目途をつけた西田は田辺への反批判を試みた。田辺からの批判の性格に照応して、西田の反批判も田辺の立場そのものを非とするものとなる。それが「宗教と道徳の区別と連関」という立場や、「対象論理の批判」「場所的論理による対象論理、カント哲学の批判的包摂」という宗教論の基本思想、またキーワード「平常底」の創案となった。平常底の概念はキリスト教（終末論的）と禅（平常底）に依拠したもので、宗教や禅を神秘主義であるとする誤解を解くという趣旨で主に田辺からの批判を切り返したものであった。道徳的懺悔の批判もここに入る。

以上が西田の当事意識から推察した「場所的論理と宗教的世界観」の成立事情についての筆者の見解である。これをもう一度、秋月、小坂などの見解を念頭に、しかし今度はいわば共時的に要約してみれば次のようになるだろう。

共時的な要約

「場所的論理と宗教的世界観」は、端的に言ってしまえば、田辺の批判と滝沢の批判、この二つの批判への応答・反批判という意味が込められた作品であった。すなわち、理論上の不徹底を突いた滝沢の批判に応えて理論の徹底化を図ることで宗教を論じてみせ、もって西田哲学の立場そのものを否定する田辺の立場への反論を期したものだった。

同論文の基調をなす主張と概念がそのことを物語る。つまり、「対象論理批判」「場所的論理による対象論理・カント哲学の批判的包摂」「道徳と宗教との区別と連関」「対象論理では宗教を論じえない」といった基本的主張は田辺の立場を切り返すものであり、また、「終末論的平常底」の概念は、田辺の批判への反批判を期した神秘主義否定だったと考えられる。「道徳的懺悔」への厳しい言及もそうである。

一方、「場所的論理で宗教を説明しうる」という主張、および「場所的論理と仏教（即非の論理）の親縁性」という基本主張は滝沢を念頭に為されたものである。つまり前者は「実在の一元的説明不可」という批判を、後者は「キリスト教神学」からの批判を念頭にしたものである。また、「逆対応」の概念の強調、「名号の論理」や「罪悪」や「悪、悪魔」に対する考察も滝沢を念頭にしたものだと思われる。

詳細なその検討は次章にゆだねるが、務台・大拙の著作はこうした応答・反論を構成するにあたり手助けとなったのである。しかし、それ以上ではない。もちろんその手助けがなければ宗教論は成就しなかった、あるいは違ったものになった可能性はあり、その意味で決して軽く扱えるわけではない。必要条件というべきであろう。しかし、哲学的な応酬は田辺、滝沢との間にあったことも事実であろう。その観点からするとその応酬に材料を与えたという以上のものではない。その意味で下位におかれる要素であると言っていいのではないだろうか。

宗教論成立の複雑さ

宗教論の成立を以上のように想定してみると、小坂に反して、やはりそこに滝沢を入れて考えることが出来るし、その方が自然であると考える。まだその詳細は提示してはいないのであるが、しかし、もしそういうことが言えるとすると、事情は小坂が指摘する以上に複雑だということになる。とくに筆者が強調したいのは、西田、田辺、滝沢の三者関係である。これは本書の範囲を超える問題であるが、ここでは次のことだけを指摘しておく[15]。この三者関係を考慮に入れるとき、日本の近代哲学の頂点での死闘が見えてくる、と。西田の宗教論は田辺の立場への反批判を基調にしながら、その反批判の根拠において滝沢の批判への応答が期されていた。田辺への反批判はむしろある意味明らかである。その立場そのものを否定・包摂するものだからである。しかし、滝沢への応答の次第は西田の理論的核心でなされただけに難しく、その次第は見えにくい。宗教論がもっぱら田辺への反論と読まれてきた理由であろう。

次章では宗教論成立の次第を筆者の見解から本格的に吟味してみたい。

第三章　テキストの交流でみる宗教論の成立

第一節　田辺の批判と西田の応答

西田と田辺

西田の宗教論執筆について、小坂はその第一の動因として田辺からの批判と田辺の宗教論の公刊を挙げていた。筆者はこの見解を受け容れる。筆者も西田の宗教論は田辺の動向に対応し、それに反批判を加えることを第一の動因にして成立したものと考える。しかし、ここで西田と田辺の関係に遡ることは避けたい。本書の趣旨を外れるからである。本書の趣旨はあくまで西田と滝沢の交流の探求であり、西田の宗教論の成立の詮索に踏み込んでいることが既に当該趣旨を外していることを自覚している。その上、さらに西田と田辺という大きなテーマに踏み込むことは適当でないと考える。田辺と西田の応酬も、本書の趣旨を踏まえ、あくまで滝沢との関連で探っていきたい。西田と田辺については改めて本シリーズ第二巻でとりあげる。

ところで読者は、「田辺と西田の応酬も、本書の趣旨を踏まえ、あくまで滝沢との関連で探っていきたい」と書いた筆者に首をかしげるだろうか。滝沢と田辺の間には何の関係もないのではないか、と。しかし、すでに本書第一部の書簡によって、また、第二部の記述を通して、滝沢に田辺批判があること、西田がそれに強く共感する書簡を複数残していること、さらに、西田は滝沢による田辺批判に勇気づけられ、滝沢との間に田辺に対する共闘のようなものが生じたことなどを指摘してきた。ここではそれに加えて、弟子筋が田辺になびいた際、西田はむしろ田辺になびかない滝沢に「頼んだ」とさえ思われることを指摘しておこう。昭和十五年植田寿蔵宛ての書簡で西田は次のように書いている。

「滝沢が田辺を訪ひし由　かれは田辺と異なった立場（田辺の分らない立場）に立って居るから中々屈しないでせう」（三二八九）

滝沢のことを第三者に語った西田唯一の書簡であるが、滝沢が田辺を訪問する用向きも分らないまま吐かれたと思われる「かれは中々屈しないでせう」という言葉に、滝沢への信頼の気持ちを自ら確かめるような、心の機微を読み取ることが出来ないだろうか(16)。

滝沢宛て書簡での田辺言及

滝沢宛て西田書簡のうち田辺に言及したものは三〇年代後半から四〇年代前半にかけてのもので、具体的には三八年の二八四三、二九年の二九三一、二九五〇、四〇年の三二八三、三二八八、四三年の三九二一である。これらをあらためて読んでみよう。重複をいとわずそれら書簡の要点および日付のみ引けば次のようになる。冒頭の〔　〕は本書第一部での書簡番号である。

〔21〕今度の論文は　田辺君が私の作られたものから《creata et creans》作るものへといふ立場から個人的自覚というものが出ないと云ふたのに反し　それからこそ個人的自覚が出ると云ふことを論じたものです　何となれば歴史的世界は神の創造であり人間は神の image なるが故に　人間は人間で自覚したり人格となったりするのではない（三八年九月二十一日、二八四三）

〔24〕私と田辺君との相違についても似て居る様で非常に違ふ　お説の通りとおもひます「草枕」の序論も面白い　私は田辺君の云ふ様な立場から考へていないが私から云へば同君の如き立場は私の考に一面含まれると思ふのです　然るにあの人はむやみに私の立場を無媒介無媒介として敵視して居るのが解し難い（三九年二月二十二日、二九三一）

〔25〕御手紙難有御座いました　親鸞は絶対他力の立場から自力作善の非宗教的なるを言表して居るのだからそれは確に宗教的だが田辺君の意味はさうでなく全く誤解とおもはれます　君の福音が律法を立てると云ふことがないのだ　あの人には宗教といふものの真の理解はない（三九年三月十三日、二九五〇）

〔35〕山口の方へお帰りの由　京都で田辺博士に御逢ひの由　どうもあの人は私と同じ様なことを云はれる様であるが私にも根本的に立場が異って居ると思ふのです　田辺君の如き立場ではどうしても合理主義主観主義の立場を脱することができないのではないでせうか　いかが

（一九四〇年九月三十日、三二八三）

〔36〕御手紙拝見致しました　田辺君の考については私も全然同感で御座います　あの人はどうしても唯意識的自我といふものを離れることができないのです　そして自分の手のとどかない立場を神秘主義などと云って片づけて居るにすぎませぬ　弁証法と云ってもあれは真に歴史的弁証法ではない（一九四〇年十月六日、三二八八）

〔54〕おはがき見ました　日本の思想家学者といふのは理解する前に先づ批難するようです　私は個人主義者で個人の救済を主とすると批難せられて居るさうです（田辺君の批難が伝播するのか知らぬが）…（四三年の二月八日、三九二一）

以上であるが、西田は①「似ているようで違う」「意識の立場」などと田辺の立場を相対化し、自分の立場を「田辺の立場を含む」「田辺の手の届かない立場」としている。そして、②田辺の立場では「福音が律法を立てる」ということがなく、「宗教の真の理解がない」と指摘している。もう少し詳しく検討してみたい。

滝沢宛て書簡での西田の田辺認知

右の書簡〔21〕〔24〕〔36〕〔54〕から、西田自身が認知した田辺からの批判を知ることができる。

時期は昭和十三年から十八年にまたがる。ちょうど田辺の「種の論理」の時期に当たる。あらためてそれらを抜き出してみれば

「作られたものから作るものへといふ立場からは個人的自覚が出ない」〔21〕、

「私の立場を無媒介無媒介として敵視している」〔24〕、

「自分の手のとどかない立場を神秘主義などと云って片づけて居る」〔36〕、

「個人主義者で個人の救済を主とする」〔54〕の四つである。

つまり、西田は田辺からの批判として「個人的自覚が出ない」「無媒介」「神秘主義」「個人の救いを主とする個人主義」という点を認識しているのである。最初と最後の批判は矛盾するようだが、そうではない。どちらも歴史的実践の欠如を批判するものである。前者は歴史にあいわたる個人の自覚が出ないとの趣旨であり、後者はだから個人の救いを主とする個人主義というわけである。後者は私人とでも言い換えたらわかりやすいだろう。なお、西田の諸氏宛て書簡に「田辺君は一途に私の哲学からはゾルレンが出ないと云はれるが私には然考えられない」（三二六四、柳田謙十郎宛て）があるが、「ゾルレンが出ない」という批判は右〔21〕（個人的自覚が出ない）の批判と軌を一にしよう。

西田は自分の立場に向けられたこれらの批判に答えなければならなかった。その際、田辺からこのような批判が起きてくる所以のものが明らかにされなければならないだろう。つまるところ田辺自身の立場である。書簡にはその辺りの認識も伺えて興味深い。

西田からの批評と反論

西田は田辺の立場を次のように把握していた。

「どうしても合理主義主観主義の立場を脱することができない」〔35〕、

「どうしても唯意識的自我といふものを離れることができない」〔36〕

この批評に「あれはどうしてもカントの立場を出ていない」（務台宛て書簡、四三〇一）を加えれば、西田の田辺評は書簡にみられる限りではほぼすべてとなる。西田はこうした田辺の立場に対し、

「歴史的世界は神の創造であり人間は神の image なるが故に人間は人間で自覚したり人格となったりするのではない」〔21〕、

「君の福音が律法を立てると云ふことがない　あの人には宗教といふものの真の理解はない」〔25〕、

「自分の手のとどかない立場を神秘主義などと云って片づけて居るにすぎませぬ」〔36〕

「弁証法と云ってもあれは真に歴史的弁証法ではない」〔36〕

と反論を加え、さらに、

「あの人は私と同じ様なことを云はれる様であるが私にも根本的に立場が異って居ると思ふのです」〔35〕

「私は田辺君の云ふ様な立場から考へていないが私から云へば同君の如き立場は私の考に一面含まれると思ふのです　然るにあの人はむやみに私の立場を無媒介無媒介として敵視して…」〔24〕。

と区別づけ、包含している。自分の立場は田辺の立場を弁証法的に超えているのだといっているのである。

以上を要約すると、書簡中に認知されていた田辺からの西田批判は①西田の立場からは個人的自覚が出ない。②無媒介である、③神秘主義である、④個人主義であるという四点になる。これに対し西田の側からは、田辺の立場について合理主義主観主義の立場であり、意識的自我を離れることができないと批評し返される。立場のこうした相違から、①自分の立場からこそ個人的自覚が出る、「歴史的世界は神の創造であり人間は神の image なるが故に人間は人間で自覚したり人格となったりするのではない」のだからと言われ、②田辺君の（意識的自我の）立場は自分の立場に一面含まれるのであって、自分の立場は無媒介ではないと言われ、③「福音が律法を立てる」ということがないので田辺には「宗教の真の理解がない」、したがってまた田辺のは「真に歴史的弁証法ではない」と反論され、④個人主義批判は当たらないとされているのである。

こうして書簡での発言を念頭にするとき、西田が宗教論では合理主義主観主義ないし意識的自我の立場からは宗教の真の理解は出ないということを指摘し、自らの宗教理解と宗教を論じうる立場を明確に出し、他方でそれが前者の立場（合理主義主観主義ないし意識的自我の立場）を含むこと述べると共に、他方、自分の立場から真に宗教を合理化できるだけでなく、個人、歴史的弁証法が出せることを示し、もって神秘主義、個人の救済が主であるという批判の当たらないことを説く必要があったことがわかるのである。

宗教論の検討

滝沢宛て西田書簡を光源に「場所的論理と宗教的世界観」を照らし出してみると、論文の基本的枠組みが田辺への反論を意識して組み立てられていることがはっきりと見えてくる。つまり、同論文は「場所的論理」と「対象論理（カント哲学）」、「宗教」と「道徳」の区別と連関を基本枠としている。両者は厳しく区別され、とくに後者から前者への道が否定され、前者が後者を包容するという関係が繰り返し強調されているからである。次の箇所をあげてみよう。宗教論冒頭である。要約的に引用する。（引用末の（　）内の表記、例えば（一、二九八頁）は同論文の「一」とページを意味する。なお、本書第二部で西田の宗教論の部立て一、二…を「一」、「二」…と表記したので、ここでも地の文では「一」「二」…と表記する）

「神は我々の自己に心霊上の事実として現れる」（一、二九六頁）のであって、単に知的に考えられるものでない。カントは宗教を道徳の補助機関としてとらえるのみで、「宗教的意識そのものの独自性」（一、二九七頁）は見出せない。「宗教を論ずるものは、少なくとも自己の心霊上の事実として宗教的意識を有つものでなければならない。然らざれば、自分は宗教を論じているつもりでいても、実は他のものを論じているのかも知れない」（同）

「対象論理の立場からは宗教的事実を論ずることはできないのみならず、宗教的問題すらも

出て来ない」（同）

これは田辺へのいわば消極的批判であるといえよう。宗教論の「一」で西田がカント哲学の包容を意図していたことを本書第二部でみたが、この引用はその「一」の冒頭である。ここで西田がカント哲学というとき、田辺を念頭にしていたことは間違いない。カント哲学とその立場、つまり田辺のような「対象論理」では宗教的問題すら出てこず、宗教的事実を論ずることは出来ない。なぜならばそこには心霊上の事実としての神、したがって宗教的意識そのものの独自性がないからだ、と西田は言っている。書簡分析からわれわれは西田の本文を難なく理解できるのである。

もう一つ引用しておこう。

「如何なる宗教にも、自己の転換と云ふことがなければならない、即ち廻心と云ふことがなければならない。これがなければ、宗教ではない。此故に宗教は、哲学的には唯、場所的論理によってのみ把握せられるのである。右の如く我々の自己が矛盾的自己同一的に自己自身の根源に帰し、即ち絶対者に帰し、絶対現在の自己限定として、即今即絶対現在的に、何処までも平常的、合理的と云ふことは、一面に我々の自己が何処までも歴史的個として、終末論的と云ふことでなければならない。即今即絶対現在と云ふことが、我々の自己が時間的・空間的世界の因果を越えて自由と云ふことであり、思惟と云ふこともそこからであるのである。我々の自己の抽象的思惟も、実は此に基礎附けられるのである。而してそれは逆に我々の自己が絶対現在の瞬間的自己限定的に、いつも逆対応的に、絶対者に対して居ると云ふことでなければならない。ティーリッヒの小論文に於ての、カイロスとロゴスとの関係の如きも、此から考へられねばならない（P. Tillich. Kairos und Logos）。学問も道徳も此に基礎附けられるのである」（三、三三六～七頁）

この引用文は「宗教は、哲学的には唯、場所的論理によってのみ把握せられる」「我々の自己の抽象的思惟も、実は此に基礎附けられるのである」という言葉によって田辺批判になっている。ただしこちらの方がよりポジティブな批判といえよう。どちらにしても西田は対象論理・抽象的思惟では宗教を論じることができない。哲学的に論じ得るのは場所的論理のみであり、前者も後者に基礎づけられるべきなのだと主張しているのである。

一方、西田は自分の立場から「宗教の真の理解」を提示してみせるという要請に応じなければならなかった。宗教論ではそれが「心霊的事実としての宗教」（「一」）、絶対者と自己の関係の規定（「二」）、とくに逆対応の概念の彫琢（同）、右引用にも出た「自己の転換」「回心、廻心」や「仏のはからひ」（「三」以下）の強調などになったと思われる。ただ、それは「田辺の手の届かない立場」であることを西田は意識していた筈である。それでも、「宗教の真の理解」を田辺に示すことは、個人的自覚、神秘主義、歴史的現実、個人主義に関する田辺からの批判に応えるために必須ではあった。「田辺の手の届かない」「宗教の真の理解」を示して見せることは、田辺に反論するための基礎段階だったと考えられる。そう考えると、西田の田辺への反論は宗教論の核心に頻出する

「逆対応」の概念にではなく、核心からのいわば帰結を展開する「平常底」の概念にあったのではないかと考えられるのである。

「平常底」概念

宗教論には「逆対応」と「平常底」の概念が鍵概念として頻出する。「逆対応」はいま措くが、後者は宗教の「平常」であること、つまり「異常」でないことを主張するものである。「異常」というのは論文では「特殊な人の特殊なもの」「神秘主義」「非論理的」という言葉で語られている。西田は宗教が「特殊な人の特殊なもの」「神秘主義」「非論理的」なものではなく、「平常」のものだといっているのである。平常のものというのは着衣喫飯行住坐臥にほかならない。西田は「入信の人は少ない」ともいうから、すべての人が日常において信仰を持っている、だから宗教は万人の平常だなどと言っているのではない。入信の人は少ないが、入信ということが宗教の特殊性・超常性＝非論理性・神秘主義を意味するわけではないといっているのである。では、平常とは何か。これが問われる。それは弛緩した惰性の日常か。しかし、西田は「膚浅なる平常底」という言葉も使うから、単なる平常主義者ではない。そこで平常に「底」がつき「終末論的」がつく。

「底」によって、平常が「膚浅」でないことが語られる。それは平常だが、単なる平常ではなく、平常がすでに神の下に見られる。神に「徹する」ことが平常底であり、徹したところから平常を生きることが平常底なのである。前者に即して宗教が、後者に即して個人的自己の立場が自覚される。

平常を離れずしかしその底に徹するとは「人神」ではなく「神人」として生きること、神の決断を自己の決断として生きることだという。それは神つまり絶対現在の自己限定に生きることであり、そこに終末論的に世界の終わりと始まりに接し、自己のアルファとオメガに接する。平常とはこうした緊張感に包まれたものである。しかもそれは絶対に自由なもの、個が真の個として働く時空なのである。

こうして平常底の概念は宗教の平常性を正面に出した概念ゆえに田辺の神秘主義批判への直接の答えになっているのであり、そこから、個人、自由、歴史を展開するための概念としてもやはり田辺の批判に答えるものといわざるを得ない。端的には

元来、人が宗教を神秘的と考へること、その事が誤である。(三、三三一頁)

こうして、田辺への反批判の過程で西田は平常底という概念を案出したと思われる。この概念の由来、経緯については先行の研究が参考になる。[17] それは禅語に由来し、その超俗性を矯めるためにキリスト教の「終末論的」を改釈して添え、もって歴史的個人とその働きを強調するものであった。しかしここでは、西田の宗教論でそれが、宗教の神秘主義への反論として、また、宗教の超歴史性、個人の救済という批判への反論として出され使用されていることを確認しておけば足りよう。どちらも田辺からの批判の要点への反論となっているのである。

こう見てくると西田の宗教論はやはり田辺批判をモチーフにしたものと言っていいであろう。つ

まり、田辺の立場そのものへの批判は「宗教を論じる資格」の問題につながり、意識的自我（論文では道徳）の立場を超えてこれを基礎付けるものとして宗教問題を提出し、田辺の立場からは扱えない宗教の真髄（「人間は人間で自覚したり人格となったりするのではない」）を展開してみせるというのがそれである。その途上で、「無媒介、神秘主義、個人、歴史」について自分の見解を提出している。とくに「平常底」の概念がこれらのすべてに答えうるものであるように思われる。けだしそこには、禅的な自己転換の立場あるいは親鸞的な横超の立場（真の宗教の立場）が特別な人の特別なことではなく神秘主義ではないこと（平常底）、逆に真に自由な個人の成立であり歴史へと人を媒介するものであること（終末論的）が込められているからである。西田は終末論的平常底を生きる個人がもっとも具体的な実在、歴史的実在である、と主張しているのである。

われわれは滝沢宛ての西田書簡から田辺に対する西田の反論の要点を抽出し、それでもって宗教論を理解してみた。結果として宗教論の基本的な枠や概念装置はそれでほとんど理解できることが判った。しかし、宗教論を理解させる有力な発言は西田の大拙宛書簡や務台宛書簡にもある。それらには滝沢に宛てた書簡の内容とは重複しない重要な箇所があるが[18]、本書の立場からはそのことを指摘するに留めておきたい。ここでは滝沢宛西田書簡のかぎりでも宗教論の基本的な枠組みと概念装置が理解できることを示して満足したい。

西田の宗教論は田辺からの批判に対する応答、反批判であった。しかし、そう言うことはそれが「もっぱら」田辺への応答であった、それのみを意図したということを意味しない。

第二節　滝沢の批判と西田の応答

成立論における滝沢の位置

西田と滝沢の交流という観点からみても、西田の宗教論はやはり田辺哲学への反批判をライトモチーフにしていることが確認できた。しかし、宗教論が宛てられたのは田辺だけではなかった。これがわれわれの主張である。ここでわれわれは滝沢の西田哲学批判に注目したい。西田の宗教論は滝沢からの批判にも応ずるものであったと筆者は考える。そこで、滝沢の批判、それに応ずる西田の応答をテキストの中に探求してみなければならない。それが成果をあげて初めて、われわれの主張は意義を獲得する。とはいえ、成立論の構図は維持しなければならない。繰り返すが、筆者は西田晩年の宗教論成立に複数の要因を認めており、本節での課題はその中に滝沢を位置づけうることを示すことである。筆者の関心は、本書の表題どおりあくまで「西田と滝沢の交流の真実」を探ることである。その見地からの成立論に留まること、くれぐれも誤解なきようお願いしておく。

筆者は「場所的論理と宗教的世界観」の成立の重要要素として滝沢の批判を組み込んだ。そのことで、秋月の見解を越えて同論文成立に至る歴史的経緯が、それなりに合理的に描けたと思う。それは従来のどの見解とも違うものであるが、その当否は研究者の検討に委ねる他ない。しかし、歴史的経緯の合理的な描写とは別に、テキストの合理的な読みが提起できなければならない。本来ならこちらが先立つべきであろうが、西田のテキストの特異性から、われわれはこの点をこれまでいわばブラックボックス扱いしてきた。今やこの問題に取り組みたい。

滝沢の西田哲学批判

滝沢が西田の『哲学の根本問題』正続に反応して昭和十一年に出した『西田哲学の根本問題』は基本的には西田哲学へのオマージュというべき著作であった。同書第三部がそのことを雄弁に語っている。そこでは西田哲学を「このときに生まれ、この国の言葉を以って語られたる、真の神の証たる、悔改（メタノイア）の哲学である」とまで評している。しかし同時に、批判は他でもない同書の中で出された。その批判は、本書第二部で紹介したとおり、西田の立場に賛同した上で、いわばその画竜点睛を図るものであった。同書を読んで書簡で漏らした西田のことば「根本問題に不徹底があるかも」がその辺をよく語っている。滝沢は西田の立場をさらに「徹底せよ」といい、そうでないと西田の弁証法も誤魔化しになる、と批判したのであった。これに対する西田の応答も田辺に対する場合とは様相が変わってこなければならなかった。どういうものになったのか。いよいよそこに焦点を当てたい。迂遠なようだがまず滝沢による批判の文脈を再現しておこう。

滝沢は『西田哲学の根本問題』第一部冒頭で西田哲学の根本概念から「絶対の非連続の連続」を取り上げ、これでもって西田哲学を体系的に追構築してみようとした。その際、キリスト教神学を援用したのだった。同書はドイツからの帰国直後の作であり、滝沢のまなざしの背後には留学中対決したバルト神学があった。かれはまず、「絶対の非連続の連続」に、キリスト教神学の創造論、三位一体論、キリスト論に対応する三つの意義を区別し、かつその連関を維持すべきだと主張した。次に、その区別と連関を守って西田哲学の「絶対の死即生」という概念を検討し、それには「神が絶対の死である」あるかのような誤解を与える恐れがあると指摘した。これに対し滝沢は、罪と悪魔の問題を突き詰めて「Mo と-Mo」の区別を維持するとき、神はどこまでも絶対の生でなければならない。西田においては罪の問題が厳しく捉えられていないため、神が絶対の死であるかのような表現に甘んじてしまうと批判したのである。

この批判の文脈から次の批判が出てくる。最も具体的な歴史的実在界にもし罪と悪魔の跳梁の現実を認めるならば、いくら「弁証法的一般者の自己限定」といっても、この世界を決して一元的に把握することは出来ないというべきであろう。西田哲学が真に具体的な実在の論理を目指すならば、この現実を無視しえないはずである。にもかかわらず一般者の自己限定として現実を把握しようると強弁するならば、その弁証法は結局、現実を誤魔化すものにならざるを得ないのではないかと批判したのである。それだけでなく滝沢は、こうした弱点をかかえる西田哲学に比すれば、自分の提案した区別と連関を維持するほうが、「超越的神の形而上学」との誤解を避ける「より優れた道」ではないかと提案した。

以上が滝沢の西田哲学批判であった。そのポイントを次の五項目に要約したい。

（1）「絶対の非連続の連続」の三つの意義の区別と連関の提案
（2）「絶対の死即生」という概念の曖昧さの指摘
（3）罪と悪魔の問題の指摘
（4）「弁証法的一般者の自己限定」という把握の妥当性への疑問
（5）キリスト教神学（カール・バルト）への依拠

（1）はすべての始りであり、（5）と関連している。（2）～（4）は一連の事態である。（3）は（2）と（4）の問題のどちらにもかかわる論点であり、最終的には実在把握の具体性の問題となる。象徴的には「Mo と-Mo の混同を避ける」という問題であり、ある意味、滝沢の批判の核心であったといってもいいだろう。戦後の滝沢が、西田哲学はついに現実の厳しさを知ることがなかったと論断することになる重要なポイントである。（5）は滝沢の批判がキリスト教神学を背景にしている点にかかわり、（1）の背景を取り出したものである。

以下、西田の宗教論テキストに右の五点に対する応答を探っていきたい。筆者は、その探求の中に、小坂の成立論の論点すべてを網羅できるように思う。

提案を反復する西田

滝沢の批判に対し西田は書簡で自分の立場の「不徹底」を認めた。したがってその点の「徹底」が求められることになったのである。書簡で宗教論が約束されたのはそれを期してであった、とわれわれは解釈した。いま要約した滝沢の主張からも、あらためて西田の応答が宗教論という形を取ることは自然だと思われる。なぜならば滝沢は西田の「絶対の非連続の連続」の概念を「神と人間の関係の規定」としてキリスト教的に解釈、そこに三つの意義を主張し、その延長で「絶対の死即生」の概念、「罪」の概念、「哲学」の位置と身分を問うたからである。西田は何より「絶対の非連続の連続＝神と人間の関係」如何という根本問題で応えなければならなくなった。しかも、西田の「不徹底」を克服したとする代案が滝沢から出された。西田の宗教論はこの意味でも「決死の覚悟」（久松宛書簡、一二八一）を伴わなければならなかったというべきであろう。

滝沢の批判を前項のように五つに要約した時、西田の宗教論のどこに各ポイントに対する応答がみられるであろうか。

まず（1）の「「絶対の非連続の連続」の三つの意義の区別と連関の提案」であるが、筆者は宗教論「二」の前半に注目したい。自己の死の自覚から絶対者を規定するところである。ここは場所的論理で宗教を出すためのいわば出発点のような個所であるが、ほぼ滝沢への応答、それも肯定的な応答と考えられるのではないだろうか。すなわち、本書第二部での要約の際使った小見出しで示せば、

宗教論「二」の小見出し　「絶対者」の項。これが第一義に対応。（本書二四九頁～）

同　「創造作用と人格」の項。これが第二義に対応。（本書二五〇頁～）

同　「個と絶対悪」の項。これが第三義に対応。（本書二五一頁～）

このように対応していると考えられる。そしてなにより、この叙述の流れが三つの意義に沿っている点が注目されるべきであろう。それぞれキーセンテンスを拾ってみよう。叙述の推移、つまり頁の流れに注意されたい。念のためA、B、Cを冠する。頁番号は新版全集のもの。

A、①「我々の自己は、唯、死によってのみ、逆対応的に神に接するのである、神に繋がる

ということができるのである。」（三一五頁）。②「神は絶対の自己否定として、逆対応的に自己自身に対し、自己自身の中に絶対的自己否定を含むものなるが故に、自己自身によってあるものであるのであり、絶対の無なるが故に絶対の有なのである」（三一六頁）。〔第一義、創造論に対応〕

B、創造作用というのは「多と一との矛盾的自己同一的世界が、自己自身の中に自己を表現し、どこまでも無基底的に、作られたものから作るものへと、無限に自己自身を形成していくということ」（三一七〜八頁）である。〔第二義、三位一体論に対応〕

C、真に絶対的自己否定の世界とは、悪魔的世界、反抗的世界でなければならない。主語的、君主的神を徹底的に否定する。極めて背理のようではあるが、真に絶対的なる神は一面に悪魔的、極悪まで下り得る神でなければならない。悪逆無道を救う神にして、真に絶対の神である。③「神は逆対応的に極悪の人の心にも潜むのである」（三二二頁）。故に「我々の宗教心というのは、我々の自己から起るのではなくして、神または仏の呼声であり働きである。自己成立の根源からである」（同）。〔第三義、キリスト論に対応〕

このように、宗教論「二」の叙述はA→B→C、つまり神と人間の関係（Mo）、組成をもった神と人間との関係（世界）、神と悪をともなった人間との関係（-Mo）へと進んでいるのである。西田は「非連続の連続」に関する滝沢の提案「三つの意義の区別と連関」をほぼそのまま取り入れているといっていいのではないだろうか。さらに、たとえばやはり「三二」の三二五頁に、

④「神と人間との関係は、人間のほうからいえば、億劫相別、而須臾不離、尽日相対、而刹那不対、此理人々有之という大燈国師の語が両者の矛盾的自己同一的関係をいい表していると思う。否定即肯定の絶対矛盾的自己同一の世界は、何処までも逆限定の世界、逆対応の世界でなければならない。神と人間との対立は、何処までも逆対応的であるのである」

とあるが、この前半は第一義創造論の人間と神との関係（Mo）を、「否定即肯定」以下は「世界」の語によって第二義の三位一体論に対応するであろう。しかし最後にまた「神と人間」との関係が今度は「対立」（−Mo）という観点から要約される（第三義）。西田の記述は「三三」以降もこの三義を反復しながら展開していく。やはり、西田は滝沢の（1）の提案を受け入れたと考えられる。

なお、このように西田の応答を探っていくと、はからずも「逆対応」の語を含む文があがって来る。しかし、この語についての詮索はもうしばらく封印しておきたい。

罪認識を徹底させる西田

西田は前記（2）（3）（4）にも応答しているだろうか。筆者は応答しているとみる。（2）

（3）（4）は密接に関係していることを指摘したが、ここでは順に取り上げてみよう。（2）は「絶対の生」たる神によって西田の「絶対の死即生」概念を批判するものであった。この点は先の引用AとCを重ねて読むことによって答えを得られる。Aの「死」「神の絶対的自己否定」とは滝沢のMoを意味する。それに対してCに於ける「悪」は西田の仕方で-Moを語っていよう。Cを読むと西田が懸命に滝沢に答えようとしている様が彷彿とする。「悪逆無道を救う神にして、真の絶対の神である」という言葉は、絶対的自己否定の世界が「悪魔的・反抗的世界」であるにもかかわらず、まさにそれを救う神の強さを語っていると読める。「神は逆対応的に極悪の人のこころにも潜」み、かれの「自己成立の根源から」「宗教心」を起こす。「神または仏の呼声であり働き」は人間の悪に比して強いことが語られている。しかもこれが単に超越的神を立てることではないことを、対象論理的でなく絶対弁証法的な万有在神論 Panentheismus の主張（三一七頁）によって強調している。Cの引用文のすぐあとである。西田は超越的神を避けながら、滝沢に指摘された「絶対の死即生」の曖昧さを払拭し、「絶対の生たる神」を語ろうとしていると思われる。宗教論にはもはや「絶対の死即生」という概念がみられず、「生死即涅槃」（三三二、三三五頁など）「生死即不生」（三四二、三四二頁）という表現に置き換わっている。明白な証拠というべきか。

永遠の生命は生死即涅槃といふ所にあるのである。我々の自己と神即ち絶対者との関係は、屡々云ふ如く大燈国師の語が最も能く言ひ表して居るのである。何処までも逆対応的である、絶対に逆対応的であるのである。そこに生死即涅槃と言ひ得るのである。我々の永遠の生命とは、此に考へられねばならない。我々の自己が生命を脱して不生不滅の世界に入ると云ふのではない。最初から不生不滅である。即今即永遠であるのである。故に慧玄会裏無生死と云ふ。（三三四頁）

（3）は罪の認識であった。絶対の死即生という西田の概念が示す曖昧さは罪認識の欠如ゆえだと滝沢は指摘した。これに対して西田は滝沢の指摘を受け入れたと思われる。Cの引用がそのことを語っていよう。「真に絶対的自己否定の世界とは、悪魔的世界、反抗的世界でなければならない」と書いているのがそうである。またCの少し後の本文「根底的に自己矛盾的なる人間の世界」（二、三二五頁）などもそうであろう。西田は神と人間の間で悪の問題を深めているのである。

さらに、西田はCの延長でキリスト教の堕罪に関説している。滝沢を念頭にしたものと読める。そこには親鸞仏教も出て来る。

「人間の根底に堕罪を考えるということは、極めて深い宗教的人生観といわざるを得ない。それは実に我々人間の生命の根本的事実をいい表したものでなければならない。人間は神の絶対的自己否定から成立するのである。その根源において、永遠に地獄の火に投ぜらるべき運命を有ったものであるのである。浄土真宗においても、人間の根本を罪悪に置く。罪悪深重煩悩熾盛の衆生という。而して唯仏の御名を信ずることによってのみ救われるというのである」（二、三二六頁）

さらに、宗教論の「四」には、「アダムの堕罪」という言葉を出し、「人間は原罪的である」を含む段落があり（三四二頁）、右引用文と同じ趣旨を展開している。

このように西田は（2）と（3）に於いて滝沢の批判を受け止め、自身の思索を深めたと言えよう。力強く永遠の生命を語るとともに、人間の根本に罪悪を置いたのである。滝沢が秋月著作集への推薦文で西田の宗教論における親鸞の出現を評価した所以であろう。しかし、（4）になると様子は一変する。

滝沢の問いを突っぱねる西田

（4）は「神の被造物であるにもかかわらず虚しいものに囚われて罪を避けえないのが人間である」という現実を認めるなら、この実在界を「弁証法的一般者の自己限定」というような一元的な把握で捉えることは出来ない、もしできると主張するなら西田の弁証法も現実をごまかす「誤魔化し」と言われても仕方ないのではないか、という批判であった。

宗教論はその根本的立場に於いてこの批判を突っぱねていると言わざるを得ない。対象論理の批判の裏は絶対弁証法の揚言であるが、これによって宗教を論じ得る、宗教的実在つまり最も具体的な絶対者の世界たる歴史的実在を把握しうる、というのがそもそも宗教論の趣旨だからである。それは宗教論のタイトル「場所的論理と宗教的世界観」に表れ、論文中の「絶対矛盾的自己同一的場所の自己限定として、場所的論理によってのみ、宗教的世界と云ふものが考へられる…」（三、三二九頁）「宗教は、哲学的には唯、場所的論理によってのみ把握せられる」（三、三三六頁）、また「真の他力宗は、場所的論理的にのみ把握することが出来る」（四、四三六頁）で留めをうつ。こうした文に西田の強い意志が感じられる。西田は滝沢に対立したといわざるをえない。
最後の（5）はどうであろうか。滝沢はキリスト教神学に依拠して西田批判に出た。西田がこの点を受け入れなかったことは明白である。西田の宗教論が仏教的なものであることは周知のことである。西田は意識的にキリスト教を拒否し仏教を取った。そして、西田が依拠しうる仏教思想を提供したのが大拙と務台だった。宗教論の記述は大拙・務台に大きく依拠している。西田はここで公然と滝沢に対峙したのだといえよう。

以上の考察からわれわれは西田の宗教論にたしかに滝沢への応答を確認できた。その個所と応答の内容を初めて特定したのである。本書の成果である。それによれば西田の応答は一様でなく、滝沢の指摘を受け入れたところと、批判を突っぱねて対立したり、根本的に否定して対峙するということがみられた。それは西田と滝沢の交流の真実を垣間見せるものであるが、そのさらなる吟味は本書第四部に委ねる。ここでは西田の宗教論成立に確かに滝沢を組み込むことが出来たことを宣して満足したい。

秋月説とわれわれの見解

ここで秋月説と小坂説を振り返っておこう。両説のうち小坂説は滝沢を無視しているので話にならない。秋月は「逆対応が滝沢への西田の応答である」という趣旨の証言を残した。しかし、滝沢の批判と西田の宗教論での応答を子細に読むと、西田の応答は逆対応にだけあるのではないことが判った。西田の応答は滝沢の批判をかなり忠実に踏まえたものだった。すなわち、絶対の非連続の連続、つまり神と人との関係の規定に関し、人間の罪悪に関し、そして一元的説明に関してであった。逆対応の概念はそのいずれの議論にも使われいずれにも深く関わることは明らかで、秋月の証言は核心を突いたものと言えるが、逆に先鋭に過ぎ西田と滝沢の交流を探るうえでは適切でないというべきである。しかし、われわれは逆対応の概念そのものの検討を保留しており、この段階で言えることは次のことである。つまり、秋月説はわれわれの見解からも首肯され、我々の見解は秋月説の補強ともなったということである。補強というのは、われわれの見解が逆対応概念そのものの（医学で言うところの）「病理学的な検討」からではなく、あくまでいわば「疫学的調査のような検討」によっているからである。この問題は第四部で逆対応の概念そのものを取り上げ、「病理学的な検討」を加えることで決着をつけたい。

宗教論「三」以下

西田の論文に戻れば、「三」で西田は「入信」という実定宗教の問題に踏みだし、「四」で「キリスト教と仏教」を念頭に「真の宗教」を探っていく。すでにわれわれが提起したように、ここは実定宗教の内的な問題を論じた部分である。そして最後の「五」で宗教と個人、人格、歴史、文化、国家の関係如何という問題を論じる。実定宗教の外なる問題を論じた部分である。こうして

「三」から「五」は宗教論と言われる西田の論文のいかにも宗教論らしい部分と言っていいだろう。「二」で扱った神（絶対）と人との関係、罪、悪、死、創造といった原理的な問題は、この「三」から「五」の行論の中で繰り返し提起され、個、人格、自由、歴史の問題へと深められていると読める。

第三節 「宗教論」成立における鈴木大拙の意義

田辺への反論に対する大拙の寄与

西田の宗教論は田辺・滝沢からの批判に応えることを主眼として生成された。それはもちろん西田自身の懸案だった宗教論を完成させるためでもあった。宗教論は田辺と滝沢の批判をクリアすることなしに西田の満足するものとならないことを西田は意識していた。大拙と務台はそうした西田の宗教論生成にいわば有力な武器を提供する役目を果たした。これがわれわれの解釈であった。ここでは大拙が具体的にどのような働きをしたのかを探ってみたい。務台については次の第四節でとりあげる。

大拙は田辺に対する反論の生成にどんな武器を提供しどんな働きをしたのか。われわれはすでに田辺の西田批判を西田の側からとらえ、宗教論における西田の反論がどのようなものになるかを想定し、それで宗教論がほぼ読めることを明らかにした。それによると西田は場所的論理を「即非の論理」、「名号の論理」に結びつけ、「霊性」による真の宗教経験とその論理を示し、その立場からカントに仮託した田辺の対象論理からは宗教を論じられないだけでなく宗教的問題も出せないと切り替えし、また同時に、「終末論的平常底」の概念によって「神秘主義」「個人が出ない」「個人の救いをこととする」といった田辺からの批判に反批判を加えた、と読み解くことができたのであった。

こうした西田の行論を念頭に大拙の寄与分を考えると、大拙は即非の論理、名号の論理によって禅と浄土教の論理を提供することで西田に真の禅経験、浄土教経験の記述を可能にさせたということができるだろう。それがおのずから田辺の禅理解、浄土教（真宗）理解への批判となったことは言うまでもない。その核心は禅の悟り、真宗の廻心、弥陀の呼び声などという「自己の絶対的転換」の経験だったと考える。さらに、大拙の禅的な言葉づかいは西田に「平常底」という概念を案出せしめ、そこに田辺への反論をこめることに成功させたとも考えたのであった。

そのように、大拙は田辺への反論が賭けられた宗教論の骨格形成に大きな影響を与えたと言っていいだろう。しかし、田辺について本書ではこのくらいで満足しておく。

滝沢への反論に資する大拙の寄与を探る

西田の滝沢への応答の生成に大拙はどのような働きをしたのだろうか。田辺に対するのと違い、西田の滝沢への応答はまず宗教の本丸で行われなければならなかった。それは「田辺には分らないところ」だった。西田は滝沢には真の宗教理解を示して見せるのではなく、真の宗教をどうとらえるか（西田の言葉を使えば「説明するか」）という本丸で応答しなければならなかった。既にわれわれは、西田の応答が絶対者と人間との関係を規定する場所で、また、人間世界の性格（悪魔的）を規定する場所でなされたことを明らかにした。そこに逆対応の概念の登場も確認したが、大拙の働きはこれまで念頭にしなかった。ここであらためて主題化してみよう。そのためにまず、大拙由来のことばを探るところから始めてみたい。

宗教論を読むとじつに広範に大拙を引用している。西田は大拙の名を論文中に六度も出し、さらに著作を三つも挙げている（後述）。中編の論文での引照としては異例の多さと言っていいだろう。論文から大拙由来と思われる言葉を抜き出してみると次のようになろう。

般若即非の論理、霊性、生死即不生、無分別の分別、平常底

これらすべてが禅に由来する言葉であろうが、とくに最初の二つと「無分別の分別」が大拙の語として印象ぶかい。「生死即不生」は文字通りの禅語であろう。盤珪禅師の語とある（宗教論三四三頁）。最後の「平常底」は西田が案出した言葉だが、大拙をヒントにしたものでここに入れておいた。これらの他、大燈国師の語など禅者の言葉があるが、これは措く。

しかし、大拙由来の語はこれに限らないのではないか。問題は真宗の用語である。西田の宗教論にはとくに後半に真宗の用語が頻出する。それを拾えば、

横超、名号の論理、生死即涅槃、親鸞一人、弥陀の誓願不思議、無義の義、自然法爾、悪人正機、罪悪深重煩悩熾盛、

などである。しかし、これら真宗用語を大拙由来の語とすることには疑問の余地が生じるかもしれない。ところが次のような事情を勘案すると、これらの語が大拙を経由して西田によって使われて

いると考えることにそれほど大きな無理はないように思われてくる。つまり、西田が論文中に挙げた大拙の著作を読むと禅の立場から浄土系思想を論じたものであることに気づくのである。三著は具体的には金剛経の禅、日本的霊性、浄土系思想論[19]であるが、これらは金剛経の即非の論理で浄土教を解釈したものと言っていいであろう。いわば禅の立場から浄土教が読めることを主張したものである。最晩年の西田は大拙のこうした著作から刺激を受け、禅（自力聖道門）と浄土（他力易行門）を貫く仏教論理を会得、それを宗教論に持ち込んだと考えられるのである。したがって、右に挙げた真宗用語は大拙の息のかかったものと考えられる。それでここでは、これらの真宗用語も大拙由来として扱ってみたい。したがって先の禅宗用語とあわせて宗教論に見られる大拙由来の言葉は、

般若即非の論理、霊性、生死即涅槃、生死即不生、無分別の分別、平常底、横超、名号の論理、親鸞一人、弥陀の誓願不思議、無義の義、自然法爾、悪人正機、罪悪深重煩悩熾盛

としたい。非常に多いというべきであろう。これだけで大拙の意義の大きさが彷彿とする。

滝沢への反論に資すると考えられないもの

しかし、これらすべてが滝沢への応答として意味をもつとは言えない。平常底については田辺の項で触れた通りであるが、その他、たとえば霊性、横超を取り上げてみよう。前者は大拙独自の概念、後者は親鸞の用語を大拙が共感をこめて引用したものである。西田の言及を引用でみてみたい。

霊性について――

「我々の自己の根底には、何処までも意識的自己を越えたものがあるのである。これは我々の自己の自覚的事実である。自己自身の自覚の事実について、深く反省する人は、何人も此に気附かなければならない。鈴木大拙は之を**霊性**と云ふ（日本的**霊性**）。而して精神の意志の力は、**霊性**に裏附けられることによって、自己を超越すると云つて居る。

…宗教的信仰とは、客観的事実でなければならない、我々の自己に絶対の事実でなければならない、大拙の所謂**霊性**の事実であるのである。我々の自己の底には何処までも自己を越えたものがある、而もそれは単に自己に他なるものではない、自己の外にあるものではない。そこに我々の自己の自己矛盾がある。此に、我々は自己の在処に迷ふ。而て我々の自己が何処までも矛盾的自己同一的に、真の自己自身を見出す所に、宗教的信仰と云ふものが成立するのである。…宗教的回心とか、解脱とか云っても、一面に欲求的に、一面に理性的なる、此の意識的自己を離れると云ふことではない、況して無意識的となるなど云ふことではない。そこでは益々明瞭に意識的とならなければならない、寧ろ叡知的とならなければならないのである。何処までも我々の判断的意識的自己即ち分別的自己を離れることではない。大拙は之を無分別の分別と云ふ。**霊性**とは無分別の分別である。之を単に無意識と考へるものは宗教的意識と云ふものについて、何等の理解なくして、唯対象論理の立場から宗教的意識を推論するに由るのである。」（三、三三二～三頁、文中ゴシックは筆者による）

ここでは霊性が自己の根底にある自己を越えたものへの自覚の事実だとされ、宗教的信仰、回心、解脱に結び付けられ、無分別の分別だと言われている。最後の「理解なくして、唯対象論理の立場から宗教的意識を推論する」という文言にも表れているように、これは「福音が律法を立てる」ことを主張している滝沢に説くべき内容ではない。西田はそのために大拙を援用しているのではないと読むべきであろう。もう一つ、

横超について

「故に我々の自己が宗教的信仰に入るには、我々の自己の立場の絶対的転換がなければならない。之を回心と云ふのである。故に回心と云ふことは、往々人が考へる如くに、相反する両方向の一方から他方へと、過程的にと云ふことではない。我々の自己は、動物的でもなければ、天使的でもない。此故に我々は迷へる自己である。一転してその矛盾的自己同一に於て安住の地を見出すのである。それは直線的対立に於て、単に一方向から逆の方向へと云ふことではなくして、親鸞聖人の所謂**横超**的でなければならない、円環的でなければならない。…」（三、三三二頁）

「仏は我々の自己に何処までも超越的なると共に、而て之を包むものである。「念仏の申さるるも如来の御はからひなり」と云ふに至りて極まる。此に親鸞の**横超**の意義があるのである。**横超**は名号不思議によらなければならない。」（四、三五一頁）

入信、回心の「絶対的転換」は仏からの「はからひ」である。大拙由来の横超理解と思われるが、真宗的な宗教体験のエッセンスをとらえたこのような理解も滝沢に説くまでもないことだったと思われる。

では、滝沢への反論を念頭にした時、大拙の寄与はどこにあるのだろうか。

般若即非の論理……滝沢への反論に対する大拙の寄与（1）

筆者は、大拙の寄与を「般若即非の論理」、「名号の論理」、「生死即涅槃・生死即不生」「悪人正機」にみたい。というのも、「霊性」、「横超」、「無分別の分別」、「平常底」は宗教論では主に禅宗から宗教経験の本質を説いたり真の宗教者のあり方を説いたりするもので、西田が「宗教の理解がない」という田辺の誤解を正したり反批判を加えたりするのには意義を持つだろうが、滝沢にはあまり意味がない。宗教理解の本丸、つまり核心での勝負からは外れるからである。それに対して「般若即非の論理」、「生死即涅槃」「名号の論理」はまさにこの核心に関わると思われる。まず、「般若即非の論理」を取り上げる。

大拙は「金剛経の禅」（『日本的霊性』初版所収）で般若即非の論理を提唱したが、これを西田は場所的論理を表すもの、つまりその一例と考えている。そしてその内容は否定の肯定・肯定の否定という弁証法的な事態である。例えば、

「神は何処までも自己否定的に此の世界に於てあるのである。此の意味に於て、神は何処まで

も内在的である。故に神は、此の世界に於て、何処にもないと共に何処にもあらざる所なしと云ふことができる。仏教では、金剛経にかゝる背理を即非の論理を以て表現している（鈴木大拙）。」（二、三一六頁）〔強調筆者。以下同様〕

この引用には「所言一切法即非一切法是故名一切法と云ふ、仏仏にあらず故に仏である、衆生衆生にあらず故に衆生であるのである」との続きがあり、即非の論理の形式を引用で示している。このように即非の論理は神と世界の絶対矛盾的自己同一の関係、すなわち否定即肯定的な関係を表現する仏教論理として援用されている。

即非の論理はこの他、神そのものに、絶対者の世界に、神と人間世界・個人の関係に、心と仏の関係に、何れも矛盾的自己同一、つまり否定即肯定、肯定即否定の関係を表すものとして引用されている。例えば、

神について、

「私の神と云ふのは、所謂神性 Gottheit の如きものを云ふのではない、自己自身に於て絶対の否定を含む絶対矛盾的自己同一であるのである、般若の即非的弁証法が最もよく之を表して居る。」（二、三二二頁）

また、

「真の絶対者とは、…絶対矛盾的自己同一的に自己自身を媒介するもの、般若即非の論理的に、

絶対否定によって、自己自身を媒介するものでなければならない。我々の自己は、神の絶対否定的自己媒介によって成立するのである」（三、三三三頁）

次に、絶対者の世界について、

「絶対者の世界は、何処までも矛盾的自己同一的に、多と一との逆限定的に、すべてのものが逆対応の世界でなければならない。般若即非の論理的に、絶対に無なるが故に絶対の有であり、絶対に動なるがゆえに絶対に静であるのである。我々の自己は、何処までも絶対的一者と即ち神と、逆限定的に、逆対応的関係にあるのである。」（三、三三五頁）

この（三番目の）引用からは、般若即非の論理と逆限定、逆対応の語が密接に結びついていることがわかる。しかし、逆対応については本書第四部で別途検討する。

神と人間世界・個人の関係について、

「斯くの如くにして、般若即非の世界から人間世界と云ふものが出て来るのである。此に応無所住而生其心である。…それは何処までも即非的に、矛盾的自己同一的でなければならない。全仏と個人とは即非的に一であるのである。真の個人は絶対現在の瞬間的自己限定として成立するのである。（四、三四一頁）

心と仏の関係について、

「心即是仏、仏即是心の義も、此に把握せなければならない。対象論理的に我々のこころと仏

とが同じと云ふのではない。般若真空の論理は、西洋論理的には把握せられないのである。」（三、三三五頁）

「心即是仏、仏即是心と云ふ如き語も、…諸心皆為非心、是名為心と云ふ。般若即非の論理的に、心と仏との（個と全との）矛盾的自己同一の義に解せられなければならない。」（四、三五三頁）

と言っている。最後の引用文の後には「禅についての誤解は対象論理的思惟に基くのである」が続いている。「般若真空の論理は、西洋論理的に把握せられない」（三、三三五頁）といった言挙げからも、西田の力の入れようが窺われる。

このように西田は自らの「場所の論理」の基本である「絶対の非連続の連続＝矛盾的自己同一」を表現するものとして禅仏教の即非の論理を発見、評価し、援用している。即非の論理は（逆対応の検討は措くとして）新しい規定を加えるものではないが、それでも西田の立場を禅仏教に結びつけるものとなっている。その意味でこれは西田が滝沢の批判に対して自分の立場を表明するものと読める。

罪悪深重……滝沢への反論に対する大拙の寄与（2）

滝沢の西田批判の最初は「絶対の死即生」の概念であった。滝沢はそこに絶対の生である神が把握されていないこと、その理由を西田哲学における罪認識の弱さにあると指摘した。この点、西田の応答を探るには大拙経由の真宗の概念を辿るのが至当であろう。秋月の著作集に滝沢が寄せた文章にもあるように、滝沢は宗教論における真宗の援用を具体的な指摘なしにではあるが評価していた。確かに西田は宗教論で罪悪を強調している。それは主に真宗の文脈でだった。例えば以下の通りである。ここでは識別の便宜上、引用文にアルファベットを付す。

A「我々の自己が、我々の自己の生命の根源たる絶対者に対する宗教的関係に於では、智者も愚者も、善人も悪人も同様である。「善人なほもて往生を遂ぐ、いはんや悪人をや」とまで云はれる。」(二、三二五頁)

B「人間の根底に堕罪を考えるということは、極めて深い宗教的人生観といわざるを得ない。それは実に我々人間の生命の根本的事実をいい表したものでなければならない。人間は神の絶対的自己否定から成立するのである。その根源において、永遠に地獄の火に投ぜらるべき運命を有ったものであるのである。浄土真宗に於ても、人間の根本を罪悪に置く。罪悪深重煩悩熾盛の衆生と云ふ。而して唯仏の御名を信ずることによってのみ救はれると云ふのである。」(二、三二六頁)

C「神に背いて知識の樹の果を喰ったアダムの堕罪とは、神の自己否定として人間の成立を示すものに他ならない。仏教的には、忽然念起である。人間はその成立の根源に於て自己矛盾的である。知的なればなる程、意的なればなる程、爾云ふことができる。人間は原罪的である。道徳的には、親の罪が子に伝はるとは、不合理であらう。併しそこに人間そのものの存在があるのである。原罪を脱することは、人間を脱することである。それは人間からは不可能である。唯、神の愛の啓示としてのキリストの事実を信ずることによってのみ救はれると云ふ。そこに我々の自己の根源に帰するのである。アダムに死し、キリストに生きると云ふ。真宗に於ては、此の世界は何処までも業の世界である、無明生死の世界である。唯、仏の悲願によって、名号不思議を信ずることによって救はれると云ふ。それは絶対者の呼声に応ずると云ふことに他ならない。かゝる立場の徹底に於ては、生死即不生である（盤珪禅師）。矛盾的自己同一的に、全仏即人、人仏無異である。空中剣を振廻す如くである。又急水上に種子を打す、念々不停流である（趙州）。」（四、三四二頁）

D「後者の方向に於ては、之に反し、絶対者は何処までも我々の自己を包むものであるのである、何処までも背く我々の自己を、逃げる我々の自己を、何処までも追ひ、之を包むものであるのである、即ち無限の慈悲であるのである。此に浄土真宗の如き悪人正因の宗教があるのである、絶対愛の宗教が成立するのである。親鸞一人の為なりけりと云ふ、唯一的個的に意志的なればなる程、斯く云はなければならないのである。絶対者は何処までも自己自身を否定することによって、真に人をして人たらしめるのである、真に人を救ふと云ふことができるのである。宗教家の方便とか奇蹟とか云ふことも、此の如く絶対者の絶対的自己否定の立場から理解せられるであらう。仏は自ら悪魔にも堕して人を救ふと云はれる。キリスト教に於てでも、受肉と云ふことには、かゝる神の自己否定の意義を見出すことができるであらう。仏教的には、此の世界は仏の悲願の世界、方便の世界と云ふことができる。仏は種々なる形に現じて、人を

救ふと云ふことができる。」（四、三四五頁）

このように、西田はB、C、Dで人間の罪の現実を厳しく指摘している。Cでは「アダムの堕罪」に触れて「人間は原罪的である」と宣しキリスト教の人間観を肯定している。それに相応するものとして真宗の人間観を提示している。Bでは「罪悪深重煩悩熾盛の衆生」、Cでは「此の世界は何処までも業の世界である、無明生死の世界である」、Dでは「何処までも背く我々の自己を、逃げる我々の自己を」と言及されているのがそれである。それゆえにAの「善人も悪人も同様」、Dの「絶対愛の宗教」「悪人正因の宗教」「方便の世界」というのが生きてくる。西田は大拙に提供された真宗の人間観に共鳴し、一方で、滝沢を念頭にしたと思われるキリスト教の罪人観を肯定し、他方でこれに応じるものとして真宗の人間観を提起していると考えられる。

生死即涅槃……滝沢への反論に対する大拙の寄与（3）

西田が「絶対の生即死」に対する滝沢の批判を受けて、宗教論ではこの用語を使用せず、その代わりに生死即涅槃、生死即不生という概念を用いていることはすでに指摘した（本書三五七頁）。ここではそれが大拙由来の概念であったことを指摘し、その観点から検討してみる。

西田がこの概念を引いている箇所を重複もおそれずに引用すれば、

「永遠の生命は**生死即涅槃**といふ所にあるのである。我々の自己と神即ち絶対者との関係は、屢々云ふ如く大燈国師の語が最も能く言ひ表して居るのである。何処までも逆対応的である、絶対に逆対応的であるのである。そこに**生死即涅槃**と言ひ得るのである。我々の永遠の生命とは、此に考へられねばならない。我々の自己が生命を脱して不生不滅の世界に入ると云ふのではない。最初から不生不滅である。即今即永遠であるのである。故に慧玄会裏無生死と云ふ。」（三三四頁）

「我々の生命に於て、即今即絶対現在的と云ふことは、唯抽象的に時を超越すると云ふことではない。一瞬も止まることなき時の瞬間は、永遠の現在と逆限定的に、逆対応的関係に於てあるのである。故に**生死即涅槃**である。自己自身を超越することは、云々」（三、三三五頁）

「真宗に於ては、此の世界は何処までも業の世界である、無明生死の世界である。唯、仏の悲願によって、名号不思議を信ずることによって救われると云ふ。それは絶対者の呼声に応ずると云ふことに他ならない。かゝる立場の徹底に於ては、**生死即不生**である（盤珪禅師）。矛盾的自己同一的に、全仏即人、人仏無異である。空中剣を振廻す如くである。又急水上に毬子を打す、念々不停流である（趙州）。」（四、三四二〜三頁）

第一の引用は先に引いた「永遠の生命」に関するものである。第二の引用は時と永遠に関する議論であるが、注目すべきは第三の引用である。「業の世界→仏の悲願→名号不思議→救ひ＝絶対者の呼声に応ずると云ふこと」が語られた後、「かゝる立場の徹底に於ては」とある。つまり宗教者（＝入信の人）の生死論・時間論として「生死即不生」が語られている。これを逆に辿れば、仏の悲願が「業の世界＝生死」によらない不生としての「絶対の生」であることが含意されていると読めよう。生死即不生の概念は務台理作も非常に高く評価したもの（『場所の論理学』こぶし書房、二九三頁）であるが、務台も大拙に学んでいる節があるので、大拙の西田に対する寄与は大きいというべきであろう。

名号の論理……滝沢への反論に対する大拙の寄与（4）

最後に名号の論理を取り上げよう。大拙は『浄土教思想論』で真宗の名号は禅の公案にあたるとして両者を通底させているが、西田はその点よりむしろ名号そのものを深くとらえ返しているように思われる。つまり、絶対者と人間の関係を表すものとして、また救いに関わるものとしてである。重複も含め、西田の本文を引用でみてみよう。

E「真宗に於ては、此の世界は何処までも業の世界である、無明生死の世界である。唯、仏の悲願によって、**名号**不思議を信ずることによって救われると云ふ。それは絶対者の呼声に応ずると云ふことに他ならない。か丶る立場の徹底に於ては、生死即不生である（盤珪禅師）。矛盾的自己同一的に、全仏即人、人仏無異である。空中剣を振廻す如くである。又急水上に毬子を打す、念々不停流である（趙州）。」（四、三四二〜三頁）

F「仏教に於ても、真宗に於ての如く、仏は**名号**によって表現せられる。**名号**不思議を信ずることによって救はれると云ふ。絶対者即ち仏と人間との非連続の連続、即ち矛盾的自己同一的媒介は、表現による外ない、言葉による外ない。仏の絶対悲願を表すものは、名号の外にないのである。歎異抄に、誓願の不思議によりて、易くたもち、称へ易き名号を案じ出したまひて、「この名字を称へん者を迎へとらん」と御約束あることなれば、まづ「弥陀の大悲大願の不思議にたすけられまゐらせて生死を出づべし」と信じて、「念仏の申さるるも如来の御はからひなり」と思へば、少しも自の計まじはらざるが故に、本願に相応して真実報土に往生するなり、これは誓願の不思議をむねと信じたてまつれば、名号の不思議も具足して、誓願名号の不思議ひとつにして、さらに異ることなきなりと云って居る。絶対者と人間との何処までも逆対応的なる関係は、唯名号的表現によるの外にない。」（四、三五〇頁）

G「仏は我々の自己に何処までも超越的なると共に、而て之を包むものである。「念仏の申さるるも如来の御はからひなり」と云ふに至りて極まる。此に親鸞の横超の意義があるのである。横超は名号不思議によらなければならない。（四、三五一頁）

H「如何なる宗教と云へビも、それが真の宗教であるかぎり、入信とか救済とか云ふには、絶対者と人間との間には、絶対矛盾的自己同一的なる背理の理と云ふものがあるのである。それは感覚的でもなく、理性的でもない。絶対者の自己表現としての言葉と云ふものでなければならない。創造的言葉であるのである。キリスト教では、太始に言葉ありと云ふ。而してキリストについて「言葉肉体となりて我等の中に宿り給へり」と云ふ。仏教に於ても、名号即ち仏であるのである。右の如き意味に於て創造的にして救済的なる啓示的言葉、背理の理とも云ふべきものは、単に超理的とか非合理的とか云ふのではない。絶対者の自己表現として、我々の自己をして真の自己たらしめるもの、理性をして真の理性たらしめるものであるのである。親鸞は念仏には無義をもて義とすと云って居る。そこに我々の自己は無意識となると云ふのではない、無分別の分別が働くのである。知と行との矛盾的自己同一として、絶対現在の自己限定的に、創造的なるものが働くのである。キリスト教の神の言葉に於ては、それが超越的人格神の啓示として、絶対意志的に、鞫く意義を含んで居る。我々は信仰によって義とせられると云はれる。之に反し、名号に於ては、仏の大悲大慈の表現として、我々の自己は之によって救はれる、包まれるといふ意義を有って居る。その極、自然法爾と云ふにも至るのである。…」（四、三五一頁）

これらを読むと、西田は名号を語るとき、（一）Fにあるように名号が「絶対者即ち仏と人間との非連続の連続、即ち矛盾的自己同一的媒介は、表現による外ない、言葉による外ない。仏の絶対悲願を表すものは、名号の外にない」という点、つまり表現の問題としてあることを（Fの末尾、Gの「絶対者の自己表現としての言葉」に関するところとともに）強調し、また（二）E，Fにあるように名号が救いに関わること、そしてそれが「絶対者の呼声に応ずると云ふこと」（E）、「念仏の申さるるも如来の御はからひなり」（FとG）であることを強調し、さらに（三）Gにあるように名号が「絶対者の自己表現」として「背理の理」であるが、それこそ「我々の自己をして真の自己たらしめるもの、理性をして真の理性たらしめるものであるのである」という点を強調していると言えよう。（三）からは無分別の分別、自然法爾という宗教者のあり方が導き出される。またEでは、「かゝる立場の徹底に於ては、生死即不生である（盤珪禅師）。矛盾的自己同一的に、全仏即人、人仏無異である。空中剣を振廻す如くである。又急水上に毬子を打す、念々不停流である（趙州）」と書いて宗教者の世界の風光を描いている。（西田はGの引用文の延長で「西洋文化の根低には悲願と云ふものがなかった（鈴木大拙）。そこに東洋文化と西洋文化との根底的相異があると思ふ。」と書き付けているが、名号がこのような文化比較的な意義で引用される場合があることも付け加えておく）

しかし、筆者が注目するのはE冒頭の「真宗に於ては、此の世界は何処までも業の世界である、無明生死の世界である。唯、仏の悲願によって、名号不思議を信ずることによって救われると云ふ。それは絶対者の呼声に応ずると云ふことに他ならない。」の部分である。とくに「此の世界は何処までも業の世界、無明生死の世界である」という文言は他の引用にはなく、しかもそれが「唯、絶対者の呼声に応ずる」に続いている。ここにはこの世界のありさまにも拘らず在りかつ働く絶対者が語られている。「絶対の生たる神＝永遠の生命」がある。絶対の非連続の連続の第三の意義が語られていると思われる。大拙由来の名号理解が西田をして滝沢への応答をなさしめた場面があることは疑いようのないことと思われる。

第四節　「宗教論」成立における務台理作の意義

西田の宗教論と務台

大拙同様、務台も西田と滝沢との交流の外にあった。それに加えて務台の場合、宗教論で名前が出されたと言っても一回である。これについては後述するが、大拙ほど露出しておらずその存在意義は見逃されがちである。しかし、諸氏の研究により宗教論に対する務台の寄与はかなり明らかにされてきた。具体的には一九四四末公刊の務台の作品『場所の論理学』の寄与であるが、小坂国継はそれを二点挙げている。ひとつは同著の「対応」概念が与えた影響である。西田の「逆対応」という概念はこの著作に刺激されて宗教論のキータームになったという。もうひとつは『場所の論理学』が真宗論であったことである。田辺の真宗論に対して、場所の論理による真宗論が西田に供された。

筆者はこの二点につき小坂に同意する。実際、西田は務台宛て書簡で務台の「対応」概念に触発されたことを何度も述べている[20]。その際西田は同時に、務台の「対応」概念を「逆対応」へと換骨奪胎する必要を述べているが[21]、務台に刺激を受けたことは紛れもないことだと思われる。というのも『場所の論理学』はその核心である第一部が「対応」概念とそれに関連する概念との連関を述べており、「対応」概念は場所の論理学の主概念たる位置を占めている。したがって、まず「逆対応」の概念をとりあげて務台の寄与分を測ることから始めるべきだろうが、これは第四部に委ねる。その概念に滝沢へのどのような応答があるのか、これは成立論の範囲を越えるからである。

第二の点についても、務台自身言う通り『場所の論理学』は「場所の論理」によって絶対他力の浄土真宗を論じ、そこから東洋発の普遍的な「論理学」を構想したものであった。務台は次のように言っている。

この絶対にひるがえるものと、絶対にひるがえらぬものとの更なる自己同一こそ実に場所的自己同一の原理となるものである。この両者が、それだけあいいで考えれば相容れぬものであるにも拘らず場所的自己同一を持つことは、仏教浄土思想に於ける二種深信の問題、即ち法の深信と機の深信との区別とその一体観（機法一体観）に於いて典型的である。場所が生死の場所として捉えられるように、同一の原理を機法一体の原理として見ることは、場所の論理学への有力な手がかりとなる。（こぶし文庫版『場所の論理学』、十二頁）

識者[22]によれば、西田は務台を「場所の論理を一番よく理解する者[23]」と高く評価しており、務台に場所の論理の論理的な研究を深めるよう勧めていた[24]。その務台が真宗を通して場所の論理を論理学にまで高めようと一歩を踏み出したことは、西田を大いに喜ばせたことが知られている[25]。大拙の禅と合わせて、西田は自身の立場から真宗を扱う目途を得た筈であり、大拙・務台両者の著書をもって「仏教を論ずる」ことが可能になったと思われる。もちろん西田は宗教論で二種深信の問題まで踏み込んではいないとしてもである。

しかし、われわれの課題は西田と務台の間に滝沢を入れることである。滝沢に対する西田の反論に務台はどのような寄与をしたのか、である。

滝沢への反論に対する寄与

務台の寄与は二つの面から指摘されるべきではないだろうか。ひとつは思想史的な側面から、も

うひとつは理論的な側面からである。思想史的な側面とは、
一、務台によって場所的論理が西洋の論理学を包摂して普遍的な論理学として構想されたこと、
二、場所的論理が浄土真宗の論理を明らかにするとされたこと、
三、そのようなものとして万葉以来の日本精神の論理をも明らかにするものとされたことである。
理論的な側面とは、
四、務台の対応概念が西田に逆対応概念を生みださせる契機になったこと、
五、真宗を通して西田をして罪や悪の問題にアプローチできるようにしたこと、そして
六、場所的論理が、文化論的な試みとして、道徳、宗教から科学的知識までを貫くものである（宗教と科学と哲学を一つに結ぶもの）とされたことである。
このうち二と四は小坂の指摘とほぼ重なるものである。
筆者は務台の西田への寄与をこのように考えるが、西田が宗教論で明示的に言及したのは上記三についてだけだったように思う。ただ一回務台の名前を出したところである。

私の場所的論理の立場においては、絶対否定即平常底であるのである。いまだ論理化せられていないが、私は日本精神において、かかる両極端の結合があると思う。万葉精神と親鸞の絶対他力宗に於て日本精神を見ると云はれる（務台理作）[26]。

これは場所の論理と真宗の論理を万葉精神につなぐものであり、日本精神史、日本思想史に通じ

る歴史的視点の評価である。たしかに、務台の『場所の論理学』を読むと、著者が万葉以来中世の自然法爾、芭蕉の野晒し、柔和な心を経て西田哲学の場所の思想に至る日本の論理を構想できると信じていたことが伝わってくる。西田は我が意を得たと思ったはずである。それが右の引用だろう。西田が務台のどこに注目していたかが明示された箇所となっている。しかし、いくら明示的とはいえ、この引用が示す日本思想史への視野が滝沢への反論を後押ししたと言えるのであろうか。そうはいえない。そのことを縷々述べるまでもないだろう。

ここまできてわれわれの解釈を示す必要に迫られる。上記五つの論点は西田の滝沢への反論にどのように寄与したのだろうか。

筆者は次のように考える。上記一、二、三と六は西田に自身の立場、場所的論理による哲学に対する自信を与え、宗教論を書く切っ掛けを西田に与え、そこで滝沢への反論に打って出ることを可能にしたのではないだろうか。このうち一と三と六は西田の哲学的立場をいわば一般的に励ますものと考えられるが、二は違う。場所的論理で真宗経験を論じ得るという自信を西田に与えた二こそ、大拙の著作と相まって、西田に禅だけでも、浄土だけでもなく、禅と浄土、つまりひろく仏教を論じうるという自信を与えたものと考える。西田はキリスト教神学を背景に自身への批判を放った滝沢に対して、仏教を味方につけて反論に出る端緒を得ることが出来たと考えられるのである。

次に理論的な面での寄与であるが、上記四で言及した逆対応の概念は既述の通り第四部で別途取上げる。五について少し筆者の思いを書きつけておきたい。

務台の真宗論の寄与

五は「真宗を通して西田をして罪や悪の問題にアプローチできるようにしたこと」であった。ここで「真宗」ということ、また「罪や悪の問題」ということについてコメントしておきたい。西田の宗教論が真宗を場所的論理で論じる試みでもあったことは多くの研究者が指摘する通りであろう。その試みに弾みをつけたものの一つに務台の『場所の論理学』の公刊があったこともその通りだと考える。しかし、務台の作品はもっぱら真宗を取り上げている訳ではない。仏教に限ってもかなり広く目配りされている。もちろん、『歎異抄』『教行信証』は引かれるが、その他、たとえば『大乗起信論』や『仏性論』も引かれる。それに無智の智、無作の滅諦等々、務台の引用や言及は単に浄土真宗ではなく大乗仏教というべき広い視野で行われている。もちろんというべきか、禅もある。『金剛経』を引いての即非の論理への言及、また、盤珪の「不生」概念への高い評価などもある。したがって、『場所の論理学』は決して浄土真宗だけにかかわるものとはいえない。もちろん、先に引用したように、務台自身が「序」で場所的自己同一をもつことが二種深信の問題、機法一体観に「典型的」としている以上、『場所の論理学』が大乗仏教とくに浄土教の論理的把握でもあることは揺るがないのであるが。

筆者が務台の『場所の論理学』にこのように言及するのは浄土真宗における凡夫、つまり煩悩熾盛罪悪深重という人間観と『仏性論』における如来蔵思想（所摂蔵・隠覆蔵・能摂蔵のとくに隠覆蔵）はどうかかわるのかといった問題をそこから与えられるからである。西田の宗教論を読むと後者の問題は切り捨てられている。西田自身がなにより（田辺を念頭に）浄土真宗を論じたかったことがその理由であると思うが、切り捨てられたものへの気がかりを記しておきたい。しかし、ここではむしろ西田が拾ったものを述べるべきであろう。その観点からみると、務台の寄与はとくにかれの『場所の論理学』第一部第四章三、四にあるのではないかと筆者は考える。そこには「名号」「自然のことはり＝仏の方よりのことわり」「五悪趣」「横超」がダイナミックに取り上げられているからである。西田の論文では大拙の項で引用した文章Eにその響きをみることが出来るように思われる。そのまま再掲してみる。

Ｅ「真宗に於ては、此の世界は何処までも業の世界である、無明生死の世界である。唯、仏の悲願によって、名号不思議を信ずることによって救われると云ふ。それは絶対者の呼声に応ずると云ふことに他ならない。かゝる立場の徹底に於ては、生死即不生である（盤珪禅師）。矛盾的自己同一的に、全仏即人、人仏無異である。空中剣を振廻す如くである。又急水上に毬子を打す、念々不停流である（越州）。」（四、三四二〜三頁）

再三引いた箇所だが、「生死即不生」であって「絶対の死即生」でないことに注意したい。具体的な証拠を挙げることは出来ないが、不生を高く評価した務台の名号論に西田が惹かれたと言っていいのではないだろうか。「生死即不生」が絶対の生たる神に通じるものと読める以上は、滝沢への反論に際して西田が『場所の論理学』から受け取ったものは決して小さくなかったと言わなければならないだろう。

第五節　第三部のまとめ

西田と滝沢の思想的交流を追った第二部を受けてここまで探求を続けてきた。第二部では、滝沢の批判を受けて西田がこれに応答したのが西田晩年の宗教論だったという秋月龍珉の指摘に従って当の宗教論を読んでみた。しかし、そこには滝沢への言及がなく、あまつさえ滝沢への応答であると明らかに分かる部分もなかったのである。そして戦後の滝沢の西田哲学評価もわれわれの読みに適っているように思われた。

第三部では秋月の指摘を再検討しながらその視野の狭さに気づかされた。西田の宗教論が滝沢への応答だったとしてもそれはかなり読み込まなければそうだと確言できないものだし、第一もっぱら滝沢への応答だったという風には到底読めないものだったのである。その点、秋月の指摘には問題があった。そこでわれわれは小坂国継の仕事に頼って宗教論の成立事情に遡ってみた。その結果、秋月の指摘には問題があったが、それ自体は間違っていなかったこと、小坂の仕事は秋月の指摘を含んでより合理的な宗教論の成立論を提供してくれることを認めたのである。しかし、小坂は滝沢を無視しているので小坂の仕事をそのまま採用することは出来ず、われわれはわれわれ独自の視点から宗教論の成立論を構成してみせたのである。その結果は以下のようであった。

西田の宗教論は田辺元の当時の動向への批判を正面にして同時に滝沢の批判への応答を期したものであった。そうした批判と応答を可能にしたのが大拙と務台の当時の仕事だった。西田は田辺を「宗教の分からない人」と見ており、田辺への批判は田辺の対象論理の立場そのものへの批判となり、対象論理からは宗教を論じられず、論じても誤解にしかならないとして、自身の場所的論理を称揚する宗教論の屋台骨となった。対象論理では霊性の事実としての宗教を扱えない。「弥陀の呼び声」も「自己の絶対的転換」も扱えない。宗教を神秘主義で個人の救済を事とするという誤解を生むのもその立場ゆえだという。場所的論理によってのみ他力の宗教も論じ得るし、道徳と違う宗教の独自性を理解し、対象論理からのさまざまの誤解を解くことが出来る、歴史的世界の個人を出せると主張したのであった。それに対して滝沢への応答は宗教論の「二」で集中的になされた。西田は滝沢が提起した「非連続の連続の三つの意義」にそって絶対者と世界の関係を再考していた。それゆえにまた、「絶対の死即生」に対する批判に「生死即涅槃」「生死即不生」で答えたと読めたのであった。しかし、そこから不可逆が導かれたのか、西田の逆限定という概念の精査は第四部に委ねてある。とはいえ、西田の努力がまさに根本問題に注がれたことは明らかになった。ところが、西田は一元的説明に関する滝沢からの批判を受け入れなかったし、滝沢の提起の背景にあったキリスト教も受け入れなかった。むしろ西田は自身の立場を仏教に結びつけて滝沢に対峙し、仏教を論じ得る立場としての場所的論理の立場を称揚して自己の立場を維持したと考えられた。大拙と務台は西田に対し禅だけでなく真宗の理解（滝沢に関しては罪悪深重の衆生という点）をも与えるという大きな寄与をなし、宗教論誕生に弾みをつけた。それは田辺への反論にも、滝沢への応答にも西田によって援用されたのである。以上が宗教論成立に関するわれわれの見解である。もって宗教論成立に滝沢という契機を組み込むことが出来たと考える。これが第三部の成果である。

ここで第三部の成立論を離れてもう一度西田と滝沢の思想的交流に戻れば、われわれはようやく滝沢の西田哲学批判への応答は西田の宗教論だったということができるようになったということである。秋月、小坂の説を活かしながらテキストの交流を丁寧に辿ることでほぼそう確言できるようになった。しかし、問題はここからである。まだ逆対応の問題が残っており、成立論を離れてさらに、二人の交流の帰趨を追わなければならない。

第四部　交流の真実

第一章　逆対応と不可逆

第一節　これまでのまとめ

第一部でわれわれは西田が亡くなるまでの滝沢宛て書簡を分析した。二人の関係は師弟関係であったが、途中から思想的に滝沢が問い、西田がこれに答える関係となった。

第二部では、その理由をテキストに尋ねた。「一般概念と個物」で始まった師弟関係は『西田哲学の根本問題』で滝沢が問い詰める関係へと変容した。その問いへの応答は、秋月龍珉の証言により西田最晩年の論文「場所的論理と宗教的世界観」と考えられた。しかし、西田のこの宗教論は容易に滝沢への応答の跡を開示せず、あまつさえ戦後の滝沢は西田の応答を是としなかった。ではいったい秋月の証言は何だったのか。

第三部ではこの問題に、当該論文の生成を尋ねることでアプローチした。そこで明らかになったのは、宗教論生成の解明は秋月の指摘に加えて小坂国継の説に拠るべきこと、さらに、小坂説に滝沢を加えることは可能であり、むしろ生成をより自然かつ合理的に理解させることであった。実際この立場から、われわれは宗教論に滝沢への応答箇所を見出しえた。本書の成果の一つであり、秋月説への補強にもなった。しかし同時に、田辺に対する場所的論理の称揚に於て、また、大拙、務台を通して仏教に依拠しようとする意志に於て、西田の滝沢への応答には厳しいものが感じられた。ただ、逆対応概念などの細部については、一読して応答の有無・成否を語りえない微妙な点があり、その検討は生成論の範囲を超えるものとして、第四部に委ねられたのである。

第二節　逆対応

滝沢への応答として

西田の宗教論に滝沢の指摘をなぞる部分があることを見つけたが、そこに逆対応の語が出てきた。③に注目したい。この滝沢の「絶対の非連続の連続」の第三義に応ずる箇所で西田は

真に絶対的自己否定の世界とは、悪魔的世界、反抗的世界でなければならない。主語的、君主的神を否定する。極めて背理のようではあるが、真に絶対的なる神は一面に悪魔的、極悪まで下り得る神でなければならない。悪逆無道を救う神にして、真に絶対の神である。③「神は逆対応的に極悪の人のこころにも潜むのである」（宗教論三二一頁）。故に「我々の宗教心というのは、我々の自己から起るのではなくして、神または仏の呼声であり働きである。自己成立の根源からである。

と書いていた（本書第三部第三章第二節「西田の応答（一）」の項のC参照）。第三義はキリスト論に相当する箇所であり、右の西田の記述はその通りに宗教現象のダイナミズム（キリスト教的には神と罪人との和解）に関わる記述となっている。この一事をもって「逆対応」の語が滝沢への応答

の意味を担わされている可能性は高いというべきであった。というのも、第一義・第二義もさることながらこの第三義から、つまり神の世界に罪が入ってくる現実から滝沢は、「絶対の死即生」という西田の概念に疑問を付していったからだ。絶対の非連続の連続の第三義に相当する箇所に逆対応の語が出ることはきわめて注目すべきことなのである。さらにわれわれは、本書第二部宗教論の追思考の中で西田が神と人との関係に逆対応の語を使っている事実を目撃しており、逆対応の語が滝沢への応答であった可能性はさらに高まったと考える。

しかし、この可能性はあくまで逆対応の概念が使われる位置に関するいわば「疫学的」な可能性であって、われわれとしては一歩進めて「病理学的」な可能性にせまりたい。逆対応概念の意味内容の検討を抜きに秋月の見解に飛びつくことは出来ない。しかし、いまやその検討の時が来た。以下、逆対応概念の思想史的な考察（務台の影響）に加えて概念分析の方法による考察によって、この問題に決着をつけたい。

務台からのヒント

逆対応の概念は西田が務台の著作『場所の論理学』をヒントに作り出したといわれる。筆者もその見解を支持するが、西田の逆対応は、務台が「同一」と「対応」を区別して導入したようには、「矛盾的自己同一」との関係を明らかにしていない。務台の著作はこの問題を考えるヒントになるので、先にここでまた務台を取り上げてみたい。

務台における「同一」は場所的同一であり、それはつつむものとつつまれるものとの、絶対にひのひるがえり）、つまり同一であるといわれる。それに対して「対応」は場所的対応であり、それは場所が場所を映すことと、個体が個体を映すこととが、正しく対応すること、あるいは単に対応すること、といわれる。務台においてこの「対応」は「絶対にひるがえることと絶対にひるがえらないこととの同一」と言われたものと別ではないと読める。ただ、「対応」という場合、前者の同一における「正しい映し」がとくにそう呼ばれるのではないかと思われる。務台は正しい対応を次のように規定していた。「個体が自己を忘れ果てて世界の側から自己が行われてくる自然法爾、無義の義」である、と。つまり対応とは宗教的な境地、ありていに言えば悟りの状態といえよう。しかし、西田も言うように、真の体験は宗教家のことであり、入信の人は少ない。逆にいえば、我々凡夫の多くは場所的同一に逆らって生きている。自己を忘れ果てて世界の側から行われるに任せるというような生き方から遠いところに生きている。しかしそうだからといってあの同一がないということではない、またなくなるということではない。だから同一は同一である。しかし、そこに対応はまれにしか起きないのである。もちろん、対応の生起の有り難さはそれが異常な例外ということを意味するのではない。むしろ、原本的事実としての「同一」の消息を伝える人間経験、実在をそのまま映し出す稀有な経験なのである。対応においてわれわれは遡ることの出来ない原本的な事実に直面するのだ、といわれる。それを知るのは行為的直観的に自覚するほかない。

務台においては同一と対応の理解はこのようなものである。

西田の逆対応

西田において矛盾的自己同一と逆対応は、とくに概念的な関係を規定されないまま使われる。この点、務台の「同一」と「対応」の場合と顕著な違いがあった。しかし、前項のように務台における両者の関係を探ってみると、あながち西田の用語法も無茶といえないところがある。というのも、務台自身「場所的対応（事実の限定と場所の限定との対応）＝ノエシス的自覚としての直観＝つつみ・つつまれる関係のひるがえり＝場所的自己同一」と書いているからである（一二九頁）。なお、ここでの「ひるがえり」は第二のそれである。実際、右にみたように、務台の用語法では「対応」と「同一」が同じことを表す場面がある。それが宗教的な体験や入信者の世界の風光であった。

しかし、西田は「対応」ではなく、「逆対応」という。なぜ「逆」なのか考えたい。まず、この概念が宗教論において、三通りに使われていることに注目しよう。「我々の自己」や「我々」が主語の場合、「世界」が主語の場合、「神」が主語の場合である。この他、それぞれ一回だけ出る「我々の自己と神との関係」を主語とするものは「我々の自己」主語に、「神と人間との関係・対立」を主語とするものは「神」主語に分類しておく。○番号は本書第二部宗教論の要約部で用いた番号、引用末の数字は新版西田全集のページ番号である。

（一）「我々の自己」主語

①「我々の自己は、唯、死によってのみ、逆対応的に神に接するのである、神に繋がるということができるのである」（三二六）

この他、⑤、および⑧から（⑮を除いて）最後の⑲までがこのタイプである。圧倒的に多い。そして⑥が「我々の自己と神との関係」主語である。

（二）「神」主語

②「神は絶対の自己否定として、逆対応的に自己自身に対し、云々」（三二八）

この他、③がこのタイプである。そして⑮が「神と人間の関係」主語である。

（三）「世界」主語

④「否定即肯定の絶対矛盾的自己同一の世界は、何処までも逆限定の世界、逆対応の世界でなければならない。」（三四〇）。また、

⑦「絶対者の世界は、何処までも矛盾的自己同一的に、多と一との逆限定的に、すべてのものが逆対応の世界でなければならない。」（三五二）

（念のため○番号を付した記述の本書での掲載ページを数字だけで記しておく。①→二四九、②→二四九、③→二五二、④→二五四、⑤→二五七、⑥→二六〇、⑦⑧→二六二、⑨→二六三、⑩→二六四、⑪⑫→二六五、⑬→二六六、⑭→二六八、⑮⑯→二七三、⑰⑱→二七七、⑲→二七九）

このように三通りあるが、その関係は世界という語から明らかになるであろう。

西田において「世界」とは「我々の自己に対する世界」ではない。そうではなくて表現的かつ形

成的な創造的世界であり、「絶対的一者」と「我々の自己」と「両者の関係」の総体たる「絶対の場所的有」あるいは「絶対者」にほかならない（三三三頁）。

したがって、「逆対応」の右三通りのうち最も包括的なものは（二）であろう。「世界」の逆対応のうちに（一）と（三）が含まれる。西田における逆対応は我々の自己のそれ、神のそれとして、それらが世界の逆対応において関連させられると考えられる。

（二）で西田が「絶対者の世界は、何処までも矛盾的自己同一的に、多と一との逆限定的に、すべてのものが逆対応の世界でなければならない」といっており、この場合「すべて」とはまずは右の三つのすべてであろう。その他、引用文のつづきによれば「般若即非の論理的に、絶対の無なるが故に絶対の有であり、絶対の動なるが故に絶対に静であるのである」ということになる。「絶対の無即有」「絶対の動即静」など、絶対者の世界の「すべて」の規定が逆対応的だといっている。もちろん、論文中の死と生、瞬間と永遠などもそうであろう。「逆対応」が「瞬間と永遠」について言われる場合⑧、また、「平常底」との関連で言われる場合⑲があるのはそのためでろう。

「逆」の三つの意義

ところで、こうした逆対応の使い方は「逆」の文字が「否定」「非」の意味を担っていることを強く示唆する。西田は務台とも滝沢とも違って絶対者をつよく論理的に規定しようとしているが、そのポイントは自己否定であった。真の絶対は自己を否定する、つまり相対者にも翻るのであり、しかもかかる自己否定において自己を肯定するといわれ、このことが反復される。即非の論理的にいえば絶対は絶対にあらずゆえに絶対なりということになる。また、「我々の自己」は「我々の自己」にあらずゆえに「我々の自己」なりということになろう。以上は(一)と(三)がこれをよく表している。(ここで「否定」「非」を強調したが、もちろん「否定」は「否定即肯定」のそれであり、「非」は「即非」のそれであることはいうまでもない。)

しかしこの限りでは絶対矛盾的自己同一の概念で足りるのではないかと思われる。実際両概念はほとんど重なると考えられる。

ところが、「逆」には「同一方向でない」(三四六)という意味も含まれる。「同一方向でない」とは、たとえば、「我々の自己が神や仏と同一方向において、神や仏になるとか、これに近づくというのでもない」(三四六)といわれているように、それは道徳的自己から連続的に同じ方向にということ、また芸術的直観や知的直観によってということを否定するものと考えられる。「同一方向でない」とはそういうものが否定され、しかも「逆方向に(から)」ということである。「逆対応」の「逆」には「自己否定」だけではなくさらにこの「同一方向でなく逆方向に(から)」の意味が含まれてくると思われる。宗教論を追思考した際付した⑤の箇所で西田はこう言っていた。傍線を付した部分をそのまま再引用する。

⑤「かかる存在の根源としては、何処までも我々の自己が自己自身を否定することが真に自己を自己たらしめるものがなければならない。それにおいて単に自己が否定せられるというのではない。また我々の自己が神や仏と同一方向において、神や仏となるとか、これに近づくとか

いうのでもない。此には逆対応ということが考えられねばならない。大燈国師の語は最もよくこれを言い表しているのである。絶対矛盾的自己同一的場所の自己限定として、場所的論理によってのみ、宗教的世界と云ふものが考へられると云ふ所以である」(三二九)

ここには逆対応の語が「即非」と「同一方向でない」という意義を持つことがはっきりと記されている。しかもそれは「大燈国師の語」でも「絶対矛盾的自己同一的場所の自己限定」でも「場所的論理」でも「宗教的世界」でも同じだという。

しかしそれだけではない。西田はこの「逆方向」を宗教体験においてはさらに順序だてて考えている。宗教体験は「神または仏の働き」であり「神から」である。つまり、そこには順序が考えられている。例を挙げてみよう。

宗教体験の記述と逆対応

西田の宗教論の特徴は宗教体験の尊重である。それは霊性上の事実であり哲学が捏造すべきでなくむしろ説明すべきものであった。では、西田はどう説明したのであろうか。

西田の宗教論は結局宗教を世界から、絶対者から説明する。世界は絶対者の世界であるがゆえに、入信、回心の機会はいたるところにあるとされる。

入信はしかし、我々の自己から同一方向に連続的過程的になされるのではない。西田が宗教と道徳・理性・芸術を厳しく区別するゆえんである。「…我々の宗教心と云ふのは、我々の自己から起るのではなくして、神又は仏の呼声である。神又は仏の働きである、自己成立の根源からである。」（三二五）という。入信は「神の力」（三三四）であり「神の呼声」（同）である。西田は人間からの道をきっぱり否定している。宗教体験はまず神から、仏からの働きによるのである。つまり、神からの道、仏からの道のみが宗教体験を誘う。この順序関係を最もよく表現しているのは次の一節であろう。名号の論理を語ったところである。

仏教に於ても、真宗に於ての如く、仏は名号によって表現せられる。名号不思議を信ずることによって救はれると云ふ。絶対者即ち仏と人間との非連続の連続、即ち矛盾的自己同一的媒介は、表現による外ない、言葉による外ない。仏の絶対悲願をあらわすものは、名号の外にないのである。歎異鈔に、誓願の不思議によりて、易くたもち、称へ易き名号を案じ出したまひて、「この名字を称へん者を迎へとらん」と御約束あることなれば、まづ「弥陀の大悲大願の不思議にたすけられまゐらせて生死を出づべし」と信じて、「念仏の申さるるも如来の御はからひなり」と思へば、少しも自の計まじはらざるが故に、本願に相応して真実報土に往生するなり、これは誓願の不思議をむねと信じたてまつれば、名号の不思議も具足して、誓願名号の不思議ひとつにして、さらに異なることなきなりと云つて居る。⑮絶対者と人間との何処までも逆対応的なる関係は、唯、名号的表現によるの外ない。（四、三五〇）

この引用文は宗教が人間の意志にかかわること、人間的意志に対する神の絶対的意志は背理の理としての形成的言葉、つまり啓示や名号によるほかないという文脈におかれた一文である。右引用における「この名字を称へん者」とは当然罪悪深重煩悩熾盛の凡夫である。凡夫がある時念仏を申す。そのときすべてが明らかになる。すべてが「如来の御はからひ」だった、凡夫の迷いと奢りにも拘らず「如来の御はからひ」（誓願不思議）はいつもこのわたしに働きかけていた。この一点を通して「誓願名号の不思議ひとつ」ということが肯かれる。「絶対者と人間との何処までも逆対応的なる関係は、唯、名号的表現によるの外ない」とは誓願名号の不思議（弥陀の大悲大願）の否定性・逆方向性とともに先行性を語っていると読むべきではないか。

ここには真宗の宗教体験のエッセンスがあるが、務台が「対応」ということで真宗の自然法爾、無義の義を語っていたのと呼応する。西田はそれをさらに「逆対応」という言葉で順序関係を含ませながら説明していると考えられる。務台の「対応」概念よりずっと宗教体験の動的性格を感じさせるものになっている。そして、「逆対応」の概念はここに最も深い射程を有すると考える。

逆対応はしたがって、神と人間との否定即肯定的な関係を表し、次いで、両者の「逆方向」の関係を表し、最後に両者の順序関係（どっちが先か）を表すものと考えられる。それは絶対矛盾的自己同一の強調する否定即肯定的な関係を、宗教体験を念頭にさらに精緻にしたもの、そして絶対者の「先行性」にまで徹底したものと考えられるのである。

滝沢の批判と逆対応

前節のように、筆者は、逆対応概念は「先行性」の意義にいたって初めて滝沢の批判に応える質を有するものとなったと考える。逆方向性は、罪悪深重煩悩熾盛の凡夫の気づきを機にして開示される先行性において、滝沢の主張する「絶対の生」としての神を受け止めたものとなる。神と人間は否定即肯定の関係において、つまり否定を介して関係する。しかし、この関係は「神から・仏の側から」である。しかも、この方向は人間の罪によっても遮られず、罪の只中で、罪にもかかわらず、働きつづける。時いたって人が名号を唱えるとき、あるいは回心の涙を流すとき、それはそのように働きつづけた神・仏の働きへの気づきであり、和解であり、受容なのである。ここにこそ滝沢が第三の意義の「非連続の連続」として語った事柄が反映されている。罪の只中でも、人間の罪にもかかわらず呼びかけることをやめない神、仏こそ、滝沢が主張した「絶対の生」なるものに他なるまい。筆者は逆対応概念の「先行性」の意義に於いて、「根本問題における不徹底」を認めた西田がその根本問題において、つまり絶対者と人間の関係の規定において、「徹底」化の課題を追求してついに到達した地点なのだと考える。そして、そう考える時ようやく、ここに至って秋月の所説に実証的根拠を与ええたと思えるのである。逆対応概念はその先行性の意義に於いて確かに西田が滝沢の批判に応えて到達した地点だったのである。

秋月説の帰趨

こうしてわれわれはようやく秋月証言に決着をつけることができる地点にたどり着いたようだ。われわれは本書第二部と第三部を秋月の証言、つまり「西田晩年の逆対応の概念は滝沢の批判に応えて西田が到達したものだ」という証言によって導いてきた。第二部では西田と滝沢の思想的交流を本文批評《テキスト・クリティック》を通して辿ったのだし、第三部では秋月証言への疑問から西田の宗教論の成立論に立ち入ったのだった。しかし、その間、肝心の「逆対応」概念自体の検討は控えておいた。この第四部でいま、われわれは「逆対応」の概念分析を試みた。それを通してわれわれは秋月の証言がやはり正しいことを認識出来るようになったと思われる。しかし同時に、秋月とは違う本文批評、成立論、概念分析の方法をとることによって、秋月説だけでは捉え得ない西田と滝沢の交流の核心部分が明らかになるように思われる。

たしかに秋月の証言は真実だった。われわれは本文批評、成立論、概念分析を積み重ねることによって「西田晩年の逆対応の概念は滝沢の批判に応えて西田が到達したものだ」という証言が真実であること確かめることできたと思う。逆対応の概念はたしかに絶対者の先行性の含意において滝沢の批判「絶対の生としての神」に応えるものとなっていたからである。しかし、本文批評は秋月の証言の一面性も明らかにしたように思う。秋月は滝沢の「一般者といっても現実を一元的には説明ができない」という西田批判をとらえ、西田がそれに対し逆対応の概念を導入し二元性を入れて応えたのだ、と言っていた。しかし、そうでないのである。戦前滝沢の本文を読めば、逆対応は「絶対の非連続の連続」と「絶対の死即生」への批判（絶対の生としての神の承認）への応答ではあっても、一元的説明不可という批判への直接的な応答とはいえない。滝沢の本文には二つの重大な疑問が記されているのであり、それを尊重すれば秋月のような混乱は避けられる。一元的説明不可については後の第三章でとりあげるが、秋月の証言はわれわれがみたように禅者の直観によるところ大であり、それがこのような証言の弱みを招来したものと考える。そう考えると、戦後の滝沢の秋月に対する留保もおのずと納得されてくるのである。

しかし、問題は逆対応概念に戻ってくる。もう一度本文批評に立ち返り、逆対応概念と戦後の滝沢の西田批判、とくに絶対不可逆との関わりなどを考えていきたい。思想的交流の最尖端に近づきたい。

第三節　滝沢の「不可逆」

「不可逆」以前

逆対応と不可逆という問題を考える前に、ひとつ処理しておかなければならない問題がある。それは、滝沢の戦前の西田批判には「不可逆」という言葉が使われていないことである。少なくとも批判語としては皆無である。

たしかに、『西田哲学の根本問題』における「絶対の非連続の連続」の第一義に於いてすでに神と人間との関係は「逆にできない」ものとされている。しかし、西田批判が出てくる文脈は第三の意義においてだった。つまり、人間の罪が考慮に入ってきたときだった。罪の問題を契機にMoとーMoの区別から「絶対の死即生」概念の批判と、罪ゆえに実在を一元的に把握する立場は成立しないという批判が出されたのである。しかしその批判において「不可逆」はおろか「逆にできない」という語も使われていないのである。

この事実を確認するとき、我々は次の問いに直面する。

（一）「不可逆」という批判語はいつ使われるようになるのか。

（二）我々の見た戦前の批判と「不可逆」の語による批判は同じか違うか。この二つである。

（一）について筆者は、それが戦後のある時期であると考えており、（二）については、同じであると考えている。そのことを先に説明してみたい。

「不可逆」の登場

「不可逆」という語がいつ使われ始めるのかを探っていくと、どうも戦後の作品『仏教とキリスト教』以前には遡れないようである。

先ほど触れたように「逆にできない」という言葉は『西田哲学の根本問題』でもみられる。しかし、「不可逆」という語が批判語として使われることはない。それどころかその用語自体がない。滝沢戦前の批判語は「（弁証法の）誤魔化し」である。京都学派の人々、そして西田に使っている。戦前・戦後のそのほかの著作を見ても「不可逆」の使用がない。

『仏教とキリスト教』は一九五〇年の作品である。周知のように久松真一の論文「無神論」をきっかけに滝沢が仏教との対話を試みたものである。この作品はその後の宗教間対話に先鞭を付けただけでなく、対話のあり方のひとつのモデルにもなり、宗教哲学の世界ひいては宗教界でも古典のひとつになっていると言っていいものである。

そういうこととは別に筆者はここで、滝沢が戦後のこんなに早い時期に仏教に取り組んだことの意義を考えたい。滝沢の執筆様態としてよくあることだが、この時もたまたま久松の「無神論」が発表されてそれに対して反応したのであるが、その背後には西田の宗教論に満足できなかった滝沢の思いがあったと見ることが出来るのではないだろうか。滝沢は久松を西田哲学の核心を受け継いだ人物であると見做しており、それゆえのアプローチであった（「西田幾多郎」一九五四年、『著作集1』所収、四三七頁）参照）。西田亡き後、西田的な宗教理解を直接問いただすべき相手として、他にない人物だと考えられたのではないか。

滝沢は「不可逆」の語を次のように使っている。

しかし人間が真にその本来の使命にしたがって絶対の根源仏を表現するということは、その根源仏と自己自身との永遠に現実的な接触点を、もしくは真実の根源仏のあらゆる人間（方便仏）に対する絶対に不可逆的・包容的な関係を、可視的な歴史的・社会的関係において如実に表現するということでなくてはならない。

（『仏教とキリスト教』（法蔵館、六四年、一一九頁）。漢字を新体字にしてある）

「不可逆」が登場した瞬間である。ここでの不可逆は真実の根源仏（絶対者）と方便仏（人間）との関係について言われている。そしてこれがかれ独自の批判語として彫琢され、久松の所説も不可逆の一点で批判されるようになる。

違わない戦前・戦後の批判

さて、「不可逆」の語は仏教を批判する文脈で戦後にはじめて使われ、凡夫の罪悪のあらゆる形態、そこには野狐禅、本願誇りという転倒まで含めて、あらゆる形態にもかかわらず、凡仏の関係は絶対に逆にならないということ、したがってこれを逆にすべきでないとの主張が盛り込まれていた。これを戦前の西田哲学批判に重ねてみるとどうであろう。

滝沢の西田哲学批判のポイントは「絶対の生」である神・仏を主張することであった。神と人との間には創造者と被造物の関係があり、その間には被造物の越えられない一線（創造―被造）がある。ところが、なぜかわからないが人間にはこの関係を素通りしこれを蔑する傾きがある。その時右の一線は人を死に引きこむ闇の力に変ずる。にもかかわらず、かの関係は厳として在りかつわれわれに働き続けている。それは決して逆にならない。神（との関係）は罪に比すべくもなく強いのであり、神と悪魔の勝負はすでについているというのである。

このように滝沢の戦前の西田批判を「不可逆」という概念と重ねてみると、それが重なることがよくわかる。滝沢は戦前の西田哲学に対し、不可逆という用語で批判こそしなかったが、その内容はその用語が戦後に作られて機能させられたときのそれと違わないといっていいのである。

それが真実だとすると、さらに考えておくべきことが二つ出てくる。一つは、あらためて「逆対応」と「不可逆」の関係を確定すること、そしてもう一つは、戦後の西田批判から照らし出される『西田哲学の根本問題』の意義である。

第四節　逆対応と不可逆

重なり合う逆対応と不可逆

戦前の滝沢の西田批判が戦後「不可逆」による批判と内容的に同じであることが確認され、同時に、西田宗教論の逆対応概念が絶対者と人間との「非連続の連続、即ち矛盾的自己同一」の関係（その即非性、逆方向性、先行性）を表現するものであることが明らかになった今や、われわれは安んじて「逆対応」と「不可逆」を並べて論ずる準備が出来た。

逆対応も不可逆も絶対矛盾的自己同一、つまり神と人間、仏と凡夫の関係にかかわる点でまったく重なる概念である。

西田の逆対応は絶対矛盾的自己同一の概念を徹底精緻化し、神と人間との否定即肯定、逆方向性、先行性を意味した。

戦後の滝沢において不可逆は、神と人間の不可分・不可同の関係に加えられるべき契機であり、一挙に「不可分・不可同・不可逆」といわれた。

西田の強調する否定性は不可同に、そして肯定性と逆方向性は不可分に充てることができよう。すると先行性は不可逆に当たるといっていいように思われる。実際「念仏も如来のはからひ」とは凡夫の罪悪にも拘らず凡夫を救いとる仏の慈悲の強さを言うものであった。

しかし、西田における先行性は罪悪の本質の厳しい把握とは結ばれていない恨みがある。先行性としての逆対応は、いわば一瞬不可逆の事態に触れながら、滝沢が強調したその重大性の自覚にまで届かないように思われる。

そのことを滝沢は宗教論を読み返すにつれ実感していったのではないだろうか。本書第三部の宗教論成立論で示したように、西田は宗教論の本文で滝沢の提案（非連続の連続の三つの意義とその連関）を受け入れ、さらに最初の批判（絶対の死即生概念の曖昧との指摘）を受け入れ生死即涅槃の語によって「永遠の生命」に至った。ここまでなら滝沢は満足だったろう。しかし、西田はそのまま滝沢の第二の批判を一蹴し「場所的論理で具体的な実在を説明できる」と主張したのである。滝沢の批判の本文からするとこれはありえない光景である。なぜそんなことが出来したのか。滝沢は考えつづけた筈である。その理由は滝沢自身が「一元的説明不可」の理由として挙げた事態を西田がスルーしたところに求めるほかなかった。その事態とは「罪の現実」である。こうして罪認識の問題がクローズアップされ、そこから西田哲学の本質が瀬踏みされることになったのではないだろうか。こう考えると滝沢の戦後の西田批評が手に取るようにわかるように思われてくる。

罪認識

戦前の滝沢において、その罪認識の繊細かつ深甚であることは特筆すべきと考える。滝沢のいわば明るい思想はこの認識と緊密に結びついてのいるのであって、その点を見逃してはならないだろう。読者は第二部の『西田哲学の根本問題』の紹介（本書第二部第三章第五節）でもそのことに気づいたであろうが、ここでは『カール・バルト研究』（著作集２）から以下を引く。

私は「原罪」の概念の下に、我々が現在各々それであるような・アダムの堕罪後の・人間の原則的な状態を理解する（ローマ書三・九、五・一二、六・二三）。アダムの堕罪、アダムの神に背いた意志そのものは、いうまでもなく堕罪後のこの状態から区別せられなければならぬ。この意味に於いては、人はすでに堕罪後の状態として原罪そのものを、アダムの罪の結果と呼ぶことが出来るであろう。とはいえしかし、それは我々の業と意志とを必然的に決定し、我々の一々の眼に見える罪がそれから由来するところの堕罪の、第一且つ唯一の結果である。即ちそれは我々の生命そのものの存在であり、従ってその一々の特殊な規定と混同されてはならない。それはただ神の永遠の言に於いてのみ滅せられている・我々の存在の・隠れたる深処《ふかみ》であり、律法によってユダヤ人を欺いて彼らを業による義に駆り立てたものであり、そうしてイエスの十字架に於いて、また洗礼と信仰によって、繋がれてはいるが今なお常に我々を苦しめ、最後の日に至るまで我々を誘惑するところのものなのである。

厳密に言うと、我々は聖書にしたがって三種の罪を区別しなければならない。

（一）アダムの神に背く意志、従ってまた彼の顛落。

（二）最初の意味に於ける罪の第一の且つ唯一の結果――堕罪後のアダム即ち現にある如き歴史的人間の存在そのもの。

（三）アダムの堕罪・（二）の意味に於ける・結果の諸々の結果。その中ユダヤ人の業による義は最も強きもの、「最も甚だしき罪」である。

それ故に、アダムの神に背いた意志は、我々の意志との類推によって考えられてはならない。何故なら、我々の意志はただ（二）の意味に於ける罪の一つの規定としてのみ可能なのであるから。我々はただキリストの十字架に於て、我々の信仰によって、我々の今の存在であるところの我々の罪を認識する。それと同時に我々はまた、神の言により、この罪に対して、創世記の第一―第二章にのべられているような一つの状態を理解することが出来るのである。故に、（一）の意味に於ける罪、即ち神に背いたアダムの意志はただ二つの状態の間の限界として、しかも我々が現に実際その中にあるような状態がただ人間という被造物の責めであるということの一つの徴として、理解せられなければならない。イエス・キリストは（二）の意味に於ける罪をその身に受け取った（ローマ書八章）。しかし（三）の意味に於ける罪なくして止まった（ヘブル書四・一四）。そうしてこの地上に於ける彼の闘いの尖端をなすものがユダヤ人の「業による義」としての罪だったのである。（「イエス・キリストのペルソナの統一について」（『著作集2』（創言社、法蔵館）二〇三～四頁所収）[1]）

バルト由来のこうした苛烈というべき厳しい罪認識はついに西田の宗教論に見ることができなかったものである。確かに西田はキリスト教の原罪説を人間認識として評価している。それだけでも瞠目すべきであるが、西田はそこからさらに罪とその本質を追求しようとしていない。逆に、デモーニッシュなものにも降りうる神、悪人にまで降りうる神を語ることで、神を悪魔や罪悪によって高めるかのような概念操作に止まっているように思われる。そして、驚くべきことに、そうならざるを得ないことは、本書第二部、二九一〜二九八頁の〔文献4、5〕などで紹介した滝沢の戦後の批判に縷々説かれているのである。滝沢はこういっていた。

何でもないことのようですが、このこと〔絶対矛盾的自己同一に不可逆の契機がないこと〕の及ぶところは非常に大きいので、この点をほんとうに明らかにするということがありませんと、どうしても、がんらいの積極的な体系のなかにははいりえない「罪」とか「悪魔」とかいうものを体系のなかに取り込まなくてはならないような錯覚を生じる。したがって、人間現象を扱うばあいにその正常（真実）形態と疎外（虚偽）形態の区別、前者から後者への顛落、後者の前者への逆転が、現実の人の何処からどのように起こるかということも十分明かにならない。したがってまた、…〔以下略〕（〔　〕内筆者）(2)

逆対応と不可逆の交錯

こうして我々は西田の「逆対応」と滝沢の「不可逆」との根本的な差異に到達した。逆対応は先行性として一瞬不可逆の事態を表現したといえるが、その罪認識において旧いキリスト教神学の轍を抜け出していないというべきであろう。西田は超越的、君主的神を拒否するという正しい自覚をもちながら、その実現が罪認識の徹底と密接に結びついていることに今ひとつ自覚的でなかったのではないか。

逆対応と不可逆との相違をそのようにつかむとき、滝沢が戦後一貫して西田を批判し続けたこと、つまり不満を表明したこと、また、秋月の西田論に対して〔文献6〕であのように反論したことが、ごく自然に納得されてくるのである。それだけではない。

逆対応と不可逆の微妙な重なりとズレの関係を突き詰めると、晩年の滝沢がなぜ「逆対応」の概念を自ら使用するようになるのか、しかも、「不可逆」という概念と並べて使用するようになるのかも髣髴としてくるのである。

逆対応の概念は確かに宗教経験の一面の真理を表しているのである。反逆の凡夫がついに名号を唱える。その名号も弥陀のはからいであるというのは、まず宗教経験の実感をよくとらえていよう。回心とは自己の罪深さと弥陀の有難さの同時覚醒、その徹底認識であろう。「逆対応」は後者をよく表現しているのである。反逆の凡夫にも変わらずかけられていた仏の慈悲を自覚したものとしてきわめて有効な概念である。それは「不可逆」がどちらかといえば、あくまでどちらかといえばであるが、より倫理的な響きを持つのに対し、仏の慈悲に包むような温かさがあり、第一、右のように宗教経験の機微を十分に表現している。滝沢が意図せずとくに晩年、西田に不可逆がないと批判しながら当の西田の造語による逆対応の概念を不可逆と並べて使い始めたということが、この概念の生命力を伝えていよう。その意味では西田は滝沢の批判に十分に応えたともいえよう。

こうした双方向性こそ西田と滝沢の交流を一方的に裁断することができない理由であり、後述するように、筆者がこれを「日本哲学」のひとつの遺産として継承していくべきではないか、と考える理由でもある。

第五節　『西田哲学の根本問題』の意義

超野心的な作品

滝沢戦前の西田批判には「不可逆」の概念は使われていないにもかかわらず、内容的にはその概念による批判と同じものがあったと指摘した。その意味で滝沢の西田批判は戦前戦後にわたって一貫して変わらなかったということになるが、そのことは戦前の西田哲学批判の射程について、われわれの認識を改めさせるものを含んでいるように思われる。これまでの考察を踏まえて、『西田哲学の根本問題』という著作について、もう一度考えておきたい。

同書はドイツ留学から帰国直後の作品であり、バルト神学に照らされた西田哲学像の提示であった。そこには、バルト神学に比して西田哲学がもつ不徹底が明瞭に意識されていた。それだけではなく、同書はその不徹底の徹底化の提案をともなっていた。この地点で同書は、単に西田哲学のキリスト教神学による解説でもなければ、単にその批判でもなく、その乗り越えの試みであった。きわめて野心的な作品だった（本書二二四頁）。

そのことはまず同書のタイトルにみられるのではないか。「西田哲学の根本問題」とのタイトルは多義性を含みもつ。それはまず滝沢自身が序で言うように「西田哲学が扱っている根本問題」の意味であろう。難解な西田哲学はいったい何を扱っているのかを問うものとして、同書は西田哲学の解説という性格を宣言しているといえよう。ところが、同タイトルは「西田哲学の孕み持つ根本的な問題性」という意味にも取れるのである。この意味では批判の書ということになろう。実際その通りであったが、しかし、問題性を指摘するということはそれを解決する方途を提示することでもあろう。これまた同書をこれまでみてきて実際その通りだったのである。滝沢は西田の表現が招きうる誤解に対し、「絶対の非連続の連続」の三つの意義を説くことでこれを払拭しようと提案していたのである。その意味で『西田哲学の根本問題』とは控えめにすぎたタイトルともいえよう。もう少し積極的なタイトルをつけていたら滝沢の存在感は違ったものになったであろう。

西田哲学の乗り越え

それだけではない。同書の野心は右の三つの意義の提案も含めて、さらにいわば体系レベルでの弱点克服を試みてもいる点にこそある。同書第一部の「十」は結論部であったが、じつはこの「十」にこそ同書の野心が凝縮されているように思われる。滝沢はそこで、西田の哲学体系をアルファベット記号によって提示している。

まず、絶対の非連続の連続の三つの意義に関して、神（M）は絶対の虚無（Mo）を隔てて世界（Mx）と相対し、相接するが、Mxにある人間が神に背くものであるので、Moは非可逆的な秩序であるとともに絶対の死（-Mo）を意味するものともなるという。そして滝沢はMoと-Moとの混同を戒める。この区別を怠るとき、MとMo及び-Moとの混同を招き、絶対の非連続の連続の意義が失われるからである。この記述が第一部「五」での「重大な疑問」を見事に要約したものであることは、すぐに見てとれるであろう。しかし、滝沢はさらに踏み込んで次のように語り続ける。この部分はこれまで本書で一度触れただけの部分である（本書二一二頁）。

現実の世界は絶対の非連続の連続即ち相対的非連続の連続並びに周辺的な非連続の連続として成立するものである。単なる因果的自然界、単なる功利的世界、政治経済界乃至は芸術界という如き様々な世界は、皆かかる非連続の連続の弁証的世界の限定として見られるものにすぎない。西田博士の著作を読む者は、その一々の術語について、すべてこれ等の無限なる陰翳を読み取らなければならないのである。（著作集1、九八頁）

ここで云われる「絶対の非連続の連続」は「神そのものの性格、並びに神と世界との関係を表すもの」であり、「相対の非連続の連続」は「この世界の時間的・空間的構造を示すもの」である。そして「周辺的な非連続の連続」は「相対的な非連続の連続の縁暈」として成立してくるもの、つまり「何処までも結びつくことが出来ない単なる個物的限定と一般的限定、主観と客観、ノエシスとノエマ、意志と了解、未来と過去の周辺的世界の対立」であると言われている。

恐るべき一貫性

筆者がこの点に着目するのは、このような滝沢の問題提起が戦後の滝沢の西田批判にもそのまま受け継がれているからである。〔文献5〕の三冒頭を想起いただこう。そこで滝沢は、やはり西田哲学には絶対の非連続の連続と相対的なそれとの区別がはっきりしない、と指摘している。これは西田のテキストを読むものには納得のいく指摘であろう。西田においては「すべてが逆対応」と言われてしまう。滝沢が「無限の陰翳」といったものを西田哲学に読み分けることは極度の集中を要することと、現在も変わらないからである。

そこから振り返ると、あらためて滝沢の野心の大きさが偲ばれる。滝沢は戦前、西田存命中にすでに、西田哲学の根本的な欠陥に気づき、これを指摘するだけでなく、これを是正する世界把握の方式を提出していた、ということになる。そして、滝沢の戦後の歩みはこうした世界把握の方式にそって展開されたと考えられるのである。筆者はそこに恐るべき一貫性をみる。Mo と-Mo の区別とともに右の（絶対的と相対的の）区別の指摘は、西田と滝沢の交流の最尖端で起きた激突として思想史上の一頂点をなすと愚考する。

滝沢は次のように書いている。「現実の世界は絶対の非連続の連続に基礎づけられた相対的非連続の連続の世界として、常に個物的・一般的（即ち特殊的）、主語的・述語的、直線的・円環的、主観的・客観的、ノエシス的・ノエマ的、行為的・表現的、精神的・身体的、創造的・伝統的である（Mx↔Bx）。しかもそれは絶対の虚無Mo　絶対の死の淵-Moを隔てて神Mと相対し、相接するものとして、かかる世界（Mx↔Bx）が現れる時、すでにそこに、何処までも結びつくことのできない単なる個物的限定と一般的限定、主観と客観、ノエシスとノエマ、意志と了解、未来と過去の周辺的世界（E'—A'）が対立する。相対的なる非連続の連続の縁暈として、いわば周辺的なる非連続の連続が成立するのである。

更に我々はその場合、現実の世界（Mo↔Bo）と周辺的世界（E'—A'）とのいずれかを先と考えてはならない。絶対の死の面即生の面の自己限定（M, -Mo→Mx）ということが、即ち一つの現実の世界（Mx↔Bx）が了解と意志、過去と未来（E'—A'）の縁暈をもって無限に動いてゆくということなのである。絶対の非連続の連続から、同時に相対的なる非連続の連続と周辺的なる非連続の連続とが派生するのである。

それ故に、一つの現実の世界Mx（詳しくはMx↔Bx）が次の現実の世界My（詳しくはMy↔By）に移るには、一旦それがM_oに消え去らなければならぬ。それは$-M_o$に消えることによってM_1-M_oから生まれるのである。しかしてそのことがM_xに於てある我々から見れば、一面において我々が了解し、意志し、行為的に相限定することによってM_xからM_yを作ったと考えられる、他面、了解と意志とが何処までも単なる周辺的世界（E'—A'）たることを免れないものとして事実的、運命的にM_xがM_yに移ったと考えられるのである。

現実の世界は絶対の非連続の連続即ち相対的非連続の連続並びに周辺的非連続の連続として成立するものである。（略）」（同、九七～八頁）

滝沢克己の存在意義

滝沢が控えめに提出した重大な疑問は、滝沢においては結局、すでに戦前の時点でここまで深められ、自ら解かれていた。西田との交流の尖端で滝沢は一個独立の思想を形成してみせたというべきであろう。生前の西田はこれを喜んだが、内心は穏やかでなかった筈である。自分の不徹底を滝沢とは違った形で解いてみせる事、これが彼の課題となったと考えるのが自然であろう。

筆者が滝沢の存在意義を強調するのはしかし、それだけの理由によるのではない。滝沢が戦後も右の世界把握に沿って自己の体系的な歩みを深めていったところにこそ、その真骨頂があると考える。それを展開することは本書の課題を越えている。しかし戦前からの西田論者にしてかくも長く、しかも深く時代の課題に対処し遂せた思想を、寡聞な筆者はほかに知らない。そこに西田哲学から出た一個の思想としての滝沢の存在意義があるだろう。師亡きあと、滝沢は亡き師と対話を続けたのである。これが二人の交流の最後の形だった。

逆対応と不可逆の概念の追求は否応なくそのような思いに筆者を誘う

第二章　西田と滝沢における仏教とキリスト教

第一節　二人の交流の全体経過

以上前三部を踏まえて、これまで明らかになった二人の交流の流れを確認しておこう。

西田と滝沢との間には思想的に深い師弟関係があった。これは西田が亡くなるまで、また、滝沢が亡くなるまで続いたものである。

しかし、他方で、思想的には滝沢が西田を批判し、西田がこれに応戦するという流れが生じた。二人の交流の後半はこの緊張感が底流をなしている。

西田は最晩年の宗教論で滝沢の批判に応えた。しかし、戦後の滝沢はこれに満足せず、最終的には西田哲学を一個の形而上学と論断するにいたった。ところが同時に滝沢は、西田の「逆対応・逆限定」という概念をみずからに取り入れもした。戦後の、とくに晩年のテキストには「不可逆」と並べて「逆対応・逆限定」が使用される。したがって、ふたりの関係は滝沢が一方的に西田を批判して終わったのではなく、逆に最晩年の西田が滝沢に思想的影響を与えてもいる。

あらためてこうした関係の全体を捉えなおしてみれば、二人は師弟関係を保ったが、その関係は一方的ではなく、双方的というべきであり、両者はお互い一個独立の研究者として認め合いながら、その主張においては厳しく対峙し合った、といえるであろう。

そこで問題はふたりの対立点になる。

第二節　批判と応答の焦点

もう一度、戦前の滝沢の西田批判を想起しておこう。

滝沢はキリスト教神学を背景に「絶対の非連続の連続」の三意義の区別・連関を主張、その観点から「絶対の死即生」の概念に第一の重大な疑問を寄せ、さらに罪認識の問題から「何らかの原理による一元的な実在説明の不可」を主張、西田哲学の根本姿勢に第二の重大な疑問を重ねたのである。


西田の応答はどうであったか。西田は滝沢の批判の前提にある絶対の非連続の三意義の区別をそのままなぞるように取り入れた。そこから「絶対の死即生」概念への滝沢の批判を受け入れたと思われた。それは宗教論が真宗的なものになったことにも表れていた。しかし、一方、西田は場所的論理で宗教的、歴史的実在を把握できるとして「一元的説明の不可」についての滝沢の批判を突っぱねた。さらに、自身の宗教論の基礎を仏教に置くことによって滝沢のキリスト教に正面から対峙したのである（以上本書第三部の成立論から）。

ふたりのやりとりをこのように要約すると、そこから二つの問題が焦点化されてくる。

（一）　キリスト教と仏教という問題

（二）　哲学の立場の問題

以上である。

二人の交流に照らしながらあたらめてこれらの問題を取り上げ、もってさらに交流の真実に迫りたい。

第三節　対峙の真相——キリスト教と仏教

西田と仏教

西田と滝沢の交流を現在から振り返ってみれば、たしかに西田が仏教に立脚して滝沢のキリスト教に対峙したという局面があることは否めない。しかし、それはどういう問題であろうか。

筆者はこの問題にはテキストレベルとテキスト執筆者の生活レベルがあり、両者を区別する必要があると考える。ありていに言えば、今問題にしている「対峙」は生活者としての西田と滝沢の問題であって、二人のテキストレベルでは簡単に「対峙」とはいい得ない。二つのレベルをしっかり区別して問題に臨む必要があろう。この節ではまず生活者レベルの問題をとりあげる。

西田が仏教に立脚したことはごく自然であった。何より西田は仏教に親しんできた。それに加えて時代的な自覚においても、西田には東洋に、日本に、偉大な哲学を作りたいという悲願があった。これは滝沢宛て書簡にもみられた（本書第一部書簡〔60〕）。

西田に仏教への愛着が強くあり、キリスト教への異教意識も高かったということは次のエピソードからもうかがえる。秋月に次のような報告がある。

私は、はっきり言いたい。戦前において西田哲学を理解したのは、滝沢克己一人だったのではないか。(中略) これはけっして私一人の独断の言ではない。私は恩師鈴木大拙にこう聞いた、

「ニシタが言っとったわい。自分が育てた弟子たちが自分の考えを理解してくれない。一人だけ妙によく私の考えを分かってくれる男がいる。キリスト教の男だが…。それが君のいう滝沢さんだろう。わしもその人の本を読んでみたい」。この大拙の晩年の証言は貴重である。(3)

この報告中「戦前において西田哲学を理解したのは、滝沢克己一人だったのでは」との秋月の指摘は筆者にとっては衝撃的だったが、西田と大拙の間で滝沢が「キリスト教の男」として話題になっている点にも不意を打たれた。

ふたりの会話はキリスト教が異国の宗教として特殊な響きをもって語られていた時代に読者を誘わないであろうか。まして戦時中においてをやである。その落差に筆者はめまいを感じた。もし滝沢に対する西田の認識が「キリスト教の男」という点にあるとするならば、滝沢からの批判は当然キリスト教からの批判として受け取られたはずだからである。

そして事情は実際そのとおりだったと思われる。

滝沢とキリスト教

滝沢のほうに目を転じれば、西田と対蹠的に、宗教に無関心な若者が髣髴としてくる。滝沢と宗教とのかかわりを考えるとき、このことはヒントになる。

滝沢は西田哲学を理解することでそのキャリアをはじめ、留学したドイツでバルトに師事し、キリスト教に接した。バルトへの師事は西田のアドバイスに従ったものであった。留学当時滝沢は聖書を読んだこともなく、パウロの何たるかも知らなかったと告白している。宗教を省みないという意味で滝沢は自分を一個の近代的知識人だったと回想している(4)。

こうした状況は実は西田哲学との出会いにおいても同様であって、滝沢は仏教についてほとんど何も知らないまま西田に取り組んだ。西田を通しておぼろげに仏教に接していた滝沢がバルトの元へ赴いた。歴史の狡知であろうか。

ドイツから帰国後すぐに滝沢は『西田哲学の根本問題』を書いた。そこで西田哲学を批判したのだった。この著作はどのような経緯で成立したのであろうか。そのことに思いをはせるとき、同書を読んだ西田の胸中があらためて偲ばれる。

話は滝沢の留学時にさかのぼる。日本で西田に初めて面会した直後、滝沢は給費生としてドイツに留学することになった。留学前に西田に面会しアドバイスを求めたというのが実情だが、留学中、滝沢はバルトとの思想的対決にすべてを費やした(5)。哲学の本すべてを行李の底に収めてバルト神学に集中したという(6)。その本の中には西田がドイツに送ってくれた二冊（後述）も含まれていた。

その滝沢が帰国直後に、なぜバルト神学ではなく西田哲学について一書をものすことになったのか。これは自然なことではないように思われる。滝沢自身の回想をつなぎ合わせてみると、その次第は次のようなものだった。

滝沢は帰国の船中で西田の『哲学の根本問題　正続』を紐解く機会をもったという。行李の底から久しぶりに日の目をみた西田哲学だったわけである。そのときかれは「哲学上の恩師の論文を以前よりもずっと容易にかつはっきりと理解できるのに、われながら非常に驚[7]」いたという。文中「以前よりも」というのはもちろんバルト神学を直接学ぶ以前よりも、ということである。バルト神学との接触を通して西田哲学が以前より理解できるようになったというのである。しかし、かれは同時にまた、「どういう点で、東と西のこの二人の大いなる思想家が相互に異なっているか、何がなお西田幾多郎の哲学に欠けているか、ということが明らかになって[8]」きたという。そして「友人の親切な勧めに励まされ、自分でもそうせずにはいられない思いに駆られて、『西田哲学の根本問題』という大げさな標題の本を書いた[9]」のだという。

こうした回想から『西田哲学の根本問題』の着想がわかる。二点あった。ひとつは、バルトの日を通して以前より理解できるものになった西田哲学を日本の読者に提示したいということであり、いまひとつは、西田哲学に「欠けているもの」があることを指摘するということであった。どちらも「書かずにはいられない」という思いに誘うに十分なものだったといっていいだろう。

しかしこの時滝沢は洗礼を受けたクリスチャンではなかった。生活者としての彼は宗教的には立場を持たない状況であった。その点は後にまた触れよう。

危機に直面する西田

『西田哲学の根本問題』が右のような経緯と意図で書かれたものだったことを知るとき、あらためて書簡での西田の反応が思い浮かぶ。

西田は、すでに何度も言及した書簡〔6〕（本書三十頁）において、滝沢の同書を高く評価し、かつ「西田哲学に欠けている」と滝沢が思念した何かについてその妥当性を認めていた。「根本問題に於いて尚不徹底があるかも知れませぬ」というのはそのようなことばであったといえよう。滝沢がバルト神学との接触を通して到達した西田哲学理解を評価し、「西田哲学に欠けている」と滝沢が観取した点についてはこれを認めている。西田の反応は滝沢の出版意図にピタリと呼応しており、恐ろしいほど正確なものだった。もちろん、西田は右に述べたような同書成立の経緯と意図を直接知っていたわけではない。しかし、著作の内容から西田はそれをズバリとつかんだのである。この時点で二人はがっぷりと四つに組んだと言えよう。

すでに見たように、滝沢はキリスト教神学の枠組みから西田哲学を理解し、それゆえにこそ重大な疑問に逢着した。西田は滝沢からの批判がキリスト教からのものであることに無頓着でいられなかったはずである。しかし、西田は滝沢の批判を「よし」とした。キリスト教の普遍性を西田も認めていたからである。

しかし、その批判の正当なることを認めれば認めるほど西田は苦しい立場に追い込まれざるを得ない。西田は長年仏教に親しみ、そこに論理を与えて西洋哲学に対抗しようとしてきたのである。

それは時局的な判断とも重なっていた。すなわち西洋哲学の論理をとおして、しかもそれでは把握できない東洋の世界観を論理的に表現し、もって日本を、東洋を、世界的世界の不可欠の一員と認めさせる、これが西田自身の歴史哲学的自覚であった。いわゆる世界史的使命である。西田が単なる反キリスト者であるなら話は簡単であったろう。しかし、西田にはキリスト教への深い理解があった。滝沢の著作を無下に否定するどころか、高く評価したのである

しかし、滝沢の批判をそのまま認めてしまえば、論理的にはキリスト教の優位を認めてしまうことになる。そしてキリスト教の優位性を認めてしまえば東洋の立場は失われる。西田は自己解体の危機に直面させられた。繰り返しになるが、滝沢に対して「根本問題における不徹底」を認めるということは、まさにそういうことだったのである。

西田は滝沢の依拠するキリスト教に対抗する自分の足場、東洋の実定宗教が欲しかった筈である。それは仏教しかなかった。「キリスト教の男」からの批判に答えるものが仏教にもある、自分の哲学はそれと結びついているのだ、それの哲学的表現なのだ、と言いたかったと思われる。それは「キリスト教と仏教とのどっちをとるか」という択一問題ではなく、西田においては仏教の長所をつかんでキリスト教に伍させるという問題であったろう。西田はなんとしても仏教に優位なるものを認めずにはおれなかった筈なのである。

しかし、問題は実にそこから始まったのではないか。「キリスト教に対し仏教の優位」を証したいが、そう言いうるものが仏教のどこにあるかという問題である。このことは当時の西田には自明なことではなかったと思われる。西田は反論に窮した。これを筆者は「西田晩年の危機」と呼んで

おきたい。仏教界が論理というものに無頓着であると西田が不満を露わにしていたことは大拙の証言からもうかがわれるのであるが[10]、この危機を念頭にすれば事情がよく分かってくるのである。

西田はなぜ滝沢の批判にすぐ答えなかったであろう。「滝沢君の批判に応える」などの表題で応じてもよかったのではないか。何しろ、「西田哲学の弁証法も誤魔化しととられかねない」とまで滝沢は書いていたのである。しかし、西田にそういう文章はない。また、書簡では、自分の不徹底を認めた後に宗教論を約束しながらなかなか果たせず、後（交流の中期後期）にはそのことにすら言及しなくなっていく。その間、若い神学生などが争うようにして買い求めた[11]という滝沢の『西田哲学の根本問題』が再販となる。西田は自分に対する根底的批判の含まれたこの書の再販をしかし、滝沢に喜んでみせた[12]。それでも西田は反論に出なかった。胸中いかがであったろう。

仏教で対峙した西田

西田のこの危機を救ったのが『日本的霊性』など大拙の著作であり、務台の『場所の論理学』であった。西田はわが意を得たと思ったのではないか。その喜びはいかばかりだったろう。大拙、務台への手紙がそれをよく語っている（大拙宛四三九七、務台宛四三〇五を挙げておく。前後ふたり宛書簡もじっくり読まれたい）。

つまり、滝沢の批判（一九三六年）をきっかけに西田が直面させられた問題は、結局一九四四～五年に大拙、務台の著作が出るまでその解決の目途がつかなかったと思われるのである。事情はいろいろあろう。しかし、少なくともそう簡単に答え得ない問題に西田が直面させられたことは間違いないと思われるのである。滝沢の批判に西田が宗教論で応えるまで結局九年間かかったことになる。まる九年の沈黙である。その沈黙の歳月が課題の重さを偲ばせる。

仏教とキリスト教との間での西田のこうした危機については、誰も触れていない。本書の成果の一つと愚考する。そして、こうした西田の危機を想定したとき初めて、西田が宗教論でなぜ「場所的論理と即非の仏教論理の結びつき」を強調したかが理解できる。それは「場所的論理と宗教的世界観」が滝沢の批判への応答であることを示す公然たる秘密であるように思われる。端的にいえば、滝沢によるキリスト教の見地からの批判に対し、西田は仏教を味方にして自身の立場から応答したのであり、久松宛書簡中で西田が「キリスト教に対して仏教の特殊性、その優れた点にも論及した」と書いていたその点にこそ、宗教論での滝沢への応答の要があったのではないか。要するに西田は滝沢の批判を仏教によって突っぱねたといえるのではないか、これが筆者の見解である。

第四節　テキストのなかの仏教とキリスト教

西田のテキストから

西田と滝沢の実定宗教をめぐる厳しい対峙はしかし、テキストにおいては様相を異にする。西田の宗教論をみると、西田は仏教とキリスト教を真の宗教として相補的と考えている。一方だけを取ることは抽象に陥ると言っている。

まず、西田はキリスト教の真実を認めている。神を語ること、人間の原罪を語ることを評価している。[13] 西田が批判するのはその神が「超越的」と考えられる点である。キリスト教が超越的、君主的な神を語るなら西田はこれを受け入れない。[14] 仏教に比して神を「超越的」と考える傾向が強いものの、しかし、キリスト教の神を単にそれだけで把握しているのでもない。それが同時に内在的であることも認めているのだが、仏教との比較上超越性が勝つと見て批判しているのである。[15] 西田は自分の立場からドストエフスキーを念頭に、キリスト教も「内在的超越のキリスト」[16] に将来を展望しうると言いえた。

他方、西田は仏教に批判の矢を放っている。それは仏教界に般若即非の論理への真の理解がないこと、それはつまり内在的超越の立場が理解されていないこと、仏教の立場から個人と歴史、国家が語りうることが理解されていないことへの叱責となっている。[17]

テキストのこうした主張は、自分の哲学的立場を仏教に結びつけた西田自身の仏教理解が、いわゆる党派的なものでなかったことを証するものであろう。端的にいえば哲学の立場だったからであろう。もっといえばそれが宗教を心霊上の事実とする場所的論理の立場の哲学だったからであろう。テキストの限りでは、西田は仏教とキリスト教の共通の根底を示し、そこからどちらにも偏しない公平な、しかし、どちらにも厳しい評価を下す道を示したと考えられるのである。言い換えれば宗教批判の原点を示したということになる。

滝沢のテキストから

一方、西田哲学から出発した滝沢は、西田との出会い直後にドイツに赴いてバルトの下で学ぶうち、キリスト教の真実がその外部でも語られていることに気づく。気づくだけでなくそのことをバルトに突きつけた。滝沢によれば、西田哲学はキリスト教会の外で、キリスト教の真理を、キリスト教の用語と違う仕方で語るものである。したがって滝沢は、バルトのように教会の外での真理認識を事実的に否定することは出来ないと主張し、キリスト論にまで踏み込んでバルトの見解の妥当性を覆そうとした。

つまり、キリスト教の立場から西田哲学を批判した滝沢自身、激しいバルト神学批判者、キリスト教批判者でもあった。滝沢のテキスト『カール・バルト研究』はその戦いの記録である。実際滝沢は、バルトからの洗礼の勧めも断っている。(18)滝沢はバルト生前に洗礼を受けたが、それは日本での経緯によるものでバルトにはけっして透明なものではなかった。(19)

このように滝沢のテキストを見ると、キリスト教の立場から西田哲学を批判した滝沢自身がキリスト教の批判者であったことがわかる。他方、西田哲学を批判しながら、滝沢は西田哲学を捨てるどころか、最期まで高く評価した。それは滝沢が仏教に依拠する西田の立場を受け入れている、ということになる。

確かに、当時の滝沢はとくに仏教を学んだこともなく、仏教についての見解をそれとして発表もしていない。しかし、バルトに対して西田哲学を対置したとき、滝沢が西田哲学の仏教的な側面に無自覚であったはずはない。ただ、仏教を学んでその長所、短所を語るというような地点にはいなかったということである。

滝沢が意識的に仏教に触れるのは戦後である。久松真一の禅仏教に取り組んだ。細かいことはいま措くが、戦後滝沢のテキストにおける実定宗教とのかかわりをみると、それはまったく西田の路線なのである。つまり、洗礼を受けたあとでも滝沢はキリスト教やバルト神学を批判し続けた。他方、久松に学んで仏教の優れた面を評価し、返す刀でその弱点を批判しもしたのである。

滝沢が西田に一歩進めた点を強いていえば、滝沢のテキストがバルトや久松など実際のキリスト者、仏教者との対話から生まれたことであろう。しかし、そもそもそういうことが可能になったのも西田の宗教論の立場ゆえである。滝沢もそのことは人一倍意識していたはずで、戦後の西田哲学批判の風潮には強く反発し、西田哲学を擁護し続けた。その点で滝沢はどこまでも西田の弟子であったといえよう。

第五節　あらためて問う、仏教とキリスト教

問題は一人の生活者としてある実定宗教をえらび、それに依拠し従うということと、一人の思想者（もの思う人間）として特定宗教を絶対化しないということとはどう関わるか、という問題になる。西田と滝沢の交流から浮かび上がるのはその問いである。

この問いが宗教の問題、宗教論の問題であることはいうまでもない。しかも、これが決して重要でない問いではないこと、そのことは生活上の実定宗教の選択がそのまま思想的な選択でもあるような、否、あるべきと考える思想者が多いこと、しかも、これこそ宗教間の絶望的対立の因であることを想起するだけで十分である。今日の宗教論はこの課題にも答えうるものでなければならない。

この課題を展開するのは本書の任ではないが、宗教を心霊上の事実とみる西田の見方、宗教を原関係・原事実から見る滝沢の見方が受け継がれてほしい。そこから西田においてはテキスト上での寛容な態度と厳しい批判精神が帰結したし、滝沢においても同様であった。滝沢においてこれまで見てきた西田との交流は、現在からみると宗教間対話の始まりだったとも言えよう。戦前の西田の格闘と滝沢の戦後の歩みはこの問題を考える貴重な資料になる筈である。以上、本書の任を踏まえてこれだけを記しておきたい。（なお、この問題に関連する拙稿「間宗教的実存の形成」（峰島旭雄編『二十一世紀への思想』（北樹出版、二〇〇一年）所収、後に拙著『滝沢克己の哲学』（創言社、二〇一一年）に「宗教と宗教を見る目」と改題して所収）を参照いただければ幸いである。）

最後に、われわれが本章で考察したことは従来「信仰と学問」とか「宗教と科学」というテーマで論じられてきた事柄である。しかし、ここではあえて旧来の枠から自由にアプローチしてみた。けだし本書の任務は材料を提供することにあると自覚してのことである。

第三章　一元的説明の可否の問題――哲学の使命と限界

第一節　一元的説明ということ

秋月の解釈

西田と滝沢の交流の二つ目の焦点は「一元的説明」に関する滝沢の西田批判であった。この批判に対して西田は宗教論でこれを突っぱねたと筆者は考える。しかし、これには秋月の見解がある。筆者のとは違うのでまず見ておこう。

秋月は「一元的説明」の不可能という批判に対して西田は宗教論で答えたという。逆対応の思想には「場所的論理の豊かな構造上の二元思想」（『絶対無と場所』（青土社、九六年、三〇三頁）、「二元的構造」（同頁）がみられるといい、そこに「一元的」という滝沢の批判にたいする応答をみているのである（同）。秋月は右の「二元的構造」を「いわゆる二元論ではない」（同二九九頁）としているが、しかしその論脈は、西田は滝沢の批判をうけて実在の説明方式を「一元的なもの」から「二元的なもの」にしたのだと読める。

筆者の見解

このような秋月の見解は、「一元的」という言葉に対する秋月の解釈から来る。秋月は「一元論、二元論、多元論」といった哲学用語を下敷きにしていると思われる。したがって、「一元的説明の「一元的説明の不可」という滝沢の批判に対して、二元的説明を対置する。もって西田は滝沢の問いに応えたということになる。これは秋月が「二元論ではない」と断っても変わらない。秋月の思考じたいが右のような形式的な哲学用語を頼りに展開していることは明らかだと思われるからである（なお疑問に思う読者は同書Ⅳ「西田哲学の基本思想」の6を参照されたい）。

しかし、筆者にはそう思えない。筆者は「一元的説明」ということを、「何らかの原理から論理一貫して無矛盾に説明すること」という意味にとりたい。そうとると、宗教論で西田は滝沢の疑問を一蹴したといわざるをえなくなる。「場所的論理で実在を説明しうる」というのが宗教論の根本的立場だからである。「逆対応」にまで徹底化された絶対矛盾的自己同一を原理とする場所的論理の絶対弁証法によって、宗教を説明できる、したがって歴史的実在を説明できる、というのが西田最後の主張だからである。

それに対して滝沢は、人間は神の被造物でありながら「何故かわからないが」そのことを忘れてしまう、忘れたことすら忘れてしまう。もって神をなみして一人高しとするヒュブリスを免れない。その限り、人間の作り出す現実には、「絶対矛盾的自己同一」「逆対応」と言おうと、何らかの原理から説明しきれないものが残るのである。それをそうとして見抜くことなく、実在を手中に収めたと僭称するとしたら、それこそその哲学自身、罪の痕跡をその目にまだ残していることのあからさまな証拠ではないだろうか。これが滝沢の批判であった。

第二節　戦後の批判から

戦後滝沢の西田批判の再提示

筆者のこうした解釈は、滝沢の戦後の西田批評を振り返るとき、より妥当性を帯びてくるのではないかと思われる。

すでに文献で提示したように、滝沢は西田哲学を「観念論」、「形而上学」と批判した。重複を恐れずここで当該箇所をすべて引用すると、滝沢は次のように言っている。（…部筆者による省略）

〔文献1〕「西田幾多郎」（一九五四年）

従って、そこには、そもそもの始めから、「多と一」・「個別者と一般者」の「矛盾的自己同一」とか「逆限定」とかいう弁証法的な用語をもってしてさえ、どうしても的確に言い表すことのできない何ものかがある。この点をもっと詳細に明らかにしなければ、如何にヘーゲルとの相違を強調しても、再びヘーゲルと同じ観念論に辷り込む危険を免れないであろう。（『著作集1』（法蔵館）四三一〜三頁所収）

〔文献2〕「破壊と創造の論理」の注12（六九年）

人間的主体（自己）成立の根底に宿る原決定と人間的主体的な自己決定とのあいだに厳存する、絶対に不可分・不可同の関係に、同時に秘められている絶対的な不可逆性を見落とすことから、思想の観念化が始まる。…わが西田哲学が「絶対矛盾的自己同一」という新しい論理の発見・表現にまで至りながら、人間事象の研究において真に客観的・科学的方法を確立するにはなお十分でなかったのも、主としてそのためだと思われる。(『大学革命の原点を求めて』三一七~八頁)

〔文献3〕「「思想学問の自由」と「国家権力」」(六九年)

「絶対矛盾の自己同一」の論理そのものは、…実人生の根底的リヤリティーに触れる内実を含んでいた。ただ、その場所的弁証法には、恨むらくはなお「絶対に不可逆」ということが欠けていた。今詳しく立ち入るいとまはないが、そのため、人間現象にかんする厳密に科学的な方法と一貫することができなかった。(『自由の原点・インマヌエル』三四六頁)

〔文献4〕「近代主義の超克」(七三年)

何でもないことのようですが、このことの及ぶところは非常に大きいので、この点をほんとうに明らかにするということがありませんと、どうしても、がんらいの積極的な体系のなかにははいりえない「罪」とか「悪魔」とかいうものを体系のなかに取り込まなくてはならないような錯覚を生じる。したがって、人間現象を扱うばあいにその正常(真実)形態と疎外(虚偽)形態の区別、前者から後者への顛落、後者の前者への逆転が、現実の人の何処からどのように起こるかということも十分明かにならない。したがってまた、魔術的・呪術的方法とまったく逆の科学的方法をもって一貫することがむつかしくなる。一言で申しますと、どうしても旧い形而上学の片鱗が残ってくるということになる。このことと、西田哲学のなかにマルクスの開いた社会科学の基礎範疇が正しく批判的に摂取されて新たな実りをもたらすことができなかったということとは、やはり深い関係のあることかもしれないと思われます。

（『わが思索と闘争』三一書房、一九七五所収、七九〜八十頁）

〔文献5〕『日本人の精神構造』（講談社、七三年）

（え）もしも筆者の誤解でないなら、かれは最後まで、事実存在する人間、その織り成す歴史的・社会的現実には、かれがなおひそかに意図していたような意味での「統一的説明」が、たとい「弁証法的一般者の自己限定」といっても、絶対に不可能な何ものかの含まれていることを、じゅうぶんにはっきりと自覚するには至らなかったのだ。

三　ところが西田哲学においては、…（一）にいう（a）〔「身体と精神」「感覚と理性」など人間存在における両極の相対的弁証法的な関係〕と（b）〔人間的主体即真実無限の主体という絶対弁証法的な関係〕との間の区別が十分に明らかでない結果、また必然的に、（二）にいう（イ）〔真実無限の主体（神）の、一個の客体的主体（人）における自己表現〕と（ロ）〔人による神の表現としての人間の自己限定〕とのあいだの区別がいくぶんか曖昧となることを免れない。そうしてこのことはまた避けがたく、真に根源的な意味で人間の「罪」あるいは

「虚無の誘い」に関する認識の曖昧と繋がって来ないわけにはいかないのだ。

神人の根源的・弁証法的（絶対に不可分・不可同・不可逆的）な関係（点）に置かれている人が、この関係の真実の主なる神を、人として正確に表現するかぎり、その人間の生のすがたは、それ自体すなわち、神自身の、人としての、自己表現だと言ってよい。いいかえると、かの神人の原本的な関係（点）そのものからは、そこに秘められている人の限界を無視し、その大いなる決定に背いて人が人であろうとするというようなことは、意識的にも「無意識的」にも、起こりようはない。にもかかわらず、生まれながらの人はみな、かの大いなる決定に背き、絶対に超ゆべからざる――超えることができない、超える必要がない、したがってまた超えてはならないという、「べし」という語のすべての意味で「超えるべからざる」――限界に盲いて、生きようとする傾きを免れない。いったい、どこからこのような傾き、真実の主を無視してみずから主であろうとする衝動が生じるのか？――そこには、積極的に存在する原因とか根拠とかいうものは何もない。ただ単純に虚無《Das Nichtige》から、というほかはない（人間の虚栄とは文字どおり、無いものを有るとすること、たんなる虚無の誘いへの・人として絶対に「言い逃るる術なき」（ローマ書一・二〇）、屈服である。真実の主・「在りて在るもの」に対する理由なき反逆であり、罪である）。したがって、現実の生活・人の歴史の現実は、たといそれが、「絶対矛盾的自己同一」、「絶対無の場所」、「弁証法的一般者」といっても、一つの同一者、一般者の自己限定、自己表現として、これを明らかにすることはできない。現実の人の生のすがたは、その根底において、そのつどかならず、かの唯一の大いなる決定・関係・限界点に対する一つの特定の反応・応答の仕方として、直接これとかかわってはいるが、それが反逆・逸脱の形をとるということ、すなわち、人間の「疎外形態」はもともと、かの決定（の主）とは全然別な単なる虚無の誘い――人間的主体に即していうと、生まれながらかれ自身のそれに染みている罪そのもの――の果実だからである。ところが、西田哲学においては、その晩年の諸表現をまで含めてこの点の十分な自覚を欠きながら、現実の歴史・社会を体系的・論理的に整理・説明しようとする形而上学的傾向を残していることは、なんとしてもこれを認めないわけにはいかないのである。（同書一〇〇～一〇五頁まで）

戦後の批判を読む

これらのテキストを繰り返し読むと、あらためて、滝沢が戦後も西田哲学を高く評価していることがわかるだろう。「「絶対矛盾の自己同一」の論理そのものは…実人生の根底的リヤリティーに触れる内実を含んでいた」といっている（文献3）。

滝沢はしかし同時に、西田哲学に欠けているものを執拗に指摘している。「絶対矛盾的自己同一」の場所的弁証法論理に「絶対に不可逆」ということが欠けている（文献3）。また、「人間的主体（自己）成立の根底に宿る原決定と人間的主体的な自己決定とのあいだに厳存する、絶対に不可分・不可同の関係に、同時に秘められている絶対的な不可逆性を見落と」（文献2）しているというのである。ここで読者は、西田の「絶対矛盾的自己同一」の論理の内実が、滝沢のターム「神人の原関係」に相当することも確認できよう。神人の原関係に「不可分・不可同・不可逆」の関係・

順序をみるのが滝沢の主張だが、その「絶対不可逆」が西田にはないというのである。

滝沢はそのことの帰結は重大であると言っている。「このことの及ぶところは非常に大きい」（文献4）と。その帰結は思想そのものの性格に関わる。そのことが、「思想の観念論化」（文献1、2）、「非科学化」（文献2、3、4）、「形而上学化」（文献4、5）という表現で指摘されている。これらは、要するに「魔術的・呪術的説明」（文献4）に落ちるということだろう。「弁証法の誤魔化し」という戦前の言葉を髣髴させる。

しかし、なぜ、「絶対不可逆」の欠落はそのような帰結をもたらすのか。その理路を辿るのは難しいが、次のようになろう。

右に指摘したように、「絶対不可逆」とは神と人との原関係にかかわる規定である。したがってその規定が欠けると、まず神と人との関係がぼやける（文献5後半、（二）の（イ）（ロ）の区別）。その反動で「罪」とか「悪魔」を体系の要素に取り込みたくなる（文献4、5）、そこから人間現象の把握の上での不分明（文献4、正常・疎外形態とその動態）が帰結し、さらに、「神と人との関係」と「人と人・人と物との関係」の区別・連関が曖昧になる（文献5、（一）の（a）（b）の区別）。つまり、「魔術的・呪術的説明」（文献4）に堕すということであろう。

批判の理路はこのように考えられるが、そこでの一番のポイントは、何といっても右に「神と人との関係のぼやけ」といった事態、および「罪・悪魔の体系入り」という事柄である。読者はもうお気づきのとおり、これは戦前の批判とまったく重なる論点である。

第三節　罪認識の問題

「絶対不可逆」と「一元的説明」

文献5の最後の段落を読み返してみる。「神と人との関係のぼやけ」と「罪・悪魔の体系入り」の関係がよくわかろう。実は両者は密接に関係しており、前者の曖昧は直ちに後者の誘惑につながっている。滝沢は（二）の（イ）（ロ）の区別によって前者の曖昧を払拭し、「罪」を考慮に入れることによって現実を一元的に説明しようとする形而上学の誘惑を断っている。（ちなみに（イ）は〔真実無限の主体（神）の、一個の客体的主体（人）における自己表現〕、（ロ）は〔人による神の表現としての人間の自己限定〕である）

読者はここで右の（イ）（ロ）の区別が、戦前には「絶対の生」たる神を主張する滝沢の立場であり、戦後には「絶対不可逆」として指摘されたものであることに容易に気づこう。つまり、（イ）を（ロ）から区別し罪を（ロ）に限定することは、つまるところ、（イ）（ロ）の関係を絶対に不可逆とし、（イ）を「絶対の生」とすることに他ならないからである。神の自己表現の媒体たる人間は、にもかかわらずその身に神を表現し得ないという現実、罪の現実がある。（イ）と（ロ）がズレてしまうのである。にもかかかわらず、人間が神の自己表現の媒体であるという事実は揺るがない。したがってまた、この事実の圧力でズレた人間・人間のズレが是正されること、人間がかの事実を正しく表現するようになることはいつでも可能なのである。これが「絶対の生たる神」の主張であり、「絶対不可逆」ということに他ならない。さらにいえば、人間の正常形態から疎外形態への「顛落」、そしてそこからの「逆転」の道筋でもある。

読者はここで、滝沢のこのような説こそ「罪・悪魔を体系の中に取り入れているのではないか」と反問されるかもしれない。しかし、滝沢が戦前、戦後にわたって再三指摘する「がんらいの積極的な体系のなかにははいりえない「罪」とか「悪魔」とかいうものを体系のなかに取り込まなくてはならないような錯覚を生じる」ということは、「人間の罪とそれに誘う悪魔を契機に、人を信仰や神に誘うような体系」を目して言われるのであり、滝沢の議論はそれとまったく違うことに注意しなければならない。滝沢においては「罪」と「悪魔」が徹底的に解明される。ポイントは「悪魔」が「das Nichtige 虚無」、つまり非実在として暴かれる点である。人間の「罪」は、「虚無」に誘われての文字通りの「虚栄」である。そこには実在的な何の根拠もない。神はすでに勝利している。人間はいつでもこの神に従って生きるようになることができる。したがって滝沢の行論には悪魔や罪が積極的に働く余地がない。滝沢の思想の明るさは厳しく冷徹な罪認識に由来するのであって、それは絶対不可逆の認識と表裏をなしているのである。そのことに読者は気づかなければならない。

そして、まさにこのこと、つまり、悪魔が虚無であり、罪の事実にもかかわらず神人の根源的関係がびくともしない、つまり絶対不可逆だということ、そのことの認識の欠如こそ、西田哲学をして何らかの原理から現実を一元的に説明できるという思い込みに誘った因なのだ、そう滝沢は主張しているのである。西田哲学では、我々の現実にはそうした「説明」を許さない「何ものか」（文献5（え）の冒頭）が含まれていることが、「じゅうぶんはっきりと自覚されるに至らなかった」

（同）と。

西田哲学における罪悪の問題

読者の中には、いや、西田哲学はその宗教論において、人間の罪悪、悪魔の跳梁、つまり、現実の悪魔性を繰り返し説いている。キリスト教の原罪説さえ無下に却下していない、どころか、これを評価している。したがって、滝沢の批判は当たっていないのではないか、と不審に思われる向きもあるかと思う。西田の宗教論を吟味してみよう。

西田は宗教論の「二」と「四」で罪や悪魔について、また原罪や堕罪について語っている。[20] 西田にとってこの世界は悪魔的世界である。それは論理的要請であるように思われる。つまり、絶対者が真に絶対であるためには自己否定を自己のうちに含まねばならない。これは絶対者がこの世界に内在的ということを意味する。超越的・君主的神は真の絶対者ではないのである。と同時に、絶対者が自己否定的なもの、つまり相対的なもの、罪、悪魔などを自己に含むということをも意味する。こうして、西田においてこの世界は悪魔的世界なのである。ここから、西田は次のように「ねばならない」を連発することになる。一つ例を挙げれば「絶対の神は…極悪まで下り得る神でなければならない」（三三五頁）。もちろん西田はこれを心霊上の事実として指摘してもいるのだが、同時にそれが論理的な要請でもあることを認めている（同）。さらに、神と悪魔のこうした関係から、我々の自己が「善と悪との矛盾的自己同一である」（三三六頁）、我々の心は「本来、神と悪魔との戦場である」（同）、我々の自己が「悪魔的であるとともに神的である」（同）といわれる。また、こうした理解からキリスト教の堕罪説、原罪説を「極めて深い宗教的人生観といわざるを得ない。…それは実に我々人間の生命の根本的事実をいい表したものでなければならない」（三四一頁）と評価する。西田はこうした人間が救われるには「キリストの天啓を信ずることによって」（三四一頁、同様三六四頁）であり、「唯仏の御名を信ずることによってのみ」（同）また「悟り」（同）によってだと指摘するのである。

筆者はここに深い宗教的人間観を読み取れると思うが、神と悪魔・罪の関係が今ひとつはっきりしないとの思いを抱かざるを得ない。すでに指摘したことだが例えば先に引いた「神は極悪まで下りえるのでなければならない」とか、「真の絶対者は悪魔的なるものにまで自己自身を否定するものでなければならない」（三六七）などの記述を読まされると、悪魔や罪がかえって神の大きさ、深さを引き立てる積極的な役目を担っているかのように思えてくる。まるで悪魔や罪のおかげで神がその偉大を示すことができるかのような倒錯に読者は誘われないだろうか。

滝沢における罪認識の問題

西田に対し、滝沢においては、「絶対不可逆」が徹底的な罪認識と結びついている。従来、広く人口に膾炙してきた「絶対不可逆」に対し、滝沢の罪認識にはあまり注目が集まってこなかった。それは「絶対の生」なる神を語った滝沢にふさわしいとも言えようが、そのことで罪認識の問題が曖昧になるとしたら問題であろう。実際筆者には、「絶対不可逆」の徹底的な認識には罪認識の徹底が欠かせないと考える。西田の宗教論における罪悪の問題の取り扱いと比して、ここで滝沢のそれを振り返っておく所以である。

滝沢の罪認識はバルトのそれを受けている。それを最も包括的に語ったのは「私は「原罪」の概念の下に、我々が現在各々それであるような・アダムの堕罪後の・人間の原則的な状態を理解する」で始まる先の引用である。[21]

西田がこのような滝沢の罪認識に接する機会は数多かったと思われる。まず、すでに『西田哲学の根本問題』のなかで西田は、この引用文に接している。西田批判のキーポイントであったこともすでに指摘した。つぎに、滝沢は帰国後の作品「悪魔」「パリサイ人のパン種」を西田に贈っている。[22] さらに、右引用文を含む『カール・バルト研究』も四一年には届いている。[23]

西田はこうして、バルト神学を背景にした滝沢の罪論にむしろ習熟したはずである。それが西田の宗教論に反映していると思われる。一つには西田が罪や悪魔にしきりに言及し、キリスト教の原罪説の意義を認めているところにみられよう。また、同時に、宗教論での親鸞・浄土真宗の援用にそれが反映していると思われるのである。滝沢が秋月の著作集に寄せた一文「「不可逆」私感」で「親鸞への言及」に注目した理由であろう。自身への応答をそこに読みとっていたのだと思う。

宗教論で西田はキリスト教に依拠する滝沢の批判を正しく受け止めた。しかし自らは即非の仏教論理を発見してこれを拠り所にした。罪の問題ではやはり真宗に拠らなければならなかったのであろう。大拙、務台の影響もあって宗教論では真宗が大きく取り上げられている。いうまでもなく、真宗こそ人間の罪悪深重たることを突き詰めたものだからである。罪悪の自覚と、にもかかわらず凡夫に働きかける弥陀の救い、それが名号の論理として西田によって掬い取られたと思う。しかし、西田において、罪悪の認識自体は深められなかったように思われる。名号の論理も表現の問題として引用され、人間の罪悪とこれに比すべくもない救いとのダイナミズムにフォーカスされなかった。滝沢からの痛烈な批判を許してしまったのはそのためであると思われる。

第四節　罪認識の問題と哲学のヒュブリス

一元的説明の立場

そして罪認識の不徹底の端的な表れが、宗教論における「場所的論理で実在を説明できる」という基本主張であろう。繰り返しになるがここに至って滝沢は、西田哲学の不徹底が解消されていないことを確信したはずである。戦後の批判はそのことを物語る。

西田哲学は実人生のリアリティーに触れながら、罪の正体を見破れず、その実態を正しく認識することができなかった。その結果、非科学的な形而上学を脱することができなかった。「一元的説明」が可能に思われるということ自体、西田の思惟が「魔術的・呪術的」（文献4）なもの、「形而上学」に堕していることを示すのである。「一元的説明の不可」の問題は、このように罪と悪魔の認識の問題であり、「絶対の生たる神」つまり「絶対不可逆」の認識の問題なのであって、秋月のように一元的な説明を二元的なものにすればいいといったこととはまったく違う。それは人間の知そのものの性格と運命に関わるのである。最後にこの点に触れておこう。

哲学の傲慢に対する批判

最初期の滝沢に「ハイデッガーにおける哲学の使命および限界」という論文がある。そこで滝沢は、哲学は「絶対に個性的なるもの」を論理的に解明するものだと言っている。そこに科学や芸術と区別される哲学の使命があるが、しかし、それはあくまで論理という一般的なものによるのであり、そのかぎり、哲学も、いまここで何をなすべきかを教えることはできない。「芸術哲学が、画家に次の一筆をここに下ろせ」と指図することはできない。もしそうするとしたらそれは哲学の限界を超えた高慢だ、と言っている。

この論文はバルトに出会う前のものである。そこでも滝沢は哲学の限界を語っていた。しかし、そこでは「絶対に個性的なものを論理的に解明する」という哲学の使命には微塵の疑いも抱いていない。ところが、『西田哲学の根本問題』における西田批判、とくにその「一元的説明」に関する批判では、まさにそのことが問われているのではないだろうか。もちろん哲学の使命はかわらないであろう。しかし、哲学は単にいま・ここを掴めないということだけではなく、いま・ここの形には哲学の説明をすり抜ける実在しないものの影響が加わっているという点でも、哲学の限界が画されるのである。バルト神学を通して滝沢の現実認識はこのように深まったといえよう。

第五節　行為的自己の立場と現代

現代思想との呼応

そうすると、西田と滝沢の交流の尖端で何が起きたのであろうか。滝沢は日本で最初の哲学と目された西田哲学から出て、西田哲学の核心を継承したが、同時に西田哲学を形而上学、つまるところ「魔術的・呪術的」な思考と斬ったということになる。

滝沢は『西田哲学の根本問題』第三部、『現代日本の哲学』などで西田哲学と田辺哲学を比較していた。それは西田哲学を行為的自己の立場に立つものとし、田辺哲学を知的自己の立場に立つものとしてこれを前者から徹底的に区別している。しかもその区別は人間の思考の根本的な二類型として排他的になされている。つまり、自己自身を背後から掴む根源的なものに触れた思惟と、触れない思惟の二類型であり、件の根源によって視向の転回を閲しないかぎり後者の立場は不可避となるというのである。滝沢は西田の哲学を前者、田辺のそれを後者に当てて、両者の根本的相違を主張したのである。

ところが、その滝沢は同時にすでに西田に「重大な疑問」を投げつけた滝沢でもあった。自分の批判がどれほどのものか本人が自覚していなかったはずはない。しかし、滝沢は、西田生前、この点を突くことはしなかった。すでに述べたように、「重大な疑問」は『西田哲学の根本問題』の第一部五に出てくるだけで、あとは西田哲学へのオマージュに終始しているのである。そこには西田哲学によって生と思惟の道を教えられた滝沢の西田への敬愛の気持ちがあったはずであろう。また、西田の思惟の類まれなあり方への賛嘆があり、一方、それへの無理解が蔓延していることへの腹立たしさもあったはずである。滝沢は西田哲学への批判より、讃歌をこととしたのである。

戦後の西田論でも、西田哲学への無理解や批判に対してこれを擁護するという文脈はけっして失われなかったが、批判がそれと同じくらい強く出るようになった。西田生前は西田の応答を待つという姿勢でいられたが、西田が亡くなれば待つことは空しくなる。そして西田哲学を一応完結したものとして評価することができるようになる。そういう事情があったのであろう。西田最後の論文を請けて滝沢は西田への最終的な評価を下すようになったといえよう。その評価が批判を含み、その批判が西田哲学を一個の形而上学と指弾するものであったとすると、行為的自己の立場にたつ哲学としての西田哲学への評価は、いったいどうなるのであろうか。

西田死後となっては右の評価は取り消されるべきなのだろうか。つまり、西田哲学は結局は知的自己の立場だった、というべきなのだろうか。突き詰めたところではそういわざるを得ないであろう。しかし、滝沢が戦後も西田を擁護した点を考慮すれば、西田哲学は行為的自己の立場の哲学だったが、そこに一点の曇りがあったということになるのではないだろうか。あくまで田辺などの立場と区別される。その上で、西田哲学が真に行為的自己の立場に立つものであるならば、百尺竿頭一歩を進めて、絶対矛盾的自己同一といい、逆対応といっても、我々の現実には何らかの原理で一元的に説明しきることができない何ものかがあることを認めなければならない、ということであろう。それを認め得なかったと思われる点で、西田哲学も真の哲学にはなりえなかった。逆に言えば、真の哲学は真に行為的自己の立場に立つことによって罪の現実を認め、自己の立場から現実を裁断することを控えるものでなければならないということになる。滝沢は哲学の閉域に現実を回収してしまうことはできないことを自覚し、哲学はそのような閉域構築であってはならないということを、日本に真の哲学が誕生したといわれるまさにその瞬間に突きつけた、といえるのではないであろうか。筆者は滝沢が、西洋哲学の20世紀後半に到達した自覚に戦前すでに到達していたことを思わざるを得ない。現代思想としての滝沢がここにあると思われる。

結論　日本哲学の遺産としての西田・滝沢問題

さて、図らずも長引いた我々の探求もようやく終わり近づいたようだ。これまでの四部をふまえて残された課題を提示しておこう。

西田と滝沢の交流の真実

西田と滝沢の間には親しい個人的な交流が戦前のほぼ十年余りにわたってあった。それは学問上の師弟関係を核に親族にまで及ぶ深切なものであった。ところが、滝沢帰国後、当の学問上の核心部分（根本問題）において、滝沢が批判的に問い詰め、西田がこれに応じるという関係となった。宗教論にいたる西田最晩年の思索の営みは、たしかに滝沢の批判を契機に、それへの応答を期することを理論的核心としていることがわかってきた。もって秋月の見解がより実証的に裏づけられたと思念する。

ところが、西田の努力にもかかわらず、戦後の滝沢は、戦前と同様の批判を、今度は「絶対不可逆」のタームで、維持したのであった。西田哲学は「絶対不可逆の十分な認識に達しなかった」というのである。滝沢は一方で、西田の「逆対応」概念を自身に取り入れるなど、西田への尊敬を変わらずに持ちつづけたが、他方では厳しい批判を維持し、最終的に西田哲学を一個の「形而上学」と論断したのであった。

このような経過をひとことでうまく言い表すことはできなかったが、師弟関係の中での相互作用とでもいいうるこうした関係は、とにかく、一方が批判し他方が屈服するといった単純な関係ではなかったし、どちらかが問いをはぐらかして終わるといった生ぬるい関係でもなかった。両者は師弟関係を基調に堂々と渡り合ったといえよう。西田と田辺との師弟対立とは少し性格が違うとはいえ、そこにはそれに並べて遜色のない学問的な師弟関係の厳しさというものが見て取れる。ただ、ふたりの間に四十歳の年齢差があり、出会いの当初、すでに名望のあった西田に対して、滝沢がまったく無名の学生だったことを考えれば、この関係は日本哲学史上、他に類を見ないものだったと評価できよう。

実際、ふたりのやりとりをつぶさに追ってくる中で、今日に遺贈された課題が浮かび上がってきたように思う。それは西田と田辺の対立が残したのとは違ったものであり、実在把握をめぐってもっと積極的なものであったと思うが、それをあらためてここにまとめておこう。以下、逆対応と不可逆の問題、キリスト教と仏教の問題、一元的説明の不可の問題の順に取り上げる。

逆対応と不可逆

これまでの考察を通して、「逆対応」と「不可逆」がともに「場所」と「それに於いてあるもの」との関係に、「神」と「人」との関係にかかわることを、われわれは知った。その点で西田と滝沢ふたりの見ていたものは同じだったと言っていいであろう。それは実在のもっとも深い一点にかかわっていた。しかし、まさにそこで、この二つの概念が微妙な差異を孕んだまま交わりきらないとき、われわれはそこに近代日本の哲学が残したもっとも激しい角逐の跡を見出し、畏怖の念とともにそれに対座しなければならないと思う。

西田は滝沢の批判に応えた。絶対の非連続の連続の第一の意義には「絶対者の自己否定即自己肯定」をもって、また「神から、仏から」の方向をもって応えた。第二の意義には三一の神を「一即多、多即一」なる絶対者の規定として応えた。しかし、第三の意義についてはどうであろうか。そこには罪が介入していた。

西田は人間の罪を、罪の原因をとことん突き詰めただろうか。悪魔の正体は西田において完膚なきまでに暴かれたであろうか。何度読んでもそうは読めない。西田は人間の罪を知らなかったわけではない、重視しなかったわけではない。人間の罪悪深重なることは言ってみれば自明なことであった。それは神から、仏から断たれるほかないことも知っていた。しかし、それ以上ではなかったように思われてならない。そこには神と悪魔の、神と人間の罪との徹底的な戦いが回避されている恨みが残る。その限り、罪の現実にもかかわらず人間を通して語りかけることをやめない神の力強さが今ひとつ伝わってこない。「絶対の生」たる神、いかなる罪にも揺るがない神とその呼びかけが響いてこない。ひとことでいえば、絶対不可逆の一事がその重大性とともに浮き上がってくるということがないのだ。

筆者は、近代日本哲学の尖端で戦われた実在把握の画竜点睛において、滝沢の主張に一日の長を見ないわけにはゆかない。逆対応は絶対不可逆であるが故にわれわれに自覚されてくるものに過ぎないと思われる。しかし、それは不可逆ということに直接にかかわる限りで、有効な概念といわざるを得ない。滝沢が晩年使いつづけた理由であろう。西田に於いて「逆対応」という概念が真宗の

「名号の論理」でもっとも深みに達することはすでに述べたが、滝沢の用法に於いて忘れられないのが、最後の作品となった『現代の医療と宗教　心身論をめぐって』[24]の一節である。かれは次のように言っている。

すでに一人《ひとり》の人の体には、その人の単なる恣意（私心）にはよらない自然治癒力が、いわば「逆限定的」に働きつつある。（一〇五頁）

この一文は「逆限定的」ということばをとてもよく理解させ、滝沢が西田のこの概念を自家薬篭中のものにしているの感さえ与える。[25]文献〔5〕でも「逆対応」の語が使われていたことはすでに読者の気がついているところであろう。「逆対応」と「絶対不可逆」は貴重な遺産としてさらに彫琢されてしかるべきものと考える。

キリスト教と仏教をめぐって

滝沢の西田批判に西田は仏教を基にして応えた。その応えが滝沢の批判を止めるものではなかったという経緯が、まず我々に問題を突きつける。「絶対の生」たる神、神と人との不可分・不可同の関係に加えて絶対不可逆を規定すること、これは仏教を基にした思考からは出てこないのであろうか。もしそうだとすると、「キリスト教に対して仏教の優位」を示すという西田の意図は破綻したことになる。仏教は滝沢のキリスト教と対話する相手ではない、という結論が出てしまう。

　ここで筆者は、どっちが優位かを決しようとしているのではない。そうではなく、仏教にも滝沢の批判を受け止めるものがあるはずだ、ということ、これまで仏教者が注目してこなかった仏教の一面がそこから取り出せるのではないか、もってさらに実り豊かな宗教間対話が可能になるのではないか、というのが筆者の問いなのである。おそらく、滝沢の思いもそうだったのではないか。というのも、滝沢は西田の応答に満足できず、しかし、だからといって仏教を論断してキリスト教を上におく、という態度を戦後も決して見せなかったからだ。むしろ逆である。滝沢は西田の核心をもっともよく受け継いだといわれる久松真一と対話を交わそうとしたのである。おそらく、久松をはじめいわゆる京都学派の人々はキリスト教からの禅批判として身構えたのではないかと思うが、筆者には滝沢の思いはむしろ逆だったと思われてならない。つまり、自分の疑問に仏教は応えうるはずだ、応えてくれ、との叫びこそ滝沢の久松への接触ではなかっただろうか。というのも、このあとでも触れるように、滝沢のキリスト教は、西田の仏教同様、かれ一個の信仰にかかわると同時に実在把握にかかわるものであった。仏教が真正の宗教であるならばかならず我々の生きるこの実在の深い把握を宿すはずであろう。もしそうでないというなら、仏教を断罪するより、そこに到達しない仏教者の自覚をこそ問うべきではないか、仏滅後四五百年して大乗仏教が起こった事実に照らせば、二千五百年の歴史を閲した仏教にとって、今日まったく新たな目で仏教を見直すなどということはどこからも起こりえない、などとは誰も言えないのではないか。これが滝沢の思いだったのではないだろうか。筆者には、「そんなことはないはずだ」という求道者としての滝沢の息遣いが聞こえてくるように思われてならない。久松は師の西田ほどにも真剣にそれに応えたであろうか。

この点でのその後の展開を見るとき、筆者は滝沢の問いを単に宗教哲学的に受け止め、解明するだけではなく、もっと基礎的な経典の研究から確かめ、吟味し、これを捌くことがぜひ必要だと思う。それが大乗仏教の新しい読みに通じるのか、それとも仏教の新しい流れを形成していくのか、筆者には何とも言えない。しかし、問題が仏教史にかかわるほど、それほど根深く、重要かつ喫緊であることを訴えずにはいられない。

他方、キリスト教も滝沢の批判を突きつけられている。滝沢はバルトが滝沢の主張（教会の外での神認識の事実的可能性）を認めたと指摘している。[26] バルトの遺稿集第七巻『「キリスト教的生活」――教会教義学Ⅳ／4、一九五九―一九六一年の講義からの断片』、とくにその七七節の二、《Der bekannte und unbekannte Gott》（「知られ、かつ知られざる神」）である。[27] しかし、そのことはバルトの弟子たちには承認されていないようである。かれらには学問者として不明朗なものも感じる。[28] それどころか滝沢の問題提起自体が理解されていないようである。[29] ヨーロッパのプロテスタント神学者がバルト晩年の思想を認め、そこに滝沢の批判への応答を承認し、新たなキリスト教理解に踏み出せるか、それが問われている。

筆者は日本のキリスト教会の実態に疎く、論じるべき多くを持たないが、それでも筆者が感じてきた教会への入りがたさ、それは排他的な雰囲気であり、知的エリート臭であり、内閉性といったものであるが、そういうものがどこから出てくるのか、日本のキリスト教会は真剣に考えるべきだろう。いわゆる「正統神学」といわれるものこそひょっとしたらその発生源かもしれない、と問うことは、まったく根も葉もないデマ、悪魔のささやきなのであろうか。私は日本におけるキリスト者人口を念頭にそのように問うが、クリスチャンはおそらくキリスト教史二千年の歴史を後ろ盾にして応えるであろう。しかし、その歴史が仏教のそれと同様、時代の課題への対応の連続であったことを思うとき、はたして現下の正統性に安住していていいのであろうか。むしろ、あのバルトにさえなお晩年に画期的な思考の展開があったとするならば、そういう安心こそ問われるべきではないだろうか。そして、そのための道は、現在、滝沢の仕事以外にも、聖書や聖書周辺の文書などの研究や翻訳が示しているように思われる。もちろん筆者のこうした指摘は、いずれ外部の人間の視点だといわれよう。しかし、滝沢をキリスト者として受け入れたのは日本基督教団だと聞いている。そして、件の聖書研究者の多くがクリスチャンなのである。そして最後に付け加えておきたいが、滝沢の意義を認めたのは日本人ではなく、ドイツ人だったという事実である。ハイデルベルク大学は滝沢の神学と宗教間対話に果たしたかれの役割に対して名誉神学博士号を贈っている。中心になって授与を推進したテオ・ズンダーマイヤー同大元教授ほどにも、日本の神学者・思想家は滝沢を理解してこなかったし、したがってその意義をまったくつかめないで来たように思える。当然、その事態が恥ずべきことであるとも感じない。しかし、筆者にはことはすでに決していると思われてならない。いつか、仏教にも、キリスト教にも、その長い伝統を打ち破って新たな息吹が兆し、両者の間にさらに活発な対話と交流が起こる日の来ることを信じて、静かに見守りたい。

哲学の使命と限界

なんらかの原理から実在を一元的に説明することは不可能だとの主張は、その根拠を人間の罪の現実にもっていた。それは決して「説明」ということを前提したうえで、「説明の仕方」を一元的なものから二元的なものにすればよい、といった主張ではなかった。むしろ哲学による実在の、現実の汲みつくしは原理的に不可能だとの主張であった。これに対して西田は場所的論理による説明の立場を堅持して対峙した。西田の態度はまことに哲学の本流を行くものであったと思う。西田は間違っていなかったのであり、哲学とは西田の言うようなものでなければならない。その「哲学」概念は、確かに西洋二千年の歴史を通じて育まれたものではあったが、しかし、二十世紀の後半はまさにそのような哲学概念が問われた時代だったのではないだろうか。[30] 筆者はニーチェに始まる西洋哲学の（自己）批判を念頭にしている。ハイデッガーに引き継がれ、フランスの現代思想に流れ込んだそれである。

ハイデッガーについては木田元氏の「反哲学」「反哲学史」に関する啓蒙書がある。ここでは簡単にフランスにおけるそのような流れを追っておこう。メルロ＝ポンティは晩年やはり anti-philosophie ということをいっている。[31] 現象学を身体論のほうから深めたかれは、晩年に現象の存在と生成自体を視野に納め、そこに「従来の哲学がその概念を持たない」事態に直面した。それが主客の「絡み合い」であり、「キアスム」と呼ばれ、「肉の裂開」といわれる思考の転回であった。この立場はその後ドゥルーズにおいては「差異と反復」[32] の概念にいたり、デリダにおいて「脱構築」[33] へと受け継がれたと思われる。前者は差異を差異として非同一的にかたる思考の冒険だったし、哲学と哲学者のイメージを塗り替えるものだった。後者は構築、つまり哲学による閉域作りを徹底的に避けながら、従来の哲学的思考を解体に誘うような線に沿って裂け目を入れていく運動だったといえよう。ここには、ギリシャ以来の哲学が、その伝統のうちに前提にしていた事柄が改めて問われている。もはや哲学は同一性の原理による現実の掬い上げではありえない。フランスに即して言えばサルトルの時代の終焉こそ、現代思想の共通前提なのである[34]。

そういう流れにたってみれば、滝沢に対する西田の応答の正当性・正統性はそれとして認めながら、まさにそれゆえに滝沢の批判の射程の大きさに改めて目を開かざるを得ないのではないだろうか。そこに、さらに次のことを考え合わせるとき、私たちは滝沢を、滝沢をこそわれわれの同時代の隣人として迎え入れる気になるのではないだろうか[35]。つまり、いわば「哲学の反哲学化」はたんに哲学内部に思惟の変容をもたらすに止まらない。それは、西洋の自明の伝統である、いや、あったはずの、哲学と神学の硬い垣根も、従来のように墨守することを許さなくなってきている。案の定、フランスでは、早くはドゥルーズが「今日、神学は構造の学問になった[36]」と宣言していたが、現象学の神学的転回ということが言われて久しい。たとえば、デリダの流れに属すジャン＝リュック・ナンシーは「キリスト教の脱構築[37]」ということを言う。ここで、哲学者が哲学としてキリスト教を論じていることに、そのことの重大さに気づかなければならないだろう。時代は様変わりしているのである。まして、ナンシーがそこで、「今日、キリスト教は無神論としてのみ存立しうる、そして無神論はキリスト教的なものとしてのみ成立しうる[38]」といっているのを読むとき、筆者は久松の「無神論」に共感した滝沢のキリスト教理解をいやでも想起せざるを得ない[39]。また、デカルト研究者でありあ現象学のジャン＝リュック・マリオンは、ハイデッガー以後の思惟の中で、「存在なき神[40] Dieux sans l'être」を語っている。これも哲学として神を語っているのであり、現象学の極北でその不可避性が認識されての事態なのである。しかもそれは従来の「哲学者の神」を語るのではなく、まさしくキリスト教の神を語っているのである。なお、筆者のこうした理解に疑問をもたれる方には滝沢の「最近ドイツの神学と哲学」（『著作集7』所収）などを参照いただきたい。そこにも描かれている滝沢自身のハイデッガーとの面会、および彼に対する評価の変遷も注目される。

読者はそれでも、滝沢を西洋哲学の伝統を知らない者と言うだろうか。逸早く西田に結局は同趣旨の異を唱えたのは田辺であった。そのとき滝沢は西田を擁護した。行為的自己の立場こそ真の哲学の立場だと言ったのである。しかし、いま、滝沢は、自分が擁護した西田も結局、田辺と同じく西洋哲学の旧い理念に縛られて、真にそれから自由に思惟することができなかったという。

田辺、西田、滝沢。苛烈な批判を繰り広げた三人の思惟の在りようを前にして、われわれは今一度自分の思惟に問いかけるべきであろう。近代日本における独創的な思想、つまりまさに「日本哲学」の成立のその始原で起きた対立は、決して遠い歴史物語ではないのではないか、と。

注

まえがき

（1）三戸公「滝沢宛の西田書簡」（こぶし書房冊子『場』No.26（二〇〇四年七月）、四頁上段所収）より。冊子は滝沢の復刻本『西田哲学の根本問題』（こぶし文庫、同年）に差し込まれている。三戸公氏は経営学者。立教大学・中京大学名誉教授。氏は山口高等商業学校時代の滝沢の教え子である。

（2）竹田篤司は「非・「京都学派」滝沢克己」（こぶし書房冊子『場』No.26所収）と題された小文で、滝沢を「非「京都学派」」と規定してその特異な位置を表現した。その規定はもとより滝沢が京都学派に属さないことを意味するが、同時に京都学派と密接な関係にあったことをも示唆している。西田幾多郎から京都学派の人々へと関心を広げられてこられた竹田氏が、いよいよ滝沢克己に焦点をあてるようになったことを伺わせる表現であった。新版西田幾多郎全集（岩波書店）の編集中に氏が急逝（二〇〇五年）されたことが惜しまれる。元明治大学教授。本書は故竹田氏の関心を引き継ぐ面もあると愚考する。

第一部

（1）『思想のひろば』第十五号（二〇〇三年六月、創言社（福岡））所収、二五頁。坂口博氏は当時創言社編集長。『滝沢克己著作年譜』（同社、一九八九年）などの編集がある。なお『思想のひろば』は滝沢克己協会の編集・出版になる同会会誌、二〇一五年九月現在二十六号まで出ている。以下『ひろば』と略す。

序章

（2）『ひろば』第十五号。注1参照。

（3）坂口の労作と新版西田全集の書簡集には小さな相違がいくつかあるが、そのなかで最も大きなのは次である。坂口が四三年五月二七日に配したはがきが、新版全集では四五（昭和20）年の同月同日に配されている。本書は後者を採るが、新版全集では西田と滝沢の書簡のやり取り期間が坂口の判断より長くなり、西田の死の直前まで続いたことになる。なお、拙稿「特集調査報告」（『ひろば』二一号、二〇一〇年三月）六三頁も参照。ただしそこには誤入力がある。新版全集での当該はがきの書簡番号は正しくは四四七九である。

第一章

（4）西田の「さういふもの」について坂口は触れていない。三戸公はそれが『西田哲学の根本問題』だと断定している（復刻『西田哲学の根本問題』（こぶし書房、二〇〇四年）の宣伝冊子「場」所収推薦文「滝沢宛の西田書簡」）。三戸の断定はその根拠を明らかにしていないが、前後の関係を考えると妥当な推論だと筆者は考える。

（5）夫人の回想に次がある。「その（帰国の）翌春から又九大にかへり助手となったが、一年の約束なので、又職探しをしなければならなくなり、夏休み前にかき上げていた「西田哲学（の根本問題）」をもって上京した。そのときたまたまうけたNHKの募集したドイツ向けのアナウンサーにパスし、そこへゆくつもりでいたところ、山口高商の方がきまったのである。これは西田先生の御声がかりがあったらしい。（高商の校長と西田先生とはお知り合いであった）」（滝沢とし子「思い出すまま」、『野の花　空の鳥』（創言社）所収）。この証言によると滝沢は夏に上京、その時に応募してNHKの試験を受けた、と読める。そうすると、書簡〔5〕での上京―帰福の際だったと考えられる。

ところが、滝沢自身の回想によれば、「昭和十一年十月下旬のことである。…折から不景気の絶頂、家族をかかえて困り果て、ＮＨＫのドイツ向けアナウンサーの募集に応じて上京した。途中、京都に降りて、西田先生にお話しすると、お仕事中にもかかわらず、三木さんほか二、三の方々に紹介の名刺を書いて下さった。（大切な午前中、突然お邪魔したことは、今も私の返らぬ悔いである。このごろの学生たちのことを、あれこれ言えた義理ではない）　それから数日して、目白の兄の家に、三木さんから、訪ねて来てもよいという葉書きが届いた。どう見ても余りうまいとはいえないその書体が、まず私を驚かせたが、お目にかかるに及んで、私はいよいよ意外の感を深くした。…」（「三木さんのこと」（一九六八年秋、著作集1、四四四頁）。これによるとＮＨＫ応募は十月のことであり、「たまたま」ではなく「困り果て」であることがわかる。また、上京の途路京都に降り、午前中「突然」西田宅を訪問、紹介状を書いてもらったことになる。滝沢の行動は切羽詰っていて、「困り果てて」であることを裏づけている。西田の縁で上京後三木など「いろいろの人」にあったことになる。逆に西田はこの時、滝沢の窮状を知ったのだと思われる。以上、当事者である本人の回想の方が信用できるであろう。書簡〔7〕はこの事情を反映しており、書簡〔5〕に出てきた夏の上京は、就職活動より『西田哲学の根本問題』出版のためではなかったかと思われる。なお、夫人のいう山口高商就職の経緯については、後にまた取り上げる。

（6）「小津安二郎の作品」http://nishidam1.web.infoseek.co.jp/cinozu.htm というサイトは好便（2008/08/21 現在）。

（7）滝沢と三木との会見は注（5）参照。

（8）滝沢の山口高商への就職については夫人の証言がある。注（5）参照。そこで夫人は西田の口添えがあったという。しかし、西田の書簡で見る限りそのようには思えない。これに関しての有力な証言として床並良夫のものがある。氏は、当時山口高商の校長であった岡本一郎が京大出身であり、採用に当たって田辺元（当時京大教授）に相談し、田辺が西谷啓治他ではなく滝沢を推して決まったと証言している。しかもこれは滝沢自身から直接聞いた話だという。著作で田辺を批判していた滝沢は、「田辺先生は公平な方だ」とも漏らしていたという（『ひろば』一七号（二〇〇五年十二月刊）、九～十頁）。実際、後の書簡〔35〕で見るように、滝沢はあれだけ批判していた田辺に会見している。床並の証言は信憑性が高い。
(9) 三戸と西田との面会の様子は三戸の回想「西田書簡と滝沢先生・私記」(『ひろば』第十六号、二〇〇四年所収)、その「三、書簡集、第二期山口時代」の「その2」(四九頁〜)を参照。

第二章

(10) 竹田篤司「非「京都学派」滝沢克己」(『場』No.26所収)の末節の指摘に筆者は同感である。竹田は滝沢が西田の期待によく応えたとしている。
(11) 『滝沢克己著作集2 カール・バルト研究』序、十三頁。以下『著作集2』のように表記する。
(12) 以上のような経緯は坂口編『年譜』の付録参照。
(13) たとえば、戦後四七(昭二十二)年刊行『神学と哲学の間 上』の「序」での回想などである。
(14) 拙論「戦時山口時代の滝沢」参照。『滝沢克己研究』第三号(滝沢克己研究会編、二〇〇四年)所収。
(15) 注(14)参照。
(16) 以上、ヘッセルとの関係は寺園喜基による。『ひろば』十五号四九頁以下。
(17) 坂口博「山口の《三沢》——相沢秀一、菊沢謙三、滝沢克己」(『ひろば』第四号所収)参照。
(18) 以上、拙著『滝沢克己』(創言社)Iの4参照。
(19) 坂田貞治「滝沢克己先生と私」(『野の花　空の鳥』一〇一頁以下)より
(20) 拙著『滝沢克己』(創言社)Iの4、およびIIの1参照。
(21) 定年後の西田と文部省、およびその筋とのかかわりは三五(昭和十)年にさかのぼる。西田はその十月、文部省の教学刷新評議会の委員を頼まれている(既出)。これは天皇機関説事件に関して出された「国体明徴」声明を受けて設置された機関で、文部大臣以下、各界から選ばれた六十人ほどの委員会であった。平泉澄(日本主義的な歴史学者）、筧克彦（神がかりの学者）や和辻、田辺もいた。西田は佐藤〔丑〕、鹿子木、紀平正美などと席を同じくするを潔しとせず、また文部行政にも批判的である理由で辞すが、再三懇願され、ついに引き受けた。しかし、和辻に「十九日の教刷にはご出席にや、あんな空漠な事を云って居る会に出た処が致方もなし。一月に二度も旅行は閉口ゆえ欠席」（十二月二十三日、書簡九八四）と書いている。「例の文部省の教刷というものへ一回出て見ましたが、とてもかたよりたるものにてあれでは我国将来発展のため如何かとおもひます」（三六年（昭和十一）一月十一日付、山本良吉宛書簡、注24の上田高昭著二九頁より）などとあり、同十五日の会（第三回）には欠席、意見書を提出した。そこで西田は「日本精神ニヨッテ現今及ビ将来ノワガ国ノ思想界ヲ統一セントスルニハ」と書き、その困難を指摘、文部行政の趣旨に根底的な批判を放っている。この意見書の全文は大橋良介『京都学派と日本海軍』（後述）で読める。また、この間の詳しいことは中島健蔵の『昭和時代』（岩波新書）、および右の上田の著作参照のこと。西田のこうした文部省との関係はその後も変わらない。

（22）西田のこうした思想的な態度の背景に中島健蔵の指摘した事情があった。中島著『昭和時代』（岩波新書）は、美濃部事件を機にした国体明徴の動きの中で、昭和十年、国体に背く思想は「芟除スベシ」とした政府声明（いわゆる国体明徴声明）が出たことが、時代の転機となったとしている。国体、つまり日本という立場を受け入れた上でしかものが言えない時代に突入したのである。大橋良介も『京都学派と日本海軍』で中島のこの見解を採用している。

（23）十月九日に日比谷公会堂で、同会の第一回哲学公開講演会が開かれた。すでに触れたが、西田は最初の講演者として「学問的方法」と題して話した。しかし、自分の番が終ると帰ってしまった。西田の後に高楠順次郎、鹿子木員信が続いたが、そういう右翼的な連中を避けたのと、会場に不満があったらしい。「九日の晩は閉口した。拡声器があったとは言えあんな街頭演説は実に困る。あれは私の first and last だと」と堀維孝宛ての手紙に書いている。右の英語がそのまま滝沢への文面に「最初で最後」となって出ている。西田のこのときの講演は後に『日本文化の問題』（岩波新書）に収められる。「学問的方法」は当時のいわゆる日本精神主義、日本主義に対する批判であった。

(24) 国策研究会に提出された「世界新秩序の原理」は数奇な運命をたどり、戦後、西田攻撃の格好の材料になってしまった。この経緯の詳細は研究も進んでおり、また、直接今のわれわれの関心に関わらないので一切省く。詳しくは大橋良介『京都学派と日本海軍　新資料「大島メモ」をめぐって』（PHP新書、二〇〇一、以下『海軍』と略）、同『西田幾多郎』（ミネルヴァ書房、二〇一三）および上田高昭『西田幾多郎の姿勢　戦争と知識人』（中央大学出版部、二〇〇三）参照。

(25) 上田前掲書、一七九頁。

(26) 大橋前掲『海軍』、「序」参照。

(27) 上田前掲書、一七九～八十頁。

(28) 昭和八年（つまり滝沢と西田の出会いの年、かつ滝沢の留学の年）に鹿子木は『亜細亜の魂』を、昭和十二年に『すめらあじあ』（皇亜細亜）を刊行。後者は国体と「神ながらのやまとごころ」を核心として中国大陸に建設さるべき皇国（すめらくに）のことであるという。以下、右翼思想家の紹介は、いちいち断らないが、上田、大橋の前掲書による。

(29) 上田高昭は「右翼国粋主義者蓑田胸喜ら一派は、文部省教学局や軍部をバックにして、民主主義的、自由主義的傾向を持った人びとを狙い打ちしていた。彼らは「原理日本社」を結成し、機関紙『原理日本』で執拗に攻撃を加え、事件として紛糾させ、背後の力で徹底的に粛清排除させる黒い勢力であった」（同一九頁）と書いている。蓑田は言論と策動でこの時期、美濃部事件から本文年表に挙げた矢内原忠雄、河合栄二郎、津田左右吉などの筆禍事件を操った人物である。神がかり的な皇道主義に立って西田・田辺を批判、また、「帝国大学法文学部」を「不忠民政凶逆共産主義思想の源泉」として攻撃したことも特筆すべきことである。なお、蓑田については二〇〇四年に全集（柏書房）が出た。
（30）紀平は『善の研究』を世に送り出した西田の恩人であったが、その後右翼的思想に傾き、西田と対立するに至った人物である。
（31）繰り返しになるが、西田と戦争の項は大橋良介、上田高昭両氏のお仕事を参考にさせていただいた。とくに筆者未見の文献への言及など大橋氏のお仕事に全面的に依拠させていただいた。とくに記して感謝申し上げたい。（ただ、大橋氏の著作は滝沢克己の名がすべて「滝沢克巳」と誤表記されている。従来の西田全集に忠実であるためであろう。正しくは「克己」であることを付しておきたい。）
（32）「君の福音が律法を立てると云ふことがないのだ」と書いたとき、西田の念頭にあった文献が何かは不明。そのことばを含む三九年の書簡直前に西田は滝沢の著書『現代日本の哲学』と論文「パリサイ人のパン種」を寄贈され読んでいる。しかし、どちらにも「福音が律法を立てる」という端的な言葉は見当たらない。あるいは西田宛書簡での滝沢のことばかもしれない。本書第一部五一頁では筆者なりの解釈を提示しておいた。
（33）秋月の証言を挙げておく。「…田辺元博士が、西田先生に迎えられて京大教授となり、西田哲学に強く影響されながら、一方で厳しく西田先生を批判されたことは周知のところですね。そのとき西田先生の高弟たちはほとんどが田辺説に傾いた、そのころのことです。西田先生が「滝沢君だけは田辺説にけっして賛同しないだろう」と言われたというのです」（八木誠一・秋月龍珉『ダンマが露わになるとき』（青土社、一九九〇年）九一頁）。秋月の伝聞は誰からのものかはっきりしないが、「そのころ」というのが「種の論理」の頃の田辺を指すことは間違いないだろう。「滝沢君だけは」という表現は書簡に関するかぎり、首肯しうるように思うのである。

付論

（34）「場所的論理と宗教的世界観」は四五（昭二十）年二月四日の着手、四月十四日の脱稿であることがわかっている（『選集　別巻二』の四七六、九頁参照）。なお、同論文については第二部で主題的にとりあげるが、諸氏宛て書簡からこの論文に賭けた西田の思いを知るとき、菅に対する怒りもむべなるかなと思わせるのである。

第二部

第一章

（1）八木誠一＋秋月龍珉『ダンマが露わになるとき』（青土社、一九九〇）八九〜九〇頁。
（2）『鈴木禅学と西田哲学の接点』（春秋社、一九七一年）一〇二頁。秋月著作集8（三一書房、一九七八）一五〇頁。
（3）前掲『ダンマ』九〇頁。
（4）同書が巻き起こした旋風については本書一五二頁。また、拙著『滝沢克己　哲学者の生涯』（創言社、一九九〇）五八〜九頁参照。同書がすぐに再版になった理由であろう。書簡〔21〕で西田もそれを喜んでいた。
（5）前掲『絶対無と場所』三六〇頁。

第二章

（6）滝沢の肉声は同論文に四六年に付けられた〔付記〕で聴ける。本書一九四頁参照。そこにその日の「感激」が記されている。（著作集1、二一四頁）
（7）『著作集1』（法蔵館）一九七頁。
（8）同、一九七〜八頁。
（9）同、一九八〜九頁。
（10）同、一九九頁。

(11) 滝沢は、戦後の発言を辿っても、『働くものから見るものへ』以後西田哲学に大きな画期があったというようには捉えていない。したがって、末木剛博（『西田幾多郎　その哲学体系I』、春秋社、一九八三年、八頁）が指摘するように、西田哲学の区分論において滝沢は「二分論者」だといっていいと思う。それも、本文でも述べたが、徹底して後期論者である。前期についてはほとんど評価しない、したがって正面からは論じない。滝沢が純粋経験に触れたのは「西田幾多郎」ぐらいである。

(12) 『著作集1』（法蔵館）、一九八頁。

(13) 同、二〇二頁。

(14) 同、二〇四頁。

(15) 同右。

(16) 同、二〇六頁。

(17) 同、二〇九～一〇頁。

(18) 同、二一〇頁。

(19) 同、二一一頁。

(20) 同、二一二頁。

(21) 同、二一二～三頁。

(22) 同、二一三頁。

(23) 現在は『著作集1』、二一四頁。

(24) 同時期に書かれたという証言は「例、個物及び個性」の〔付記〕（『著作集1』所収、二七六頁）にある。引用しておくと「この論文以下第七のハイデッガーに関するものまで都合五つの論稿は、一九三三年（昭和八年）の春「一般概念と個物」を書いた後、その秋に予定された渡欧を前にして、蒼惶の間に認められた覚え書きにすぎない」。

(25) 話を少し戻してしまうが、「一般概念と個物」執筆前後の滝沢、つまり昭和八年二月からのこうした集中的な論文生産は、その密度からいって驚異的というべきである。筆者はかつて評伝でこれを「爆発」と形容したが、まさに爆発的な開花である。本書のテーマと外れるが、それ以前の滝沢が一種の離人症状態で、生ける心地のしない生活を送っていたことを重ね合わせるとき、滝沢にとって西田との出会いは、単に哲学上のよき師との幸運な出あいという以上のものがある。あえて言えば精神病理学的にも格好の材料ではないかと思われる。それが、「私の物の見方の根本的転回」にかかわるとき、そしてバルト神学の理解まで一挙に突き進むことを思う時、ますます興味深いといえよう。

(26) 注(24)の〔付記〕参照。

(27) 「西田哲学に於けるノエシスとノエマの関係」以下の論文は「例、個物及び個性」を様々に補ってその根本思想をより詳細に展開するものである。「西田哲学に於けるノエシスとノエマの関係」は西田哲学のノエシス、ノエマ概念に二重の意味があることを指摘して、西田の読者に注意を促したものである。『一般者の自覚的体系』から『無の自覚的限定』にいたる西田のテキストの頁を示して、事例に即しての注意である。また滝沢はこの二重性の由来も述べている。これは西田読解のいわばマニュアルのようなものである。しかし、二重義の区別によって「例、個物および個性」の論文の叙述を補ってもいることに注意したい。つまり、同論文で二つの系列といわれたものの上位のものが下位のものに対してノエシスといわれるようなノエシス・ノエマの超越的関係と、数に対して数学的自己が志向的に相関するというようなそれぞれの次位における志向的なそれが区別されているのである。これはフッサールの現象学と西田哲学を区別するポイントになっている(現象学については後の論文「ハイデッガーに於ける…」に踏み込んだ記述があり参考になる)。「田辺博士に於ける行為の立場」は田辺元の「哲学の通路」の立場、すなわち存在と自由を媒介する行為の立場を批判したものである。「三木清氏に於ける「事実」と「存在」」は三木の「歴史哲学」における「事実」と「存在」の弁証法を批判したものである。最後の「ハイ

(28) デッガーに於けるダーザイン Dasein と哲学の使命及び限界」はハイデッガーの『存在と時間』における世界概念を Dasein を閲して批判、哲学の使命と限界に説き及んだものである。そして肝心なのは、その批判がすべて「例、個物及び個性」の基本的立場から、つまり西田哲学の立場からなされていることである。「例、個物及び個性」から緊密に構成された一連の論文にはどこにも西田への疑念がない。その意味で、西田哲学の立場から様々な哲学を論じた作品というべきであろう。これが初期西田論の性格である。

(29) 「何を、いかに、私はカール・バルトのもとで学んだか」の三（坂口博編『滝沢克己著作年譜』（創言社、八九年）所収）。

したがって筆者は、滝沢の西田論を第一期初期西田論、第二期『西田哲学の根本問題』に始まる戦前の西田論、第三期戦後の西田論、と三つの時期に区別すべきと考える。第三期は基本的には第二期と立場は違わないが、戦後という形式的な区切りに加えて、『西田哲学の根本問題』以後の西田の著作、とくに最晩年の宗教論を視野に入れた西田論である点に特徴がある。西田の死によって把握可能になった西田哲学の全体像を視野に入れた西田論なのである。その意味で第二期と区別して第三の時期とするのが妥当だと考える。「絶対不可逆」という批判語が出るのもこの時期である。

第三章

(30) 『著作集1』、三二三頁。
(31) 同、一九一頁。
(32) 同、三五頁。
(33) 同、三七頁。
(34) 同、三八〜九頁。

(35) 滝沢が同書冒頭で挙げているのは以下である。「一般即個物・個物即一般、一即多・多即一、絶対の無即有、絶対の死即生、実在即現象・現象即実在、主語面即述語面・述語面即主語面、ノエシス即ノエマ、主観即客観、個物自身の自己限定即個物と個物の相互限定、個物と個物の相互限定即世界自身の自己限定、行為的限定即表現的限定、時間即空間・空間即時間、直線的限定即円環的限定等。その他非連続の連続といい、掴まれないものが掴まれるといい、絶対に相独立するものの結合、無媒介の媒介、絶対に相反するものの自己同一、絶対に相矛盾するものの統一、過去と未来との現在における同時存在等」(『著作集1』、九頁)である。滝沢はこれらを「密接に相関係する一連の根本的な概念」といい「皆同じ事態のやむをえない言い表しと考えることができるであろう」(同)という。そして「そこに過程的弁証法を超えてこれを包み、これを基礎づけるものとして博士が直観弁証法といわれるものがあり、自己の哲学を他の哲学的立場より区別して行為的直観の立場と呼ばれる所以のものがある」(同、九～一〇頁)といっている。

(36) 『著作集1』、一四頁。

(37) 同、二二頁。

(38) 同、二七～八頁。

(39) 同、七頁。

(40) 第一部、西田の書簡〔6〕。

(41) 滝沢は「あまりにキリスト教的な西田論」について、その事情を次のように書いている。「日本に帰る船の中で、私は久しぶりに、西田先生の『哲学の根本問題』(正続篇)を取り出した。それを読み進むことは、私にとって依然甚だしく困難であった。しかし幾たびか繰り返して、語から語へ、句から句へと辿り行くうちに、私は言いがたい歓びを以て、凡てのことが私の中に、少なくもかつてベルリンにあった当時に比べて、はるかに生き生きとした明らかな形をとりつつあるのを覚えた。その後公けにされた拙著『西田哲学の根本問題』(昭和十一年九月、刀江書院発行）が多くの人にとって「余りにキリスト教的」な印象を与えたとすれば、それはただ当時の私にとって如何ともなしえなかったこのような事情によったのである。」（『著作集2』、十頁）「このような事情」とはドイツでのバルトとの激しい論争の次第である。『西田哲学の根本問題』がドイツ留学から帰国した直後の西田論であること、読者はこのことを念頭にされたい。

(42) 『著作集1』、三四～三五頁。

(43) 同、三五～六頁。

(44) 同、三七～九頁。

(45) 同、二十頁。

(46) 同、三九頁。

(47) 同、三九頁。

(48) 西田批判を超えて滝沢が自己の見解を主張した部分は『西田哲学の根本問題』第一部「十」にも見られる。そこでは「単なる虚無」と「絶対の死」の区別が次のように記号的に表記されている。これは批判の文脈でなく滝沢の主張として書かれた部分であり、それだけに余計西田にとってはインパクトが大きかったのではないかと推測される。拙著『滝沢克己』でも引いた部分である。

「神（M）はこの世界（Mx）と絶対の虚無（Mo）を隔てて相対し、相接する。かくしてMxに於てある人間が神に背けるものなるを以て、Moは単にMとMxとを隔てる非可逆的な秩序であるのみならず、現実に於ては常に人間にとって絶対の力であり、この世界の絶対の死を意味するもの（-Mo）である。この場合われわれは特にMoと-Moとを混同しないように注意しなければならない。この区別を怠る時、それはまた必然にMとMo及び-Moとの混同に導き、絶対の非連続の連続の意義は失われざるを得ないであろう。」（『著作集1』九六～七頁、拙著六十頁）

(49) 注(48)参照。

第三部

第一章

(1)「一禅者の神証言」(『絶対無と場所』(青土社)所収、二四一頁)。鈴木大拙の「即非」については後出。
(2)「「不可逆」の可能について」(同右書三〇二頁)。西田のことばは秋月が「場所的論理と宗教的世界観」から引いたもの。引用文すぐ前に「神は絶対の自己否定として、逆対応的に自己自身に対し、云々」とあり、西田からの引用は逆対応にかかわる表現である。
(3) 同右書、二九二頁。
(4)「一禅者の神証言」、『絶対無と場所』(青土社)所収、二三九頁。
(5) 同右、二五一頁。
(6)「再び「不可逆」の可能について」、三一九頁。
(7)「「不可逆」の可能について」同右書三〇一頁。
(8)『読解の座標』(創言社、一九八七)所収、二〇四~六頁
(9) この事実は第二部第四章で紹介した滝沢戦後の西田批評にも表れていた。例えば、文献5の二などである。それだけではなく、晩年の滝沢は他の著作でもしばしば、「逆対応」を「不可逆」と並べて使っている。例えば、最晩年の著作『現代の医療と宗教』(創言社)の一〇五頁。この事実についてはまた第四部結論四五九頁で触れたい。
(10) 藤田正勝は京都学派の「知のネットワーク」(竹田篤司)ということを指摘している。ここでの西田・滝沢の関係もこの概念を想起するとより理解しやすいように思う。竹田篤司が指摘するように滝沢は九大出の「非「京都

学派」」（竹田）であったが、竹田がわざわざこうした表記で言いたかったことを敷衍すれば、滝沢は九大出で京都学派の人物ではなかったが、その思想は京都学派の知のネットワークの一翼を担うものであったということになろう。滝沢は西田・田辺と影響・批判の双方向の関係を形成しつつ、やはり藤田が指摘する「自ら思索する」哲学の「知の飛び火」（プラトン）だったといえよう（以上、藤田『西田幾多郎』（岩波新書、一八二頁以下）。「京都学派」という呼称は「世界哲学のフォーラム」（藤田同書、一八八頁〜）のローカルな、しかし、欠くことのできない一角として位置づけられるべきであろう。その意味で必要以上に呼称にこだわるのは愚であろう。

第二章

(11)『絶対無と場所』（青土社、九六年）所収、第一部Ⅳの「西田哲学の基本思想──「場所的論理」における「逆対応」の概念」

(12)この見解にいたるのに次が役立った。河波昌『浄土仏教思想論』（北樹出版、二〇〇一年）所収「逆対応とvisio Dei（見仏）」である。最近では「逆対応」の概念に田辺元の批判に対する応答をみる見解もある。しかし、これらも滝沢への言及がまったくなく、したがって、逆対応の概念が滝沢の批判への応答であるということを否定するものではない。両者への応答であったとも言いうるのである。つまり、この点についてはまだ思想史上の定説がないというのが穏当なところである。筆者も秋月のように単純に主張することはためらわれる。本書もひとつの可能性の追求という意味以上の意義を主張するものではない。

(13)『西田哲学を読む』の第1巻は「場所的論理と宗教的世界観」を扱っている。同書は全四巻本の一冊目である。二〇〇八年、大東出版社。

(14)拙論「西田幾多郎、田辺元、滝沢克己」（『思想のひろば』二十三号、二〇一二年、滝沢克己協会発行）参照。なお本シリーズ第二巻がこの三者関係をテーマにしたものとなる。

(15) 注（14）参照。

第三章

(16) 西田・田辺・滝沢の三者関係については注（14）の拙論「西田幾多郎、田辺元、滝沢克己」参照。

(17) 小坂国継『西田哲学と宗教』（大東出版社、一九九四年）、竹村牧男『西田幾多郎と仏教』（大東出版社、二〇〇二年）、藤田正勝『西田幾多郎の思索世界』（岩波書店、二〇一一年）などの該当箇所を挙げておく。

(18) 務台に宛てた書簡には田辺への批評など滝沢に宛てたのとは異なった重要なものがある。とくに昭和十九年十二月の書簡四三〇一は重要である。また、大拙宛では西田は宗教論の意図やねらいを吐露している。これらすべてが宗教論成立を探るうえで重要であることは言うまでもない。

(19) 三つのタイトルが出るが、実際は『浄土教思想論』と『日本的霊性』の二著である。「金剛経の禅」は『日本的霊性』の初版本第五編に収録の論文である。西田は初版本からとくに当該論文を抜き出しているということになる。それは戦後の第二版以後、大拙自身によって切り離され、独立にあつかわれるようになる。

(20) 書簡四二九二、四三一四、四三二三、四三三四など。

(21) 四二七一、四三二三、四三三四。

(22) 識者とは北野裕通氏。こぶし書房版『場所の論理学』解説参照のこと。

(23) 同右、三〇七頁。

(24) 同右、三〇六頁。

(25) 書簡四二九四。務台の本を大拙に送ってくれとの「無心」。

(26) 宗教論五、三五六頁

第四部

第一章

（1）引用文は同書の注1の全文である。したがって冒頭には1)の数字があるが、省略した。

（2）『わが思索と闘争』（三一書房、一九七五年）、七九〜八十頁。

第二章

（3）『絶対無と場所』（青土社、九六年）三五二頁。

（4）滝沢は『カール・バルト研究』の序で次のように告白している。昭和八年冬から九年にかけての回想である。（ ）内は著作集第二巻のページ番号である。「カール・バルトの名を私が最初に心にとめて聞いたのは、今からちょうど八年余り前、鎌倉の御宅に始めて西田幾多郎先生をお訪ねした折であった。」（三）「「神学」という言葉から時代錯誤的な滑稽を感じる点に於いて、私もまた、もとより日本の知識人の一人であったが、或る日私は思い切ってカール・バルトの『ローマ書』を買い求めた。…白状すれば、当時私は未だパウロの誰であるかさえ全く知らなかった。」（四）「私は全身に冷汗の流れる思いであった。四福音書すらも通読することなしに、このような問題について多忙なバルトを煩わした自分自身を深く愧じざるを得なかった。」（五）「かつて高等学校の頃幾たびか読み始めては路もない藪の中に迷い入るような気がして放り出してしまった福音書は、…」（六）。また、昭和三十九年には「キリスト教に対して懐いていた漠然とした嫌悪の念」（『仏教とキリスト教』（法蔵館）、はしがき）と書いている。さらに、昭和五十一年の『宗教を問う』（三一書房）所収の「何を、いかに、私はカール・バルトのもとで学んだか」（現在『滝沢克己著作年譜』（坂口博編、創言社）所収）にも『バルト研究』序と同様な記述が見られるが、そこには実家の宗教などへの記述もみられる。

(5) 同右の「何を、いかに…」参照。
(6) 同右。
(7) 同右。
(8) 同右。
(9) 「西田哲学と田辺・高橋博士の哲学」まえがき、著作集1所収。
(10) 大拙の「般若即非の論理」が西田のつよい不満を受けて提出されたものであることは周知のことである。実際、西田はこれによって宗教論を書くことが出来たのである。小坂国継『西田哲学と宗教』、第Ⅲ部、6参照。
(11) 拙著『滝沢克己』創言社刊、五八、九頁。
(12) 本書第一部の書簡〔21〕（新版全集書簡二八四三）参照。
(13) 宗教論の「二」の末、三二六頁。「生まれながらにして罪人と云ふのは、道徳的には極めて不合理と考へられるであらう。併し人間の根底に堕罪を考へると云ふことは、極めて深い宗教的人生観と云はざるを得ない。既に云つた如く、それは実に人間の生命の根本的事実を言ひ表したものでなければならない」
(14) 「単に超越的なる神は真の神ではない」（三四五頁）
(15) 宗教論の「四」。「かかる世界に於いて、我々の自己が絶対者に対する態度に両方向がある。…外に空間的に、即ち所謂客観的方向に…絶対者の自己表現に接する。キリスト教はこの方向に徹したものといえる。…これに反し、仏教はその時間面的自己限定の方向に、即ち所謂主観的方向に、…絶対者に接するのである。仏教の特色はその内的超越の方向にある」（三四三〜四頁）
(16) 宗教論「五」、三六五〜六頁。
(17) 宗教論「五」、三六五頁に「従来の如き因襲的仏教にては、過去の遺物たるに過ぎない」とある。
(18) バルトと滝沢の間での洗礼の問題は『カール・バルト＝滝沢克己　往復書簡 1934-1968』（新教出版社、二〇一四年、

(19) 以下『往復書簡』と略）に詳しい。この関連で読者は、滝沢の洗礼が戦後の一九五八年末、四十九歳のことだったことを念頭にされたい。戦前からキリスト教の真実を語っていた滝沢はずっと洗礼を受けないままそうしてきたことになる。そういう意味でも特異な存在だったと思う。したがって、大拙と西田が滝沢を「キリスト教の男」（注3参照）と呼んだとき、それは洗礼を受けたクリスチャンという意味ではない。キリスト教に足場をおく思想家という意味で取るべきである。なお、滝沢の受洗も興味深い一つのトピックであるが、本書の範囲を超える。
前掲『往復書簡』、書簡四二、一八五頁～。

第三章

(20) 「二」の三三四～六、三四〇～二頁、および「四」の三六三～四、三六七～八頁。原罪・堕罪については「二」の三四一、「四」の三六三～四頁の二箇所参照。
(21) 第四部、第三章、第三節での引用文参照。
(22) 「悪魔」は三七年末の書簡〔15〕、「パリサイ人のパン種」は三九年の書簡〔24〕。ただし、「悪魔」については推定である。坂口の解題（『ひろば』第十五号、二七頁）参照のこと。
(23) 書簡〔44〕でわかる。西田はゆっくり読むのを楽しみにしている。

結論

(24) 創言社、一九九一年発行。第三部第一章の注9も参照のこと。
(25) じつは引用文中の「逆限定的」という言葉には注がついている。同書二二六頁の注（9）である。そこで滝沢は、その言葉について自身の解釈を開陳している。貴重な証言なので全文を引用しておく。「（9）「逆限定的」――最後期西田哲学の用語。このばあい肝要な点を砕いていうと、ほぼ次のような意味である。神は人ではなく、人は神ではない。しかしまさにそのような、互いに矛盾するものとして神と人とは一である。神において限定せられたものとしてのほか、人は事実存在することはできない。現実の人が生きる（人が人として自己限定する）のは人でない神を、神でない人として表現（体現）するためである。それゆえ、人のはたらきのすぐ裏側には、よしそれがどんなに隠微な欲求であってもかならず、神がその人において自己自身を表現するはたらき（神の神としての自己限定）がある。頭の中だけで考えられた（空想された）人はともかく、事実存在する人間のはたらきは、すでにそれ自身のうちに、それとは逆の（人のではない）神のはたらきを「含んでいる」というのである。（このことについては、法蔵館版拙著第一巻『西田哲学の根本問題』、三一書房刊『日本人の精神構造――西田哲学の示唆するもの』等を参照されたい）」

引用最後の参照文献で戦前の著作『西田哲学の根本問題』を挙げていることが注目される。「最後期西田哲学の用語」に対応する事態がすでに戦前の自著にあるという自己主張と読むべきであろう。三一書房の一本は文献〔5〕に引用した箇所が該当しよう。

(26) 「自由の現在」（『自由の現在』（七九年、三一書房）所収）の5、とくに四二一～三頁参照。また、『バルトとマルクス』（八一年、三一書房）「あとがき」三四二頁。

(27) この文献に関する言及は（1）最初に『続仏教とキリスト教』（七九年、法蔵館）「あとがき」二二七頁以下にある。（2）ついで同年刊行の前掲『自由の現在』にあり、（3）最後に八一年刊行の前掲『バルトとマルクス』の「あとがき」にある。『続仏教とキリスト教』では遺稿集第「八」巻と誤記されている。本書は現在『キリスト教的生Ⅰ、Ⅱ』（天野有訳、新教出版社、一九九八年）として邦訳が刊行されている。

(28) 前掲『バルトとマルクス』の「あとがき」三四三頁。

(29) 前掲「自由の現在」四三頁。同『バルトとマルクス』第三部の往復書簡、および「あとがき」三四一頁など。また、『宗教を問う』（三一書房）の「あとがき」からもうかがわれる。

（30）筆者の「哲学」に対する見解は『青年のための哲学概論』（七月堂、二〇一七年）参照。

（31）Maurice Merleau-Ponty, Philosophie et non-philosophie depuis Hegel. *Textures*, Editeur responsable, Marc Richir, 74/8-9, 75/10-11

（32）Jilles Deleuze, *Différence et Répétition*, PUF, 1968. 邦訳『差異と反復』上下、河出文庫、二〇〇七年）

（33）滝沢の仕事を「脱構築」に結び付けた拙論「滝沢克己入門」（『思想のひろば』第一号所収）参照。同論文は後に「「脱構築」で読む滝沢克己の哲学」と改題し、拙著『滝沢克己の哲学』（創言社、一九九九年）に所収

（34）滝沢にサルトル論がある。「デカルトとサルトル」（『著作集六』所収）。後に単行本『デカルトとサルトル』（杉尾玄有編、創言社、一九八〇年）。また、現代思想の理解について筆者は木田元氏の仕事に多くを負っている。氏の『哲学と反哲学』（岩波同時代ライブラリー二七九、一九九六年）、『反哲学史』（講談社学術文庫、二〇〇〇年）、『反哲学入門』（新潮文庫、二〇一〇年）を挙げておく。

（35）前掲拙著『青年のための哲学概論』参照。また、こうした方向で滝沢を論じた筆者一九九〇年代の論文を集めた前掲『滝沢克己の哲学』も参照いただければありがたい。

（36）Gilles Deleuze, *Logique du sens*, Minuit, 1969, p.326.　邦訳『意味の論理学』、河出文庫、二〇〇七年、下巻、一八七頁。

（37）Jean=Luc Nancy, *La Déclosion　Déconstruction du christianisme 1*, Galilée, 2004.　邦訳『脱閉域　キリスト教の脱構築1』（現代企画室、二〇〇九年）。

（38）同右。原文二〇四、五頁。邦訳二七八、九頁。この問題を扱った拙文 *Déconstruction thé-anthropologique*（『滝沢克己を語る』（春風社、二〇一〇年）所収）も参照。その邦訳は『思想のひろば』二四号、二五号に掲載。

（39）『仏教とキリスト教――久松真一博士『無神論』にちなみて』（法蔵館、法蔵新書、一九五〇年、後に『著作集7』

所収）

（40） Jean=Luc Marion, *Dieux sans l'être*, PUF, 1991. 邦訳『存在なき神』、法政大学出版会、二〇一〇年）

あとがき

本書は「西田幾多郎と滝沢克己」と題されているが、もともとは滝沢への関心が西田との関係へとひろがってできたものである。その過程で滝沢における西田の存在の大きさがあらためて浮かび上がってきたが、ベクトルは滝沢からのものを保持している。読者にはあらかじめその点をご了承いただきたい。というのも、本書を仕上げる過程で筆者自身、本書の前提としているところが気になり出し、今だったらこういう書き方はしないだろうなという気持ちが深まってきたからである。読者も本書を読み進めながらそのことが気になり出すはずだと思う。

そのことへの答えは結局、本シリーズを完結させることによってしか出せないと考えている。というのも、本シリーズはまさしく本書の前提としたところに回帰し、さらにその先を遠望していくからである。いわば歴史をさかのぼって未来に戻ることになる。本書の上梓には筆者なりの思いがあるが、そういうわけでその思いを述べることは、今は控えたい。シリーズ全四巻の完結に集中していきたい。

それでも、本書が「西田と滝沢」というテーマで上梓されたわが国初の研究書であり、テキスト内外の実証的考察をふまえて西田最晩年の危機と抗争を描き出し、これまで知られてこなかった思想史の真実を掘り当てていること、あわせて、このテーマに唯一積極的な発言をされた秋月龍珉氏の見解にテキスト・クリティークから根拠を与えることが出来たことに触れておきたい。読者には本書の言わなかったことでなく、本書が語ったこれらのことに関心を寄せていただければ筆者の喜びこれに過ぎることはない。今はただそう述べておく。

〔お断り〕本書の基本アイデアは拙稿「西田幾多郎と滝沢克己」（上智大学哲学会『哲学論集』第35号、二〇〇六年十月）に発表してある。また本書第一部の付記はほぼそのまま「菅円吉宛て西田書簡」として発表している（『思想のひろば』第25号、二〇一四年三月）。どちらも執筆途中の本書から派生したもので逆ではない。

参考文献

◆基本文献

新版西田幾多郎全集、全二十四巻、岩波書店、二〇〇二～八年〔新版西田全集と略〕
西田幾多郎哲学論集Ⅰ～Ⅲ、上田閑照編、岩波文庫、一九八七～九年
西田幾多郎随筆集、上田閑照編、岩波書店、一九九六年
西田哲学選集別巻1評伝、別巻2研究史、灯影舎、一九九八年
田邊元全集、全十五巻、筑摩書房、一九六三～四年
田辺元哲学選Ⅰ～Ⅳ、藤田正勝編、岩波文庫、二〇一〇年
瀧澤克己著作集、全十巻、法蔵館、一九七二～五年〔滝沢著作集と略〕
（滝沢の著作集は70年代初頭までの作品を収める。以後84年の逝去までの作品は単行本による）
西田幾多郎研究資料集成第3巻瀧澤克己集、小坂国継編解説、クレス出版、二〇一二年
（同書は滝沢著作集第一巻を奥付までそのまま掲載し、五頁の解説を付したもの）
滝沢克己著作年譜、坂口博編著、創言社、一九八九年〔年譜と略〕
野の花　空の鳥、星野元豊・三島淑臣編、創言社、一九八六年
滝沢克己―哲学者の生涯、前田保著、創言社、一九九九年

◆使用文献

（検証に供するため本文を構成する際に使用した文献を章立て順に重複をいとわず掲出した）

○まえがき

三戸公「滝沢宛の西田書簡」（こぶし書房冊子『場』No.26（二〇〇四・七））。

竹田篤司「非「京都学派」滝沢克己」（同右冊子『場』No.26（二〇〇四・七））

○第一部

序章

坂口博「西田幾多郎の滝沢克己あて全書簡」（『思想のひろば』第十五号（二〇〇三年六月、創言社（福岡））、二五頁以下。〔以下、『思想のひろば』は『ひろば』と略す〕

第一章

拙稿「特集調査報告」（『ひろば』二一号、六三頁、二〇一〇年三月）

新版西田全集21、22、23巻。順に書簡Ⅲ、Ⅳ、Ⅴが収録されている。

三戸前掲論文

第二章

坂口前掲文、二七～八頁。

滝沢著作集3、4巻各解説

拙稿「資料に浮かぶ滝沢の歩み①」（『ひろば』第十七号（二〇〇五年十二月、滝沢克己協会発行）

拙稿「戦時山口時代の滝沢」（『滝沢克己研究』第三号、二〇〇四年、滝沢克己研究会発行）

〔付論〕

梅田道之「往時茫々」（『野の花　空の鳥』（創言社、一九八六年）、三九一頁）

木下芳次「心うたれたこと」（『野の花　空の鳥』、二二一頁）

拙著『滝沢克己』（創言社、一九九九年）、五八頁。

○第二部

第一章

八木誠一＋秋月龍珉『ダンマが露わになるとき』（青土社、一九九〇年）〔以下『ダンマ』と略〕

秋月『絶対無と場所』（青土社、一九九六年）
秋月『鈴木禅学と西田哲学』（春秋社、一九七一年）。後に『秋月龍珉著作集8』（三一書房、一九七七年）に増補収録。
第二章
滝沢「一般概念と個物」（著作集1、Ⅱ所収）
滝沢著作集1、Ⅱ所収の「例、個物及び個性」から「ハイデッガーに於けるダーザイン Daseinと哲学の使命及び限界」論文まで。
第三章
滝沢「西田哲学の根本問題」（著作集1、Ⅰ所収）
第四章
西田「場所的論理と宗教的世界観」（新版全集第十巻所収）。
第五章
＊滝沢「西田幾多郎」（著作集1、Ⅳ所収）
＊同「破壊と創造の論理」（『大学革命の原点を求めて』（新教出版社、一九六九年）、著作集9、Ⅵ所収）
＊同「思想・学問の自由と国家権力」（『自由の原点・インマヌエル』（新教出版社、一九六九年）、著作集9、Ⅶ所収）
＊同「近代主義の超克」（『わが思索と闘争』（三一書房、一九七五年）
＊同『日本人の精神構造』（講談社、一九七三年。三一書房改定新版、八二年。創言社上下二巻、二〇〇八年）
同「「不可逆」私感」（秋月著作集第五巻月報15所収、一九七九年、滝沢『読解の座標』（創言社、一九八七年）所収）
○第三部
第一章
坂口博前掲「西田幾多郎の滝沢克己あて全書簡」
秋月「一禅者の神証言」（前掲『絶対無と場所』所収）
秋月「「不可逆」の可能について」（同右『絶対無と場所』所収）

滝沢前掲「「不可逆」私感」
第二章
秋月前掲書『絶対無と場所』
小坂国継『西田哲学と宗教』（大東出版社、一九九五年）の第Ⅲ部。
同『西田哲学を読む』（大東出版社、二〇〇八年）第1巻。
第三章
前掲新版西田全集第22、23巻
西田前掲「場所的論理と宗教的世界観」
滝沢前掲「西田哲学の根本問題」
鈴木大拙『日本的霊性』『浄土系思想論』（ともに岩波文庫、それぞれの一九七二年、二〇一六年）「金剛経の禅」（『鈴木大拙禅選集』第四巻所収、春秋社、一九六〇年）
務台理作『場所の論理学』（弘文堂、一九四四年。こぶし書房、一九九六年）

○第四部
第一章
西田前掲「場所的論理と宗教的世界観」
務台前掲『場所の論理学』
滝沢前掲「西田哲学の根本問題」
秋月前掲『ダンマ』
滝沢『仏教とキリスト教』（法蔵館、一九五〇年）
滝沢「イエス・キリストのペルソナの統一について」（『著作集2』所収、二〇三頁〜）
第二章
秋月『絶対無と場所』、三五二頁。

滝沢「何を、いかに、私はカール・バルトのもとで学んだか」（年譜所収、一五八頁〜）
第三章
秋月『絶対無と場所』、三〇三頁。
滝沢前掲戦後文献（第二部第五章の＊付き四論文）

○結論
西田前掲「場所的論理と宗教的世界観」
滝沢前掲「西田哲学の根本問題」

〔付記〕本書にはここに掲出したもの以外に注欄を含めて多くの参照文献があるが、本文に集中していただくため
あえて掲出しない

人名索引

（西田幾多郎、滝沢克己については省いた。〔　〕内は筆者による補い）

サ行

タ行

ナ行

ハ行

マ行

ヤ行

ラ行

ワ行

事項索引

ア行

カ行

サ行

タ行

ナ行

ハ行

マ行

ヤ行

ラ行

著者紹介

一九四九年東京生まれ。東京外語大フランス語学科卒、特許法律事務所勤務後、東洋大学大学院哲学専攻博士課程満期退学。東洋大学、慶応大学、職業能力開発大学校、和光大学などでフランス語、哲学、倫理学を教授。比較思想学会会員、滝沢克己協会事務局長。著書『青年のための哲学概論 précis de philosophie』（七月堂）、『滝沢克己』（創言社）他、共訳『解放としての十字架』（T・ズンダーマイヤー、日本基督教団出版局）他がある。編集に『思想のひろば』19～26号（滝沢克己協会発行）が、その他、著作、論文、翻訳、出版プロデュースなど多数。

E-mail: tm.serie.sinjitsu185@gmail.com

日本哲学成立下の真実（第一巻）
西田幾多郎と瀧澤克己…交流の真実

二〇一八年九月九日　発行

著　者　前田　保
発行者　知念　明子
発行所　七　月　堂
〒一五六—〇〇四三　東京都世田谷区松原二—二六—六
電話　〇三—三三二五—五七一七
FAX　〇三—三三二五—五七三一

印刷・製本　渋谷文泉閣

ISBN 978-4-87944-323-6 C0010